乾物と保存食材事典

はじめに

「日本人と乾物」

かんぶつ伝承人 星名桂治

乾物とは

乾物とは生の海産物、野菜、山菜などの食品に含まれている水分を抜いただけのものではなく、太陽エネルギーを浴びる事により食品に含まれている成分に変化が生じ、さらに付加価値がついたもの。これを日本人は「乾物」と呼んできました。

太陽のエネルギーがもたらす作用は大きく、殺菌、漂白、保存、旨味、味、香りビタミンはじめ多くの栄養分を増幅させる力が発生します。

たとえば大根、生では大根おろしに見る消化酵素ジアスターゼがあり、さっぱりとした清涼感が味わえます。それを干し大根にすることによってビタミン、ミネラル、カルシウム、食物繊維など多くの付加価値が生まれるわけです。生椎茸から干し椎茸、生昆布から乾燥昆布、夕顔から干瓢、生かつおからかつお節が作られてきました。

大豆の生豆は、枝豆としてビールのつまみに好まれてきましたが、大豆も天日

種実類

野菜類

干しにすることによって、タンパク質豊富な「畑の肉」となり豆腐、納豆、黄名粉、湯葉、食用油と切りがないほど変わるわけです。海苔、煮干し、スルメ、身欠き鰊、棒鱈などなど、乾物は太陽からの恵み受けた日本の食材なのです。

伝統食材

古代から伝統食品として日本に伝えられているものが数多くあります。

日本書紀、万葉集などには、乾物の多くは中国から禅の仏教伝来から登場してくるようです。

平安時代から宮廷料理にはじまり、精進料理、8世紀頃の文献にも乾物の記述があり、その後の交易で中国、高麗などから多くの乾物が保存食として輸入され、その手作りの製法、技法も伝えられました。

江戸時代になると、幕府の公的行事、祝日として5節句など登場。正月の節句から始まり、一月七日人日（じんじつ）の節句、三月三日上巳（じょうし）の節句、五月五日端午（たんご）の節句、七月七日七夕（しちせき）の節句、九月九日重陽（ちょうよう）の節句、これらの祝い行事には乾物が多く登場してくるわけです。

乾物のうま味と保存性

農水産乾物、特に昆布、鰹、椎茸は日本三大乾物と呼ばれています。

これらは「だしの文化」

日本料理には欠かせない食材であり世界に誇れる、優逸のうま味。海の幸、山の幸を凝縮した保存食品です。これら多種のうま味成分を合わせることにより、そのうま味は足し算では無く、倍々の掛け算となって感じると言われています。

食材は時間が経つにつれて劣化、腐敗します。

食品中に含まれる酵素や微生物の働き、酸化などによるものです。酵素や微生物の活動は、一般的に食材に含まれる水分が40%以下で活動がゆるやかになり、15%以下でほぼ休止状態になります。さらに水分が10%以下になると、酵素や微生物が引き起こすほとんどの変化が停止するようです。

つまり食品を干して水分を抜くことで、酵素や微生物が働かなくなり、食品の劣化、腐敗などが進みにくくなり保存性は高まるのです。

乾物は、食材のうま味を閉じ込めたまま保存性を有する、最高の保存食材というわけです。

地方ごとの特色

南北につながる日本列島には、いろいろな郷土料理が伝わっています。

各地の気候風土、風習等によって育まれた生活があるように、地域ごとに調理法や味付けなどに特色があり、様々な料理が存在します。

また同じ食材、同じような料理でも、呼び名が異なり、乾物食材にはいくつもの呼び名があります。特に片口煮干しやむぎこがし、

凍り豆腐などは地域によっていくつもの名前の違いが存在します。

片口煮干しの場合、東日本では「ニボシ」と単一な呼び名が普及しています。宮城「たつこ」、富山「へしこ」、関西「だしじゃこ」、和歌山「いんなご」、中国地方「いりこ」、熊本「だしこ」など、全国的には二十以上の伝統的な呼び名があるようです。

乾物を多く利用する「おせち料理」も全国各地で作り方や具材が異なり、人気の乾物も異なるようです。

お麩（焼き麩）は東北、関東、北陸地方では消費量が多く、九州地方などでは需要が少ない乾物です。これは、冬のタンパク源確保を考える雪国と、冬でも比較的食材に困らない西日本との消費の差なのでしょう。

乾物の広がり

乾物の多くは、家庭の台所には欠かせない食材のひとつと考えられてきました。しかし、現在では食材を越え利用方法が広がっているのです。

昆布、寒天から歯医者の入れ歯などの型取りに使われ、昆布からインターフェロンの抽出に、放射能研究薬甲状腺ホルモン適用。寒天から化粧品、粘滑剤、抗凝血剤、錠剤、細菌培養、ナタ豆から歯磨き粉、昆布エキスからスポーツドリンク、昆布ヨード薬、干し椎茸から発癌治療薬など、その可能性はまだまだ広がっていきそうです。

時代の進歩によって乾物の新たな価値が見いだされ多岐に進化をみせています。

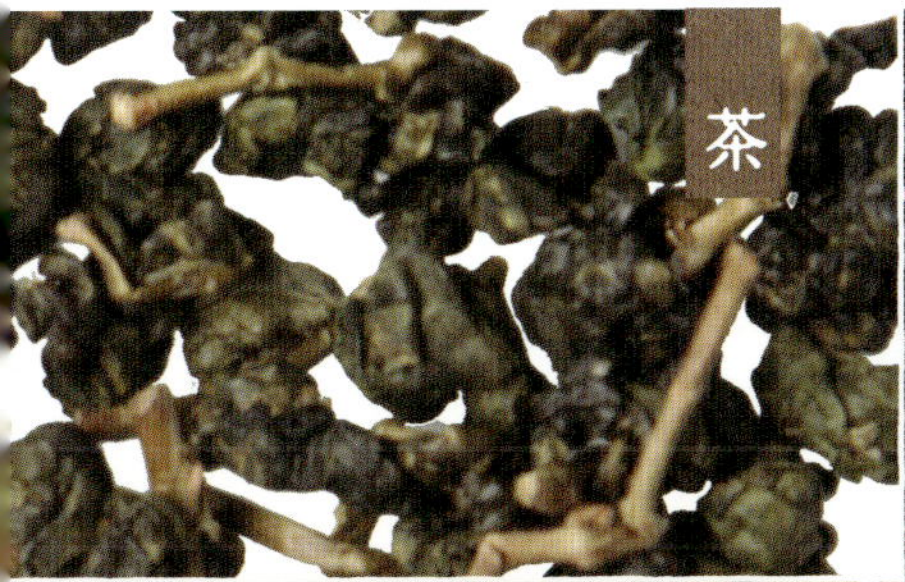

目次

野菜類

果物類・種実類

豆類・穀類

調味料・香辛料・茶

海産物

肉類

本書の使い方

原料

乾物や保存食品の原料を写真で紹介。

食材別情報

個々の食材の戻し方、おすすめ料理、大きさ、原料、製法などさまざまな情報の紹介。

扱い方

各食材に関わる、基本の戻し方、調理の際のポイントの紹介。

データ

各品目の、原料、名称、産地、カロリー、栄養の情報。カロリーデータは「日本食品成標準分表2010」に基づくもの。

栄養

栄養の特徴や、期待される効果を解説。あわせて、「日本食品成標準分表2010」のデータの中から、特徴となる栄養素の表を掲載。

料理

食材を生かした料理を掲載。日本各地で古くから親しまれているレシピのほか、新たな乾物の生かし方を紹介。

戻し方

本書に掲載している乾物類の浸水時間や下ゆで時間は目安です。乾物は種類や季節によって、浸水時間が異なるので、購入された商品の表記を優先してください。

調理時間

戻し方と同様、調理時間についても、本書掲載品を基準に表記しています。乾物、麺類など、購入された商品の調理時間の表記を優先してください。

大きさの表記

乾物・麺類についての大きさの表記は、本書掲載品のデータです。同じ名称の商品でも異なる大きさである場合があります。

分量表記

材料表の分量は以下のとおりです。
小さじ…5㎖
大さじ…15㎖
1カップ…200㎖

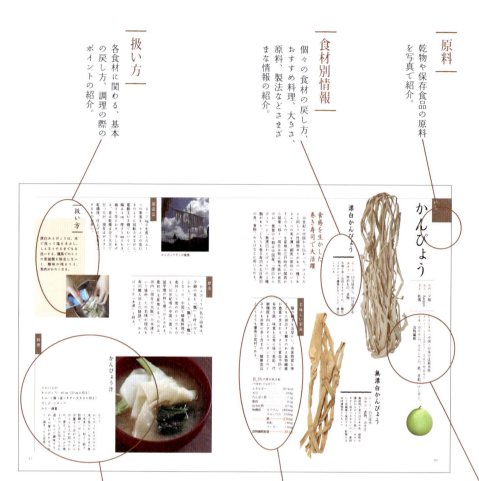

野菜類

干し大根

原料：大根
英名：dried radish
方言：せんきり（全国各地）
すろっぽ（奈良県、和歌山県）

おもな産地：宮崎県（切干し、割り干し）
長崎県（ゆで干し）
カロリー（100gあたり）：279カロリー
栄養：カリウム、カルシウム、鉄、食物繊維

全国各地においしい干し方がいっぱい

大根を千切り、縦割り、小花切りなどの形状で生のまま、またはゆがいたりしてから乾燥させたもの。日本全国に多くの作り方があり、種類も豊富。それぞれ食感や風味が違い、生のものよりもうま味が増し、栄養価も高いのが特徴。水で戻し、煮物や酢漬けなどにされることが多く、各地の郷土料理においてよく使用される。

切干し大根

戻し方：15分浸水
調理法：煮物
生の大根を千切りにして干したもの。青首大根などを使用した宮崎県産が切干し大根の9割を占める。乾燥方法は、国産品では天日干しがほとんど。

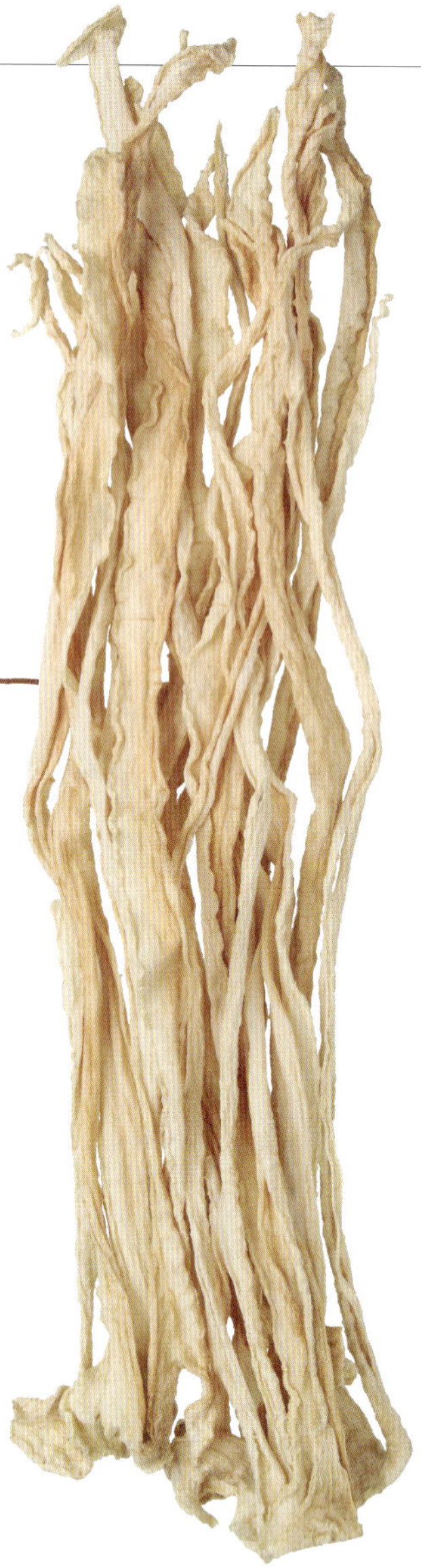

割干し大根

戻し方：20~30分浸水
調理法：漬け物、煮物、みそ汁
大根を太く縦に割いて干す。主な産地は、瀬戸内海沿岸や九州。水で戻すと、ふっくらとしてかなり歯ごたえがある。

写真は温泉ゆで干し

ゆで干し大根

戻し方：5分浸水
調理法：煮物
大根をゆでてから干したもの。柔らかい食感と甘みが特徴。調理の際、火の通りが早く調理しやすい。千切りタイプもある。

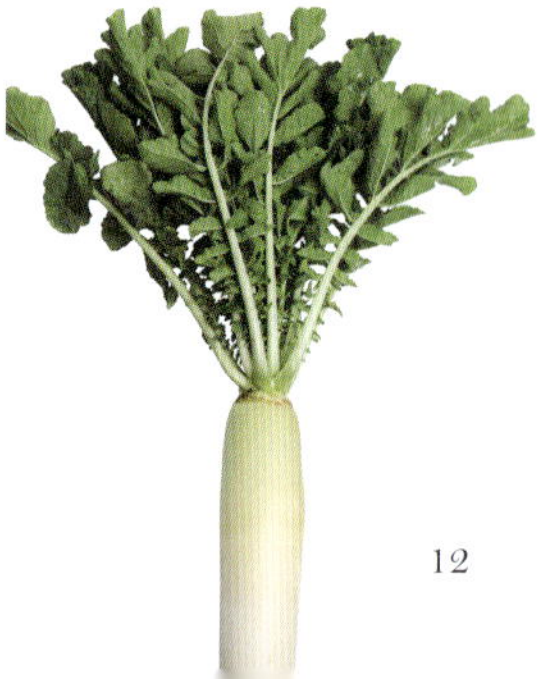

蒸し干し大根

戻し方：5分浸水　調理法：炒め煮

生の青首大根を千切りにし、蒸してから乾燥させたもの。飴色に干しあがり、甘みが強いのが特徴。

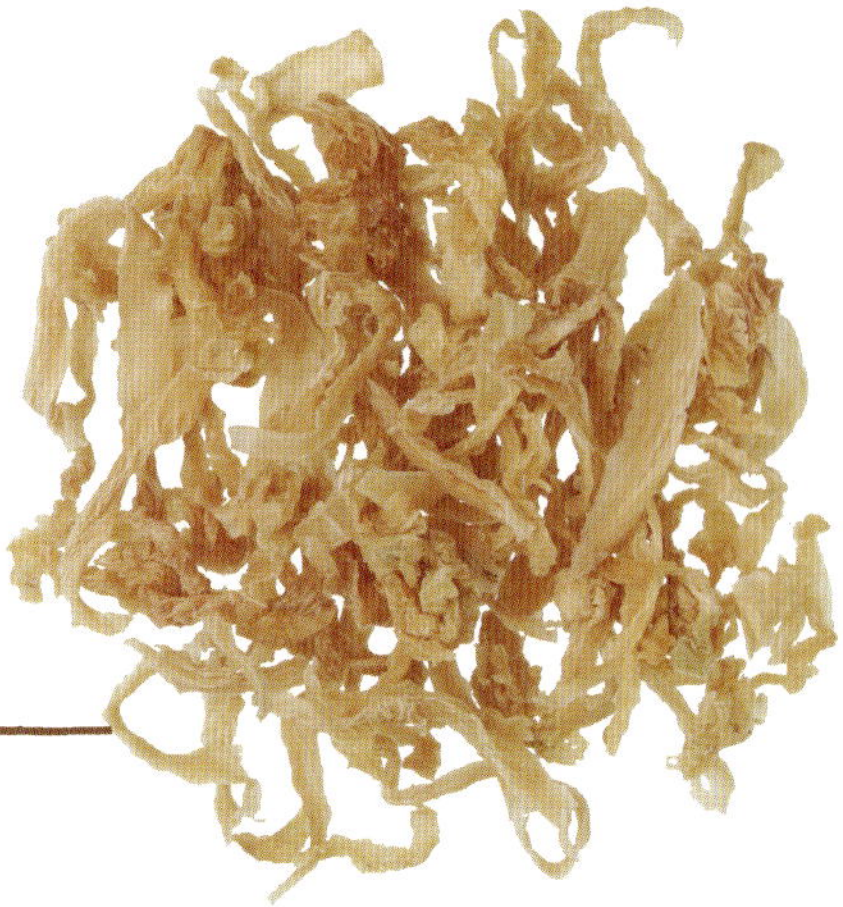

凍《し》み大根

戻し方：30分浸水　調理法：煮物

冬の夜、氷点下になる中部山間部や東北の特産品。切った大根を戸外に1～2カ月吊るしてつくる。夜間凍り、昼は溶けて寒風で乾燥することを繰り返してスポンジ状に干しあげる。現在は山形、福島などの一部で作られ、直販が中心。

花切大根

地方によって、「花切大根」と呼ばれる干し大根は異なる。瀬戸内地方に多いのが、生大根を薄切りにして干したもので、別名丸切大根。近年では機械干しのもの（写真右）も出回る。下が岡山の特産品で、割干し大根を小口切りにしたもの。

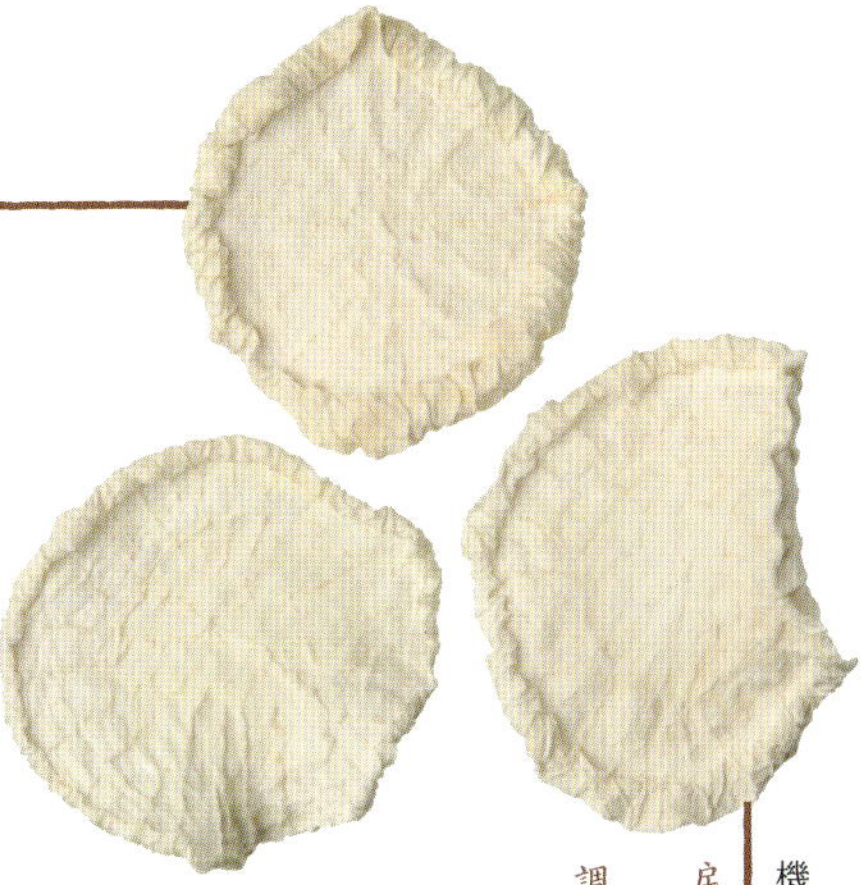

機械干しの花切大根

戻し方：10分浸水（加熱料理の場合）60分浸水（生食の場合）

調理法：煮物、酢の物

岡山の特産品の花切大根

戻し方：5分浸水

調理法：みそ汁、はりはり漬け

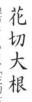

美味しい栄養

干し大根は生のものよりもたんぱく質、糖質、カルシウムなどが増加する。特に体内の余分なナトリウム（塩分）を排出させる働きのあるカリウムの含有量は非常に多くなる。また、便通を調える食物繊維、貧血予防に役立つ鉄も豊富に含まれる。

原料の食品成分表
（大根・可食部100gあたり）

エネルギー		18kcal
水分		94.6g
たんぱく質		**0.5g**
脂質		0.1g
炭水化物		4.1g
無機質	**カリウム**	**230mg**
	カルシウム	24mg
	鉄	0.2mg
食物繊維総量		1.4g

乾物の食品成分表
（切干し大根・可食部100gあたり）

エネルギー		279kcal
水分		15.5g
たんぱく質		**5.7g**
脂質		0.5g
炭水化物		67.5g
無機質	**カリウム**	**3200mg**
	カルシウム	540mg
	鉄	9.7mg
食物繊維総量		20.7g

産地と産物

温泉ゆで干し
温泉水でゆで、干し上げた大根。温泉の風味がほんのり移っている。

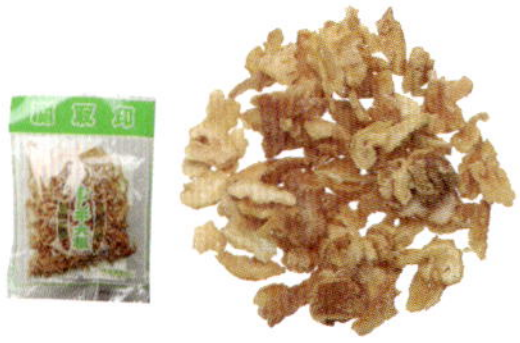

岡山花切干し
はりはり漬けに使用される、割干し大根の小口切り。大根を酢漬けにした「はりはり漬け」に用いられることが多い。

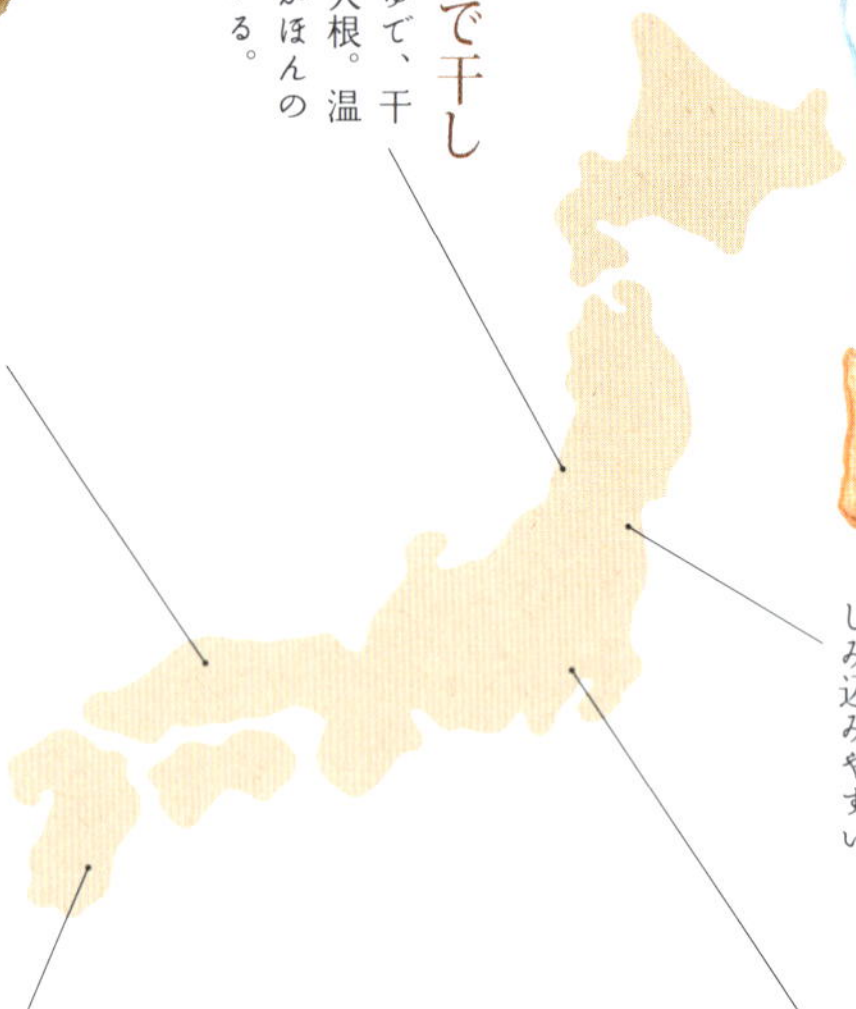

凍み大根
厳しい冬の気候があってこその味。甘味が強く、スポンジ状で味がしみ込みやすい。

切干し大根
天日干しは、寒風の吹く山間部が適する。宮崎県では霧島山から吹き降りる風が、切干し大根作りに大きな役割を果たす。

一本干し大根
たくあん漬け用に一本干ししたもので、小型のものは間引かれ、干し大根にされた。

保存法

密封して冷蔵庫で。新鮮なうちに冷凍すれば長期間保存可能。ただし、梅雨など湿気の帯びる時期はカビや虫がつきやすいので注意する。

歴史

古くから保存食として作られてきた干し大根。室町時代には、寺院で干し大根が食されていた記録が残っている。江戸時代の飢饉対策に大根の栽培が奨励され、干し大根は全国で作られる保存食となった。各地で色々な種類の大根が作られ、干し大根の製法も様々なものが考えられた。その中で干し大根の代表選手となったのが、切干し大根である。かつては千葉県を主産地としたが愛知県へ移り、その後、戦後に宮崎県へ移った。現在でも宮崎県では年間2500～3000tを生産しており、これは全国シェアの9割を占めている。

製造法

切干し大根のように、切って干すだけのシンプルな作り方から、凍結と解凍を繰り返して一冬かけて作る凍み大根までさまざま。天日干しするものは、寒風の吹く、空気のきれいな山間部などで盛んに作られる。あめ色に干しあがった干し大根は、驚く程甘みがあり、豊かな風味をもつ。

扱い方

もどし過ぎると歯ごたえがなくなるので、パッケージの表記より早めに様子をみたい。調理にかかる前に、水気をしっかりきると、味のしみこみがよくなる。

料理

凍み大根と身欠きにしんの煮物

材料（作りやすい分量）

凍み大根…大根1/2本分（水で戻す）
身欠きにしん…半身分
じゃがいも…1個
にんじん…1本
こんぶ…15㎝程度（水2カップに浸ける）
酒…大さじ1
みりん…大さじ1/2
しょうゆ…大さじ1と1/2

作り方

大根、にしん、じゃがいも、にんじんは食べやすい大きさに切る。具材を鍋に入れ、こんぶの戻し汁を注ぎ、にんじんに火が通るまで煮、酒、みりん、しょうゆの順に入れて、煮る。

野菜

干し芋

原料：さつまいも
方言：きんりー（静岡県）
こっぱ（四国、九州地方）
つめ（高知県）

おもな産地：茨城県、静岡県（蒸し切干し、生切干し）
九州（ゆで切干し）
カロリー（100gあたり）：303カロリー（蒸し切干し）
栄養：カリウム、ビタミンC

平切干し芋

蒸した芋を厚さ8mmに切断し、4～5日干したもの。あぶると風味が増す。

角切干し芋

蒸した芋をスティック状に切って干したもの。白い粉をふいたようになっているものは、熟成させることで芋の糖分が結晶化したもの。

丸干し芋

小ぶりのさつまいもをそのまま、または半割りにして蒸し、干しあげたもの。切り干しに比べ、干しあがるまで時間がかかる。

甘みと風味が凝縮した郷土色豊かな保存食

市場でよく見かけるものはさつまいもを蒸し、食べやすい大きさに切って乾燥させたもの。生産地は茨城県が特に有名。その他にもゆでたもの、生のまま乾燥させたもの、そのままの形で蒸して乾燥させたものなどがあり、郷土色豊かな製品が各地にある。しっとりとした食感と甘みがあり、そのまま食べられるほか、刻んで菓子材料としても用いられる。

美味しい栄養

便秘解消や腸内環境を調え、老廃物やコレステロールの排除に役立つ食物繊維が豊富。さらに体内の水分バランスを調節し、高血圧予防に働くカリウム、免疫力を強化するビタミンCなども含まれるので、便秘や肌の調子に悩む女性にオススメ。

原料の食品成分表

（さつまいも・可食部100gあたり）

エネルギー		132kcal
水分		66.1g
たんぱく質		1.2g
脂質		0.2g
炭水化物		31.5g
無機質	カリウム	470mg
ビタミン	C	29mg
食物繊維総量		2.3g

乾物の食品成分表

（可食部100gあたり）

エネルギー		303kcal
水分		22.2g
たんぱく質		3.1g
脂質		0.6g
炭水化物		71.9g
無機質	カリウム	980mg
ビタミン	C	9mg
食物繊維総量		5.9g

歴史

傷みやすいさつまいもを運搬するために考案されたのがはじまり。当時は生のまま薄く切ったものを乾燥させた。次に誕生したのがゆでてから干す「ゆで切干し」。現在主流の蒸し切り干しは、明治になって静岡県で考案され、誕生した。現在は茨城県が「蒸し切干し」の主産地。「生切干し」「ゆで切干し」は九州で主に作られている。

元祖干し芋の生切干し。そのまま焼いたり、豆と炊き合わせる他、製粉して芋粉にされた。第二次世界大戦中には米の代用食にしていた地方もある。

製造法

冬まで熟成させたさつまいもは、大きさにより選別され、小さいものは丸干し芋、大きいものは切干し芋にされる。蒸してから干す「蒸し干し芋」の場合、2～3時間蒸して、熱いうちに皮をむく。ピアノ線を張った台に芋を通すようにしてスライスし、簾と呼ばれる干し台に並べて干しあげていく。芋の大きさや天候によって干す時間は異なるが、裏返したり形を整えながら、1～3週間ほど干す。

洗浄後、蒸される。蒸してから干すことで柔らかい食感となる。

世界初のフリーズドライは、じゃがいも。

じゃがいもの原産地であるアンデスでインカ帝国の時代から作られてきたチューニョ。標高4000mの高地でじゃがいもを自然凍結、乾燥を繰り返して作りあげる保存食で、世界最古の凍結乾燥食品である。現在も生産、消費されており、解凍時に水につけてアク抜きするチューニョブランコと、アク抜きしないチューニョネグロがある。

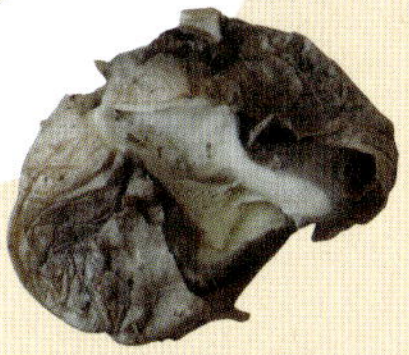

写真は、日本で再現して制作したもの。

芋がら

原料：芋茎（ずいき）
英名：zuiki
方言：しょーれん（岐阜県、滋賀県）
わりな（全国各地）

おもな産地：山形県、宮城県（赤がら）、
徳島県、高知県（青がら）
カロリー（100gあたり）：246カロリー
栄養：カリウム、カルシウム、食物繊維

青がら

戻し方：さっとゆでこぼす
調理法：煮物、雑煮、おかゆ
青がらは、からどり芋やハス芋などから採られ、独特のエグ味が多少ある。割いて干した割り菜に加工されることが多い。

健康食ブームで再注目されるいもの茎

いもの茎を乾燥させたもの。やつがしらの茎を乾燥した「赤がら」、さといもの茎を乾燥した「青がら」があり、干し加減、切り方などの違いから細かく分けられるため、種類は豊富にある。独特の歯触りがあり、煮物、酢のもの、みそ汁の具などに活用される。最近、健康食ブームにより、そのどこか懐かしい味わいに再び注目が集められている。

美味しい栄養

体内の余分なナトリウムを排除し、高血圧予防に有効なカリウムや整腸作用、腸内の有害物質を排泄する食物繊維が非常に豊富。その他、骨や歯を丈夫にし、骨粗鬆症予防に役立つとされるカルシウムも多く含まれる。

乾物の食品成分表
（可食部100gあたり）

エネルギー		246kcal
水分		9.9g
たんぱく質		6.6g
脂質		0.4g
炭水化物		63.5g
無機質	カリウム	**100000mg**
	カルシウム	1200mg
食物繊維総量		**25.8g**

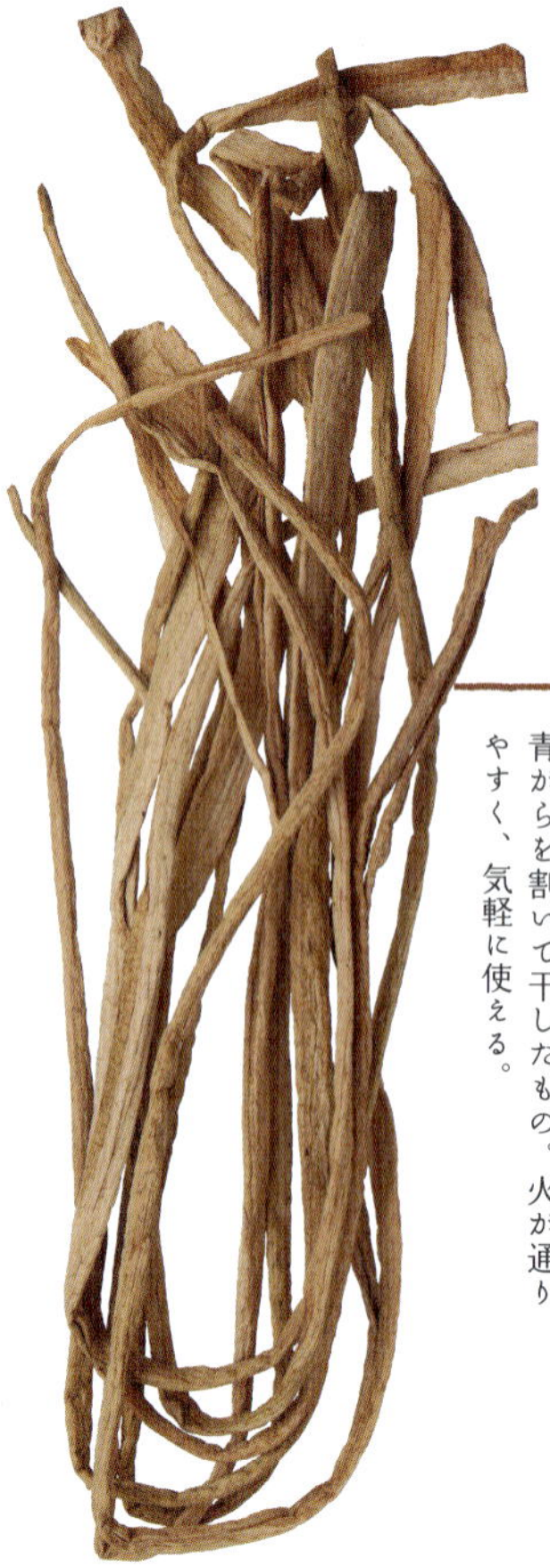

割菜

戻し方：さっとゆでこぼす
調理法：和え物、みそ汁
青がらを割いて干したもの。火が通りやすく、気軽に使える。

扱い方

さっとゆでこぼすか、浸水させて戻す。食感を残したい場合は2〜3分ほど、やわらかくしたいときは2〜3時間を目安に浸水する。

野菜

干しごぼう

本来は薬草として伝来した根菜

日本には薬草として中国から伝わったごぼうは日本と韓国でしか食べられていない野菜で、水分が少なく、簡単に干しごぼうが作れる。昔は多くの家庭で干しごぼうが作られていが、近年はすぐに調理ができるカットされた干しごぼう製品や健康食品としてごぼう茶などの製品が商品化されている。

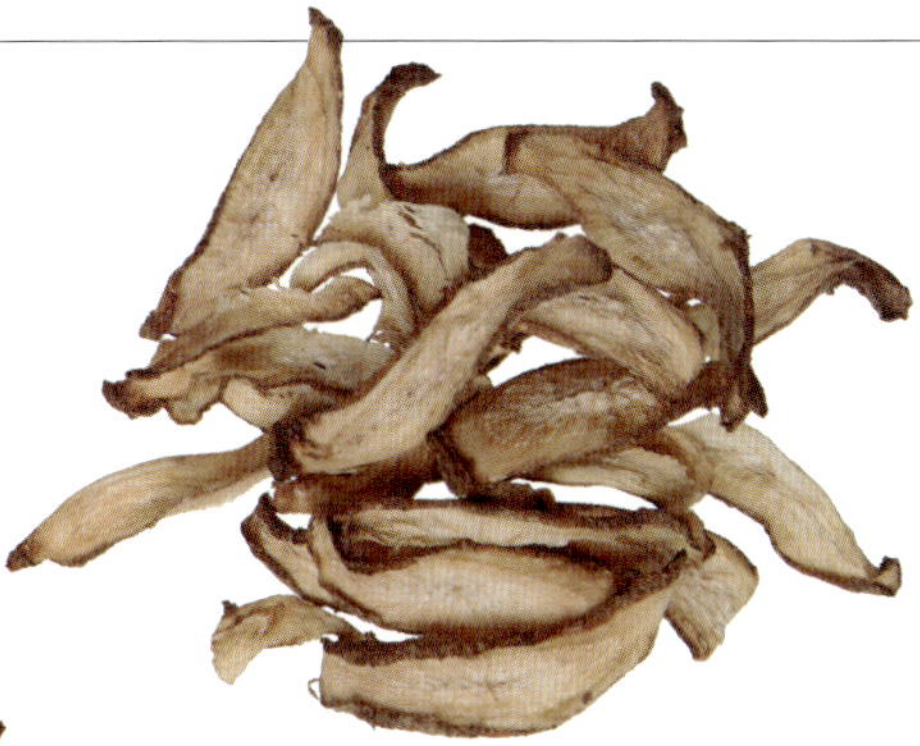

薄切りにして干したもの

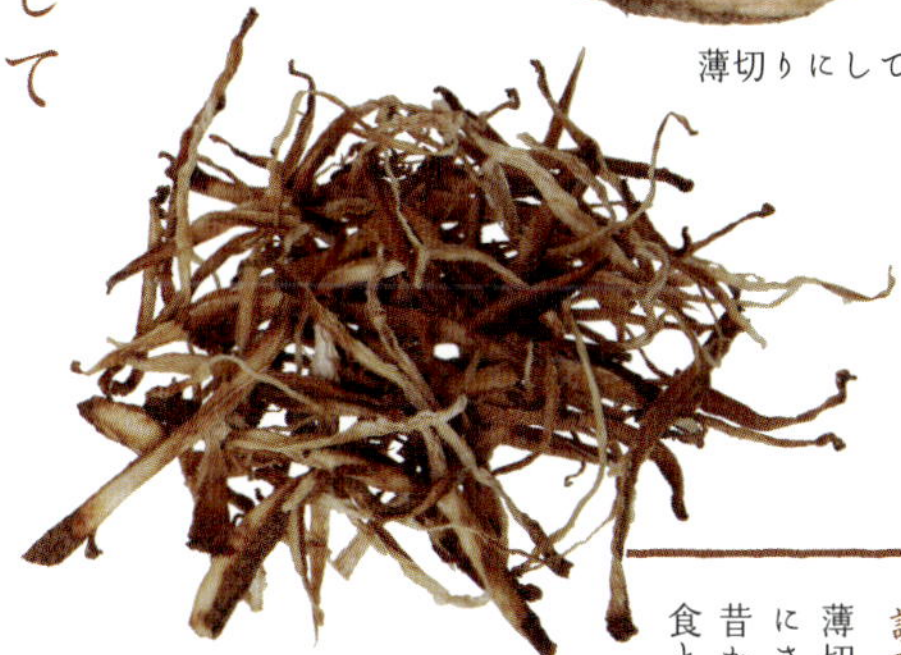

ささがきにして干したもの

干しごぼう

戻し方：そのまま炊き込む

調理法：炊き込みごはん

薄切りやささがきにして、水にさらし、天日干ししたもの。昔から農家や一般家庭で保存食として親しまれきた。

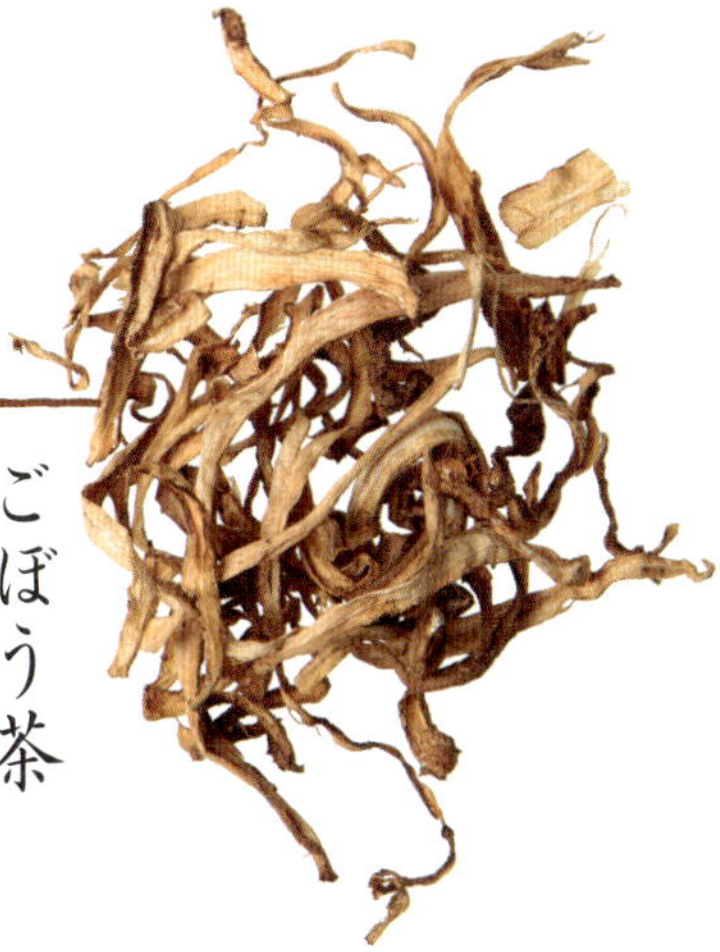

ごぼう茶

近年、健康効果で話題になったごぼう茶。千切りにして干したごぼうを煎ったもの。熱湯を注いで、少し蒸らしてから飲む。

乾燥ごぼう

戻し方：20分浸水

調理法：きんぴら

ゆでてから機械で乾燥させたもの。スーパーマーケットなどで見かける乾燥野菜の多くは、すぐ戻せて、火の通りが早いものが多い。

その他の乾燥野菜

にんじん

小松菜

ごぼうの他にも、にんじん、小松菜、れんこんなどいろいろな野菜が見られる。

かんぴょう

原料：夕顔
英名：kanpyo
漢名：乾瓢

おもな産地：中国・日本では栃木県
カロリー（100gあたり）：261カロリー
栄養：カリウム、カルシウム、鉄、亜鉛、マンガン、食物繊維

漂白かんぴょう

戻し方：15分浸水し、10分ゆでる
調理法：炒めもの、煮物
市場で多く出回るものはこれ。二酸化イオウによる燻蒸を行うことで、漂白している。

食感を生かした巻き寿司で大活躍

16世紀に中国から伝わった、ひょうたんと同じツル性植物ゆうがおの一種であるふくべの実を薄く細長い帯状にむいて干したもの。生産地は江戸時代に関西から関東へ移り、現在は特に栃木県が有名だが、需要の9割は中国産。「漂白かんぴょう」と「無漂白かんぴょう」の2種類があり、どちらも巻き寿司や五目寿司の具、煮物、みそ汁などに用いられる。

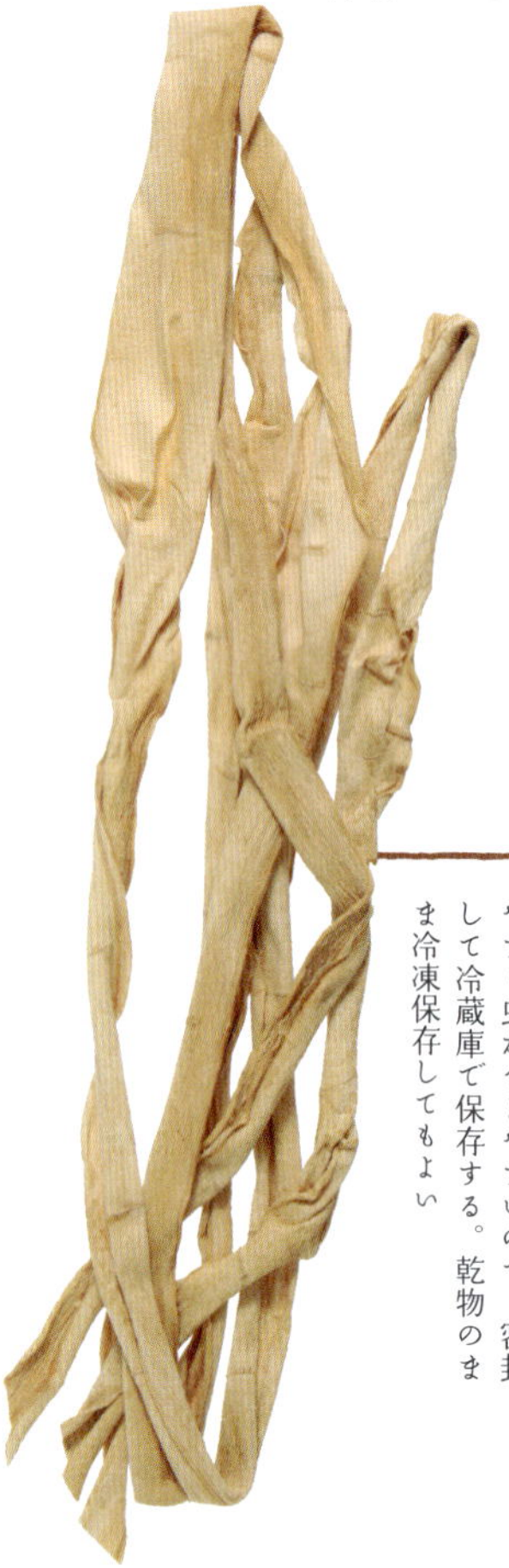

無漂白かんぴょう

戻し方：15分浸水
調理法：煮物、みそ汁
無添加で見た目があめ色。価格は漂白かんぴょうより高い。＊カビやすく虫がつきやすいので、密封して冷蔵庫で保存する。乾物のまま冷凍保存してもよい

美味しい栄養

腸の働きを活発にし、有害物質を便とともに排出する働きのある食物繊維が豊富に含まれる。さらに貧血予防に有効な鉄、味覚を正常に保つ亜鉛、代謝機能を向上させるマンガンなどのミネラルも非常に多く含まれ、健康食品としてとても優秀な食材である。

乾物の食品成分表
（可食部100gあたり）

エネルギー		261kcal
水分		19.8g
たんぱく質		7.1g
脂質		0.2g
炭水化物		67.9g
無機質	カリウム	1800mg
	カルシウム	250mg
	鉄	**2.9mg**
	亜鉛	1.8mg
	マンガン	1.6mg
食物繊維総量		**30.1g**

かんぴょう干しの風景

製造法

6～7kgに生長したふくべの果実を、りんごの皮むきのように回転させながら、電動玉むき機でむいていく。幅は4cm、厚さ5mmにむき、揃えて竿にかけ、干しあげる。昔は乾燥は全て天日で行ったが、現在はボイラー乾燥後、仕上げに天日干しするものが多い。

―扱い方―

漂白かんぴょうは、水で洗って塩をまぶし、しんなりするまでもみ洗いする。燻蒸でのこった亜硫酸を除去しないと、酸味が残るうえ、果肉がかたくなる。

歴史

かんぴょうの名の由来は、夕顔の実を「瓢《ふくべ》」と呼んだことから。干した瓢《ふくべ》で「干瓢《かんぴょう》」となった。中国で精進料理の食材として使われていたものを、16世紀頃に中国へ渡った留学僧が持ち帰ったとされる。最初の主産地となったのは、河内（現在の大阪）の木津という場所。その名残が現在も寿司職人同士の隠語で、かんぴょうを「木津」と呼ぶ。

料理

かんぴょう汁

材料（2人分）

かんぴょう…40cm（10cmに切る）
かぶ…1個（食べやすい大きさに切る）
だし汁…1カップ
みそ…適量

作り方

かんぴょうをひたひたの水で柔らかくなるまで煮て水洗いし、形よく結ぶ。別鍋に、だし汁とみそを少量ずつ合わせてかんぴょうを入れ弱火にかけ、煮立ったらかぶと残りのだし汁を加えて火を通し、みそで調味する。かぶの葉があれば入れて、温まったら完成。

切り干し大根のタイ風炒め

材料(2人分)

切り干し大根(戻して)…100g
もやし…100g
ニンニク…1片(薄切り)
香菜…1株(ざく切り)
ごま油…適量
A ナンプラー…大さじ1
A レモンのしぼり汁…大さじ2
A 水…大さじ1
A 砂糖…小さじ1

作り方

1 切り干し大根は戻して(P12参照)3〜4cmの長さに切る。
2 フライパンにごま油を熱し、ニンニクを炒める。香りが立ったら1と混ぜ合わせたAを加えて炒める。もやしを加えてさっと炒める。
3 器に盛り、香菜を散らす。

切り干し大根入りベジタブルカレー

材料(2人分)

切り干し大根(戻して)…50g
じゃがいも…1個
玉ねぎ…1/2個
トマト…1個
サラダ油…適量
小麦粉…大さじ2
水…2カップ
A しょうゆ…大さじ2
A カレー粉…大さじ1と1/2
A オイスターソース…小さじ1/2
ごはん…茶碗2杯分

作り方

1 切り干し大根は戻して(P12参照)3〜4cmの長さに切る。じゃがいも、玉ねぎ、トマトは食べやすい大きさに切る。
2 フライパンにサラダ油を熱し、じゃがいも、玉ねぎ、トマトを炒め、玉ねぎが透明になったら小麦粉を加えて炒め合わせる。
3 水と切り干し大根を加え、煮立ったらふたをして弱火にする。野菜がやわらかくなったらAを加えてさらに3〜4分煮込む。
4 器にごはんを盛り、3をかける。

いもがらときゅうりのポン酢和え

材料（2人分）

いもがら（戻して）…100g
きゅうり…1本
A ポン酢…適量
　一味唐辛子…適量
　すりごま（白）…大さじ1

作り方

1 いもがらは戻して（P18参照）5cm長さに切る。きゅうりは5cm×1cmの短冊切りにする。
2 ボウルに1とAを入れてあえる。

干しいもの豚バラ焼き

材料（2人分）

平干しいも…2〜3枚
豚肉…150g
塩…少々
サラダ油…適量
酒…大さじ1
A しょうゆ…小さじ1
　塩・こしょう…各適量

作り方

1 干しいもは繊維に沿って8mm幅に切る。
2 豚肉は塩をふり、1をのせて巻く。
3 フライパンにサラダ油を熱し、2を巻き終わりを下にして並べて焼き、酒を加えてふたをして蒸し、Aで味を調える。

かんぴょうのグラタン

材料（2人分）

かんぴょう（戻して）…100g
玉ねぎ…1/2個（薄切り）
ベーコン…2枚（1cm幅に切る）
サラダ油…適量
卵…2個
生クリーム…1/2カップ
牛乳…1/4カップ
塩・こしょう…各適量
ピザ用チーズ…40g
バター…適量

作り方

1 かんぴょうは戻して（P20参照）4〜5cmの長さに切る。
2 フライパンにサラダ油を熱し、玉ねぎとベーコンを炒め、取り出して冷ましておく。
3 ボウルに卵、生クリーム、牛乳を入れてよく混ぜる。1、2、チーズ1/3量、塩、こしょうを加えて混ぜる。
4 耐熱容器にバターを塗り、3を入れて残りのチーズを散らす。180℃に予熱したオーブンで20分ほどこんがりと焼き色がつくまで焼く。

野菜

干しなす

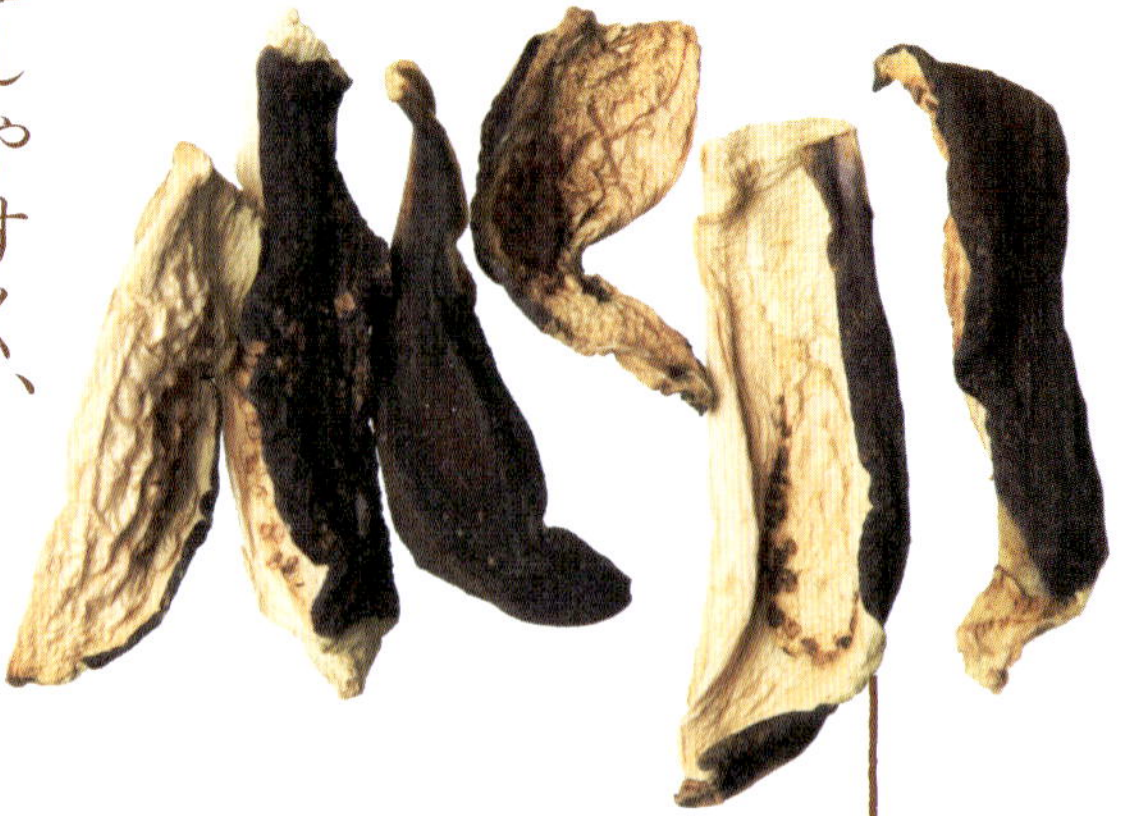

栽培しやすく、冬に重宝された保存野菜

奈良時代に中国から伝わったとされる夏野菜のなすは全国で栽培され、農家などでは保存食として古くから自家製の干しなすが作られてきた。地域や家庭によって違いはあるが、ほとんどが食べやすい大きさに切ってから天日干しし、野菜の少ない冬に戻して煮物や炒め物にして食べられる。また、トルコでも干しなすの食文化があり、現在でも干しなすを使った料理が愛されている。

干しなす

戻し方：左記参照
調理法：油炒め、しょうゆ漬け
山菜のような香ばしさ、強いうま味と歯触りがある。現在は、器械で乾燥させたものが道の駅で売られていることも。

扱い方

干しなすを戻す際は、水にひたして火にかけ、ひと煮立ちさせたら火を止める。湯の中に手が入れられるぐらいに冷めたら、なすをもむ。湯が黒くなるので、湯を捨てる。新しくほんのりと甘く感じる濃度の砂糖水を入れ、一昼夜つける。しょうゆ、砂糖、酒などで味付けしてできあがり。

ドルマ用干しなす

トルコ料理になすのレシピは豊富だが、「ドルマ」という肉詰め料理用には、中をくりぬいて皮だけにした干しなすが使われる。写真（右）は、日本で再現したもの。

料理

干しなすのドルマ

作り方
干しなすは熱湯で5分程ゆでてもどす。米と挽き肉、香味野菜を刻んで合わせ、塩こしょう、とうがらし、香辛料で調味した具をなすに詰め、鍋に並べる。なすが隠れない程度の水とオリーブオイル少々を入れ、落とし蓋をして弱火にかける。水がなくならないよう足しながら、40分程煮込む。

トルコの乾物屋には、様々な干し野菜がすずなりになって売られている。

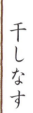

ドライトマト

凝縮した甘味とこくで煮込み料理に最適

完熟トマトを縦に半分に切って塩をふり、天日干しして乾燥させたもの。製品によってやわらかいもの、かたいものなど干し加減や塩分量が違う。凝縮した甘みとこくがあるのが特徴。イタリア料理や南仏料理などでは前菜や肉、野菜を使ったメイン料理、煮込み料理、パスタなど普通のトマト同様に使われる。

細長型トマト

戻し時間：そのまま調理可能
調理法：煮込み

イタリアの細長いトマトの乾燥品。水分が少ない品種がドライトマト向き。大ぶりで果肉が厚いサンマルツァーノ型。

原料：トマト
英名：dried tomato
伊名：pomodoro secco

おもな産地：イタリア、スペイン、フランス、モロッコ
おもな用途：パスタ、煮込み料理、ソース、カレー

ミニトマト

戻し時間：そのまま調理可能
調理法：ソース

小型で酸味・甘味が強いトマトの乾燥品。トマトソースの隠し味に加えると、ぐんとうま味がアップする。

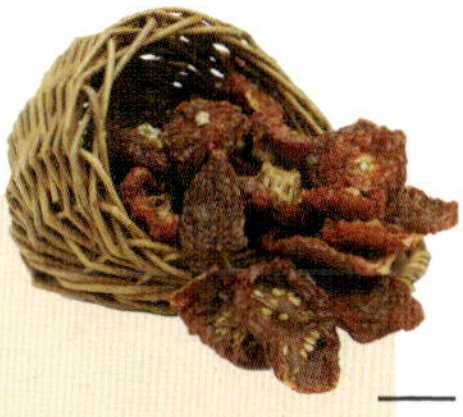

扱い方

保存性を重視した乾燥度の高いものは、ぬるま湯で戻してから使用する。

野菜

干したけのこ

原料：たけのこ
漢名：乾筍、天日笋乾、玉蘭片
方言：しゅんしー（沖縄県）

干したけのこ

戻し方：一晩水に浸してゆでる
調理法：煮物

九州で昔から作られてきた、孟宗《もうそう》竹《ちく》の干したけのこ。ゆでてから天日干しする。筑前煮、たけのこ寿司などの郷土料理に用いられる。

歯ごたえとうま味が持ち味

中国ではよく使われる干したけのこ。日本でもたけのこを干す風習は九州を中心に見られる。日本ではゆでた物を干す製法だが、中国では同じ製法の物を乾筍《かんすん》と呼ぶほか、皮をむいて蒸し、乾燥させて硫黄で燻煙した玉蘭片《ゆいらんぺん》という干したけのこもある。

メンマの作り方

メンマは、たけのこを茹でてから塩漬けし、乳酸発酵させて乾燥した食品。麻竹という台湾や中国で採れるたけのこを使用する。日本へは塩漬けの状態で輸入されることが多い。中国ではメンマの他にも、乾筍と呼ばれる干したけのこがあり、煮込み料理や炒め物に用いられる。こちらは、皮をむいて蒸し、乾燥させて硫黄で燻煙し製品にする。

干しわらび

干しわらび

戻し方：水に浸して沸騰直前で火を止め、一晩おいて水を換え、さらに煮る
調理法：炒め煮

古くから農家で作られる干しわらび。塩漬けを乾燥したもの（右）や。ぜんまいと同様に加工したもの（左）がある。

なじみ深い山里の春の味

日本で古くから利用されてきた山菜、わらび。青果の生産量は山菜全体の三割を占めるとされているほど、現在も広く生産、消費されている。乾燥わらびはカリウムが豊富で高血圧予防によいされているほか、ビタミンE、ビタミンCも多く含まれ、栄養価にも優れている。

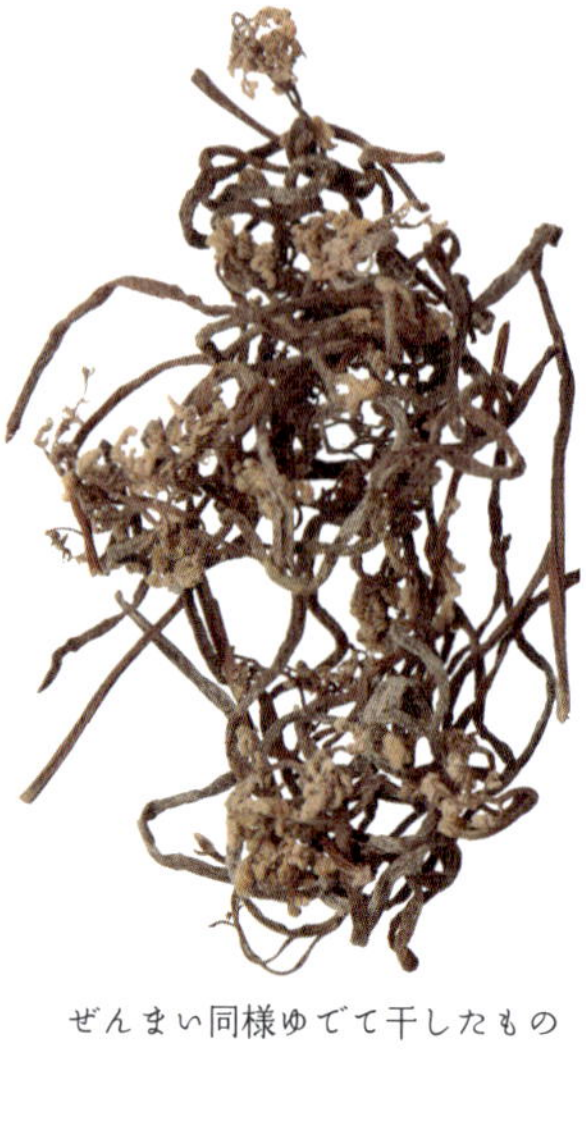

ぜんまい同様ゆでて干したもの

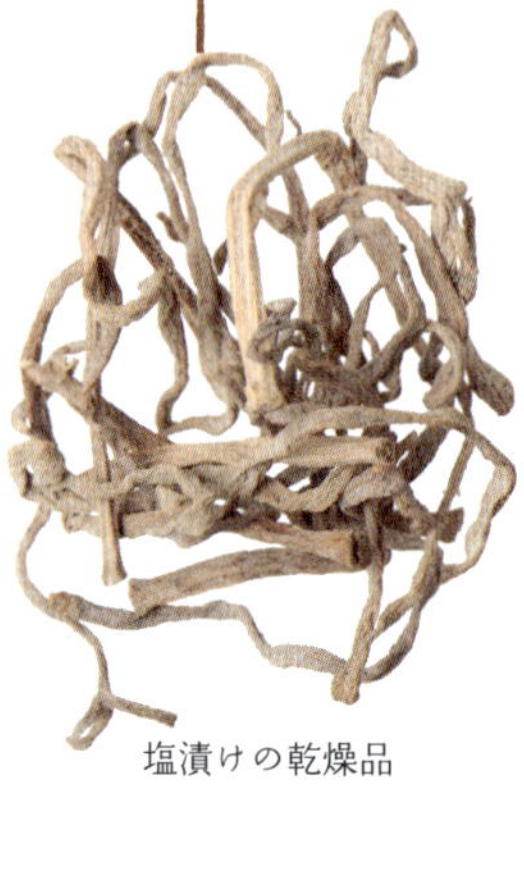

塩漬けの乾燥品

野菜

干しぜんまい

原料：ぜんまい
英名：royal fern
方言：ほとろ（岐阜県一部）

旨味が凝縮された山里の滋養食

春を感じさせる代表的な山菜のひとつ。全国の野山に自生し、春先にくるっと丸まった若芽を摘み、もみながら乾燥させたもの。現在、国産品は希少品となり市場では高額で取り引きされる。戻すのに時間はかかるが、独特の食感があり、炒め煮、あえ物、韓国料理ではナムルやビビンバの具として使われる。

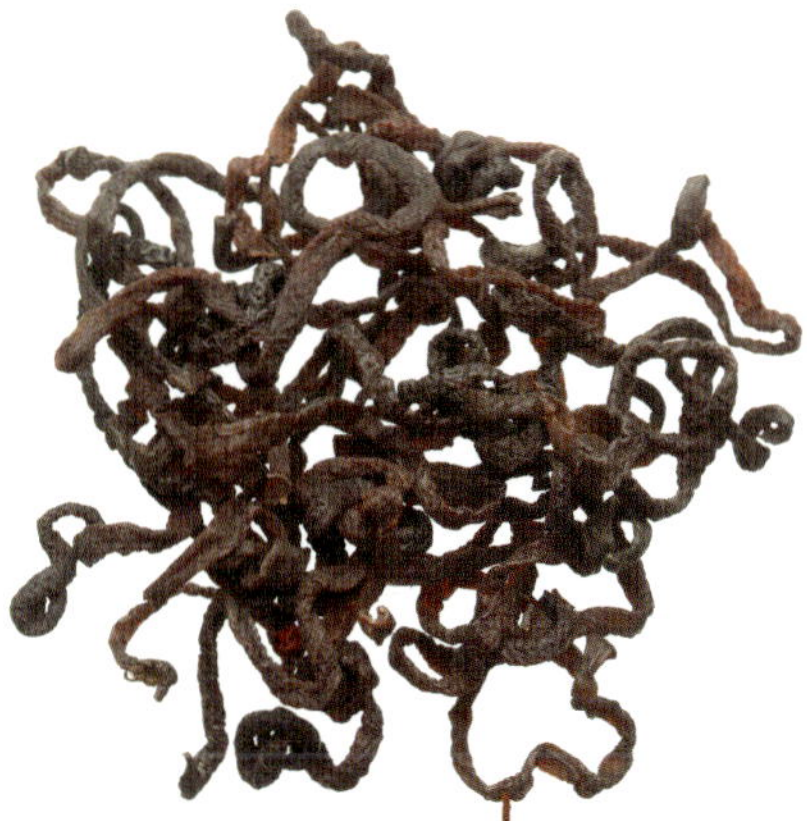

干しぜんまい
戻し方：下記参照
調理法：ナムル、煮付け
摘んだぜんまいを熱湯に浸した後、水切りして乾燥させる。生乾きのときに何度も手でもんで、柔らかく仕上げる。

美味しい栄養

造血作用のある鉄と銅、免疫力を高めるカロテン、余分なコレステロールを排出し、高血圧予防に役立つカリウム、便通をよくし、生活習慣病予防にも効果的な食物繊維が多く含まれる。また、動脈硬化予防が期待できるリグニンも含まれる。

乾物の食品成分表
（可食部100gあたり）

エネルギー		293kcal
水分		8.5g
たんぱく質		14.6g
脂質		0.6g
炭水化物		70.8g
無機質	カリウム	2200mg
	鉄	**7.7mg**
	銅	**1.2mg**
ビタミン	A　β-カロテン当量	710μg
食物繊維総量		34.8g

歴史

江戸時代の書物、「日本諸国名物尽」に登場する山菜は、ぜんまいではなくわらびだった。しかし、わらびは天然の収穫量が多く、品種の開発もさかんだったことから青果として出回るようになり、乾燥品は姿を消しつつある。それに対し、現在も残る干しぜんまい。乾燥品には水煮では味わえないしっかりした歯ごたえがある。

扱い方

水に1晩つけておき、沸騰湯で20分程ゆでる。湯が冷めたら、水を換えながら2〜3回もみ洗いする。

おもな産地：山形県、徳島県（人工栽培）
新潟県、秋田県（天然）
カロリー（100gあたり）：293カロリー
栄養：カリウム、カルシウム、鉄、亜鉛、マンガン、食物繊維

干し菊

原料：食用菊
英名：kiku-nori
おもな産地：青森県、岩手県、
カロリー（100gあたり）：292カロリー

ほろ苦い風味と鮮やかな色が特徴

食用菊を蒸して板のりのようにのばし、乾燥したもので、主な生産地は青森県や岩手県などの東北地方。熱湯で軽く戻し、酢の物、あえ物などに使われ、鮮やかな色、独特の風味、シャキシャキとした食感を楽しむことができる。

乾物の食品成分表
（干し菊・可食部100gあたり）

エネルギー	292kcal
水分	9.5g
たんぱく質	11.6g
脂質	0.2g
炭水化物	73.5g
食物繊維総量	29.6g

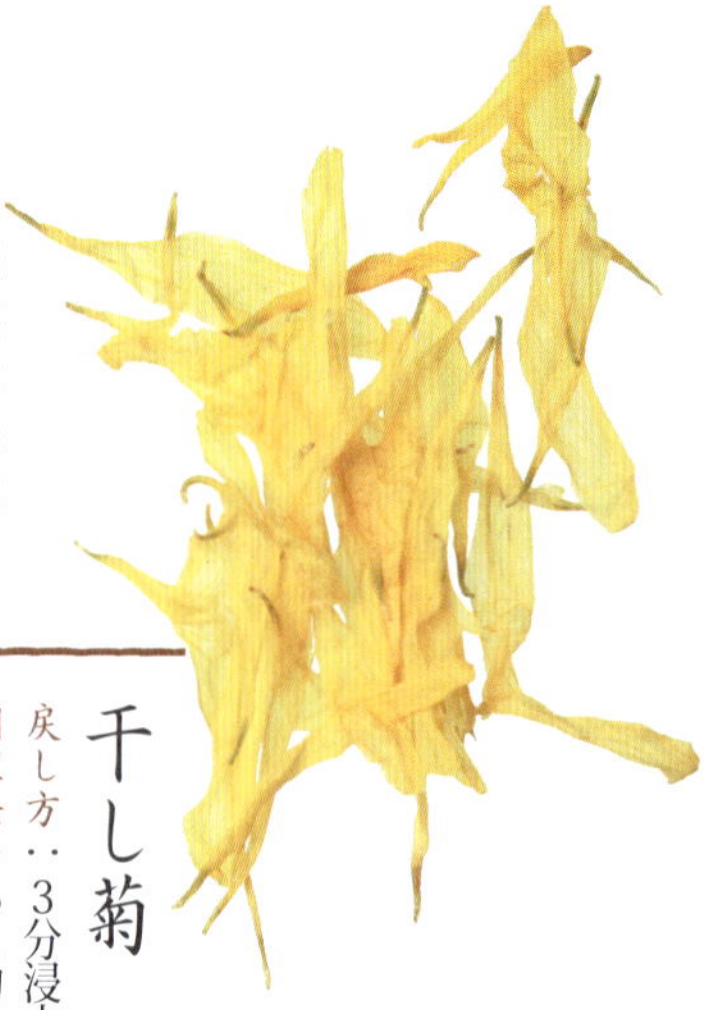

干し菊
戻し方：3分浸水
調理法：あえ物
板状にしたものの他、ほぐしたものも販売される。

山くらげ

原料：茎レタス
漢名：萵苣笋、茎苣笋
栄養：アミノ酸、カルシウム、鉄、カロチン

食感を楽しむ山の恵み

茎レタスの一種で、サンチャーサイという植物の茎を裂いて乾燥させたもの。きれいな緑色とコリコリとした食感が特徴。市場では中国産のものが多く、長いものとカットタイプのものがある。水か湯で戻し、炒め物、煮物、サラダなどに使われる。

山くらげ
戻し方：2～3時間浸水
調理法：きんぴら、酢の物
中国で発達した乾燥野菜。長い茎の部分を縦に薄切りし、それをまた細長いひも状にして、干す。

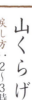

金《きん》針《しん》菜《さい》

歯触りがよく豚肉との相性抜群

ユリ科のカンゾウ類の花のつぼみを蒸して乾燥させたもの。細長く金色の針のような形からこの名前がついたといわれる。歯触りがよく、水で戻し、根元の硬い部分を取り除いてからスープ、炒め物などに使う。中国ではぶた肉と合わせたスープが有名。

原料：カンゾウ
漢名：金針菜、黄花菜
栄養：ビタミンA、鉄分

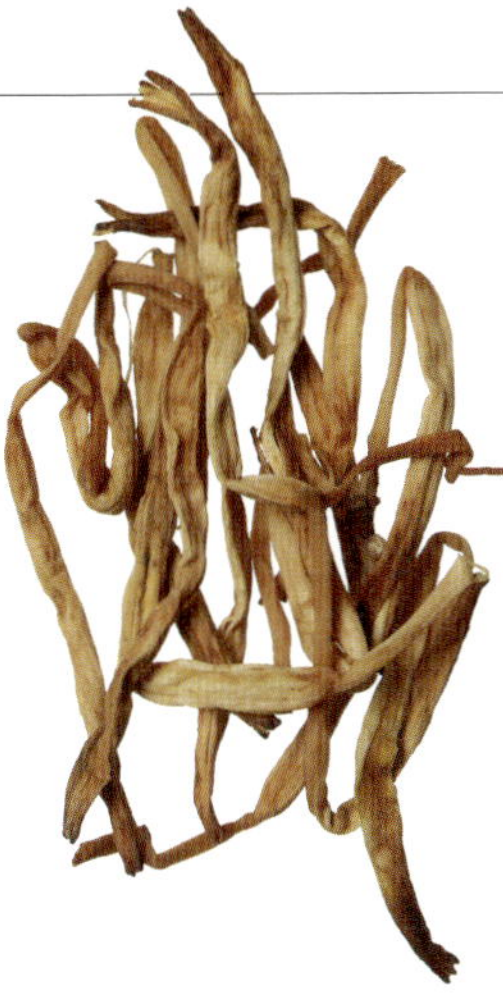

金針菜
戻し方：1時間浸水し、さっとゆでる
調理法：スープ、炒め物
シャキシャキした食感が特徴。近年では春に生のものも出回っている。

凍みこんにゃく

生産地茨城県だけの幻の乾物

こんにゃくを薄く切り、約1カ月近く凍らせるのと天日乾燥を繰り返して作ったもの。出来上がりは白っぽく、スポンジ状で、今では茨城県のみの生産となっている幻の乾物。代表料理は水で戻し、しょうゆ、みりんなどで煮た「煮しめ」で精進料理や冠婚葬祭で食べられることが多い。くにくにした食感を楽しむ。

凍みこんにゃく
戻し方：ぬるま湯で30分浸水し、水を換えアク抜き
調理法：炊き込みごはん、筑前煮、天ぷら
江戸時代から農閑期につくられていた。冬の田畑に薄切りにしたこんにゃくを敷き詰めて乾燥させる。

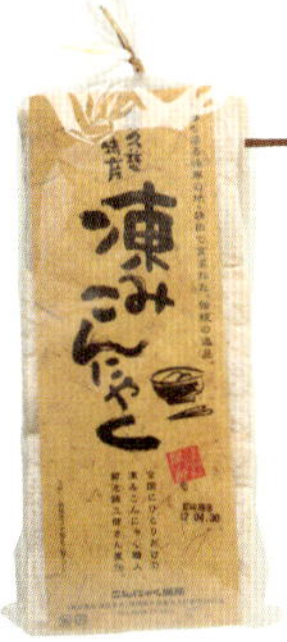

料理　凍みこんにゃくの炊き込みごはん

材料と作り方
戻した凍みこんにゃくを刻み、にんじんやしいたけ、ごぼう、ずいきもそろえて切り、しょうゆ、酒、みりんを加えてごはんに炊き込む。

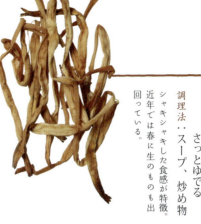

干しなすの辛味冷麺

材料（2人分）

干しスライスなす
…1本分
きゅうり
…1本（4㎝の長さで千切り）
長ねぎ…8㎝
中華麺…2袋
A ぬるま湯…2カップ
　砂糖…少々
B ごま油…大さじ1
　赤唐辛子…1本（小口切り）
C 酢…大さじ3
　しょうゆ…大さじ4
　砂糖…大さじ1と1/3
　水…1と1/4カップ

作り方

1 干しなすはAに30分ほどつけて戻し（P24参照）、水気をきって、千切りにする。
2 ボウルに1ときゅうり、長ねぎを入れ、Bを加えて混ぜる。
3 中華麺は袋の表記どおりにゆで、冷水でよくもみ洗いして水気をきる。
4 器に3を盛り、2をのせ、混ぜ合わせたCを回しかける。

干ししいたけと白菜のミルフィーユ

材料（2人分）

干ししいたけ…8枚
白菜…1/8株
A 鶏ひき肉…100g
　ショウガ
　…小さじ2と1/2（すりおろす）
　酒…小さじ5
酒…大さじ2
塩…小さじ1/3
ポン酢…適量

作り方

1 干ししいたけは戻して（P32参照）みじん切りにし、Aと混ぜる。白菜は1枚ずつに分け、容器の高さに合わせて切る。
2 耐熱容器に1を合わせたものを層になるように詰め、塩と酒を加えてふたをして白菜がしんなりするまで蒸す。
3 ポン酢をかけていただく。

干しトマトのベーコンエッグ

材料（2人分）

干しミニトマト…8～10個
卵…2個
ベーコン…3枚
バター…大さじ1
水…少々
粗びき黒こしょう・塩…各少々

作り方

1 フライパンにバターを溶かし、ベーコン、卵を割り入れる。空いたところにトマト、分量の水を加えてふたをする。
2 卵が好みの固さになったら器に盛り、塩、こしょうをふる。

凍みこんにゃくのクレソンサラダ

材料(2人分)

凍みこんにゃく…3枚
クレソン…1束
ごま油…大さじ1
塩…小さじ1と1/2
ごま（白）…大さじ1

作り方

1 凍みこんにゃくは戻して（P29参照）1.5㎝幅に切る。クレソンは食べやすい大きさにちぎる。
2 フライパンにごま油を熱し、凍みこんにゃくを炒める。全体に油がまわったら塩、ごま、クレソンを加えてさっと炒める。

干ししいたけのリゾット

材料(2人分)

干ししいたけ…2枚
玉ねぎ
　…1/4個（みじん切り）
米…1合
水…1/2カップ
チキンスープ
　…4と1/2カップ
バター…大さじ2
白ワイン…1/4カップ
塩…小さじ1
粉チーズ…適量
塩・こしょう…各適量
A あさつき
　…少々（小口切り）
　粗びき黒こしょう
　…適量

作り方

1 耐熱容器に干ししいたけと分量の水を入れ、ラップをして電子レンジで2分加熱して戻して、みじん切りにする。
2 チキンスープに1の戻し汁を混ぜ合わせる。
3 フライパンにバターを溶かし、玉ねぎがしんなりするまで炒める。米をとがずに加えて4～5分炒め、干ししいたけ、白ワインを加えてさらに炒める。2を3カップと塩小さじ1を加えて中火で水分が少なくなるまで混ぜながら煮る。米がかたいようなら2を1/2カップずつ足し、米の芯が少しあるくらいで、粉チーズを加える。
4 3の米がちょうどよいかたさになったら塩、こしょうで味を調える。
5 器に盛り、粉チーズとAを散らす。

きくらげと桜えびの炊き込みごはん

材料(作りやすい分量)

きくらげ（黒・戻して）
　…50g
米…2合
昆布（5×10㎝）…1枚
A 水…1と4/5カップ
　酒…大さじ2
　しょうゆ…大さじ1
　塩…小さじ2
桜えび…20g
ごま（白）…大さじ2

作り方

1 きくらげは戻して(P34参照)千切りにする。
2 米はといでざるに上げて30分ほどおく。土鍋に入れて昆布をのせてAを加え、30分ほど吸水させる。
3 2に1、桜えびを入れてふたをして火にかける。中火で5分ほどして蒸気が上がったら弱火にして、15分ほど炊く。パチパチと音がしたら1分ほど強火にして水分をとばし、火を止め、そのまま10分ほど蒸らす。
4 昆布を取り出し、ごまを加えてさっくりと混ぜる。

干ししいたけ

原料：しいたけ
英名：shitake/japanese mushroom
漢名：香菇

おもな産地：大分県、宮崎県、静岡県
カロリー（100gあたり）：182カロリー
栄養：ビタミンD、カリウム

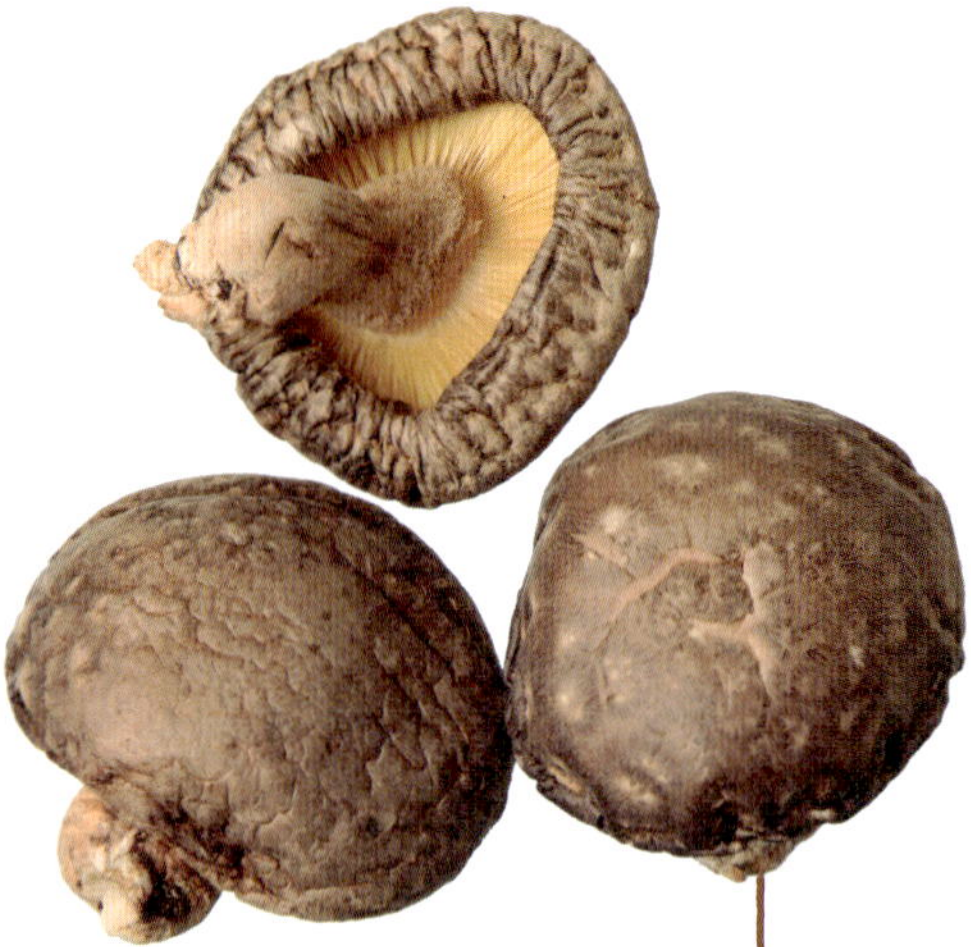

冬菇《どんこ》

戻し方：一晩浸水
調理法：煮物、鉄板焼き、炒め物

晩秋から初春にかけて徐々に生育したしいたけを傘が開く前に収穫して乾燥したもの。肉厚で、含め煮にすると驚く程ジューシー。

栄養価が高く、うま味もたっぷり

鎌倉時代から中国に輸出していた干ししいたけは、肉厚の「冬菇《どんこ》」、肉薄の「香信《こうしん》」などの種類があり、大きさや形によって価格も違う。冬菇は歯ごたえがよく、煮物や炒め物鉄板焼きになどに向き、香信は五目寿司やあえ物などに向くなど、料理に合わせて種類を選ぶとよい。また、干ししいたけの戻し汁にはうま味成分が多く溶け出すので捨てずに煮汁やだしに使うとよい。

干ししいたけの種類

干ししいたけは、かさの開き具合により、冬菇、香菇、香信に分類される。7分開き前が冬菇、6～7分開きが香菇、7分以上開いたものが香信。しいたけの開き具合は、温度や湿度など天候と環境によって変化する。冬菇も香信も原木や菌、産地については変わらない。

茶花冬菇《ちゃばなどんこ》

かさの表面に茶色い亀裂が入ったもの。天白冬　という白い亀裂の入った干ししいたけもあり、香りの高さから最高級品とされる。寒さが厳しい時期に、ゆっくり育ったしいたけがこのような亀裂を生じる。

香信《こうしん》

戻し方：一晩浸水
調理法：五目ずし、炊き込みご飯

春と冬、温度も湿度も高くなった頃に急速に生育して傘が開いたしいたけを乾燥したもの。

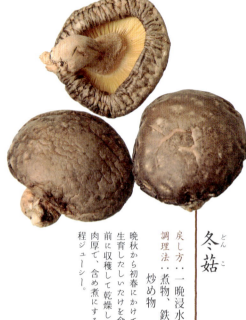

美味しい栄養

天日干しのしいたけはカルシウムの吸収を助けるビタミンDが非常に多い。さらに食物繊維が豊富で、動脈硬化や生活習慣病の予防に役立つ。さらにこの食物繊維はβ-グルカンというもので、免疫力を高め、がん細胞を抑制するのに有効とされている。

原料の食品成分表

（可食部100gあたり）

エネルギー		18kcal
水分		91g
たんぱく質		3g
脂質		0.4g
炭水化物		4.9g
無機質	カリウム	280mg
ビタミン	D	**2.1mg**
食物繊維総量		**3.5g**

乾物の食品成分表

（可食部100gあたり）

エネルギー		182kcal
水分		9.7g
たんぱく質		19.3g
脂質		19.3g
炭水化物		63.4g
無機質	カリウム	2100mg
ビタミン	D	**16.8mg**
食物繊維総量		**41g**

歴史

日本で古くから食べられていたしいたけ。1223年には中国寺院の料理担当が日本に買い付けにきた記録が残されている。当時は保存の効く干ししいたけのみが出回っていたが現在は流通の発達で生が手頃な値段で手に入るため、需要は激減。ただしその戻し汁のうま味の強さから今でも、日本料理には欠かせない食材として愛されている。

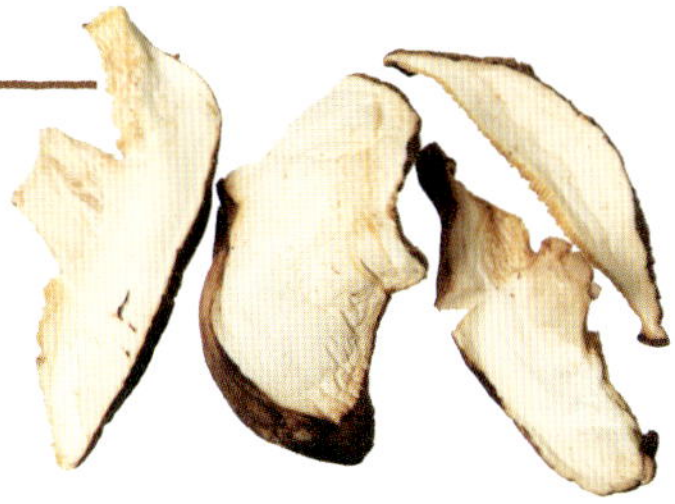

スライスタイプ

戻し方：一時間浸水

調理法：炒り豆腐、炒め物

かさの部分をスライスして乾燥させたもの。戻し時間が短く、切る手間もかからない。

大きさによる分類

かさの開き具合以外に、しいたけの大きさにより小葉（3.0～4.2㎝）、中葉（4.2～6.3㎝）、大葉（6.3～12㎝）に分かれる。写真は、香信しいたけの小葉。

料理

八杯汁

宮崎県の伝統的な精進料理。干ししいたけの戻し汁にこんぶを加えた精進だしでどうぞ。

作り方

戻した干ししいたけを細く刻み、たっぷりのだし汁で柔らかく煮て、みりん、塩、しょうゆで調味する。細切りにした豆腐を加えて一煮立ちさせ、水溶きかたくり粉でとろみづけして、もみのりを散らす。

きくらげ

原料：きくらげ
漢名：木耳（きくらげ）
銀耳（白きくらげ）
方言：さるの尻すけなば（宮崎県）
みしくりみん（沖縄県一部）

おもな産地：中国（きくらげ）
中国、台湾（白きくらげ）
カロリー（100gあたり）：167カロリー
栄養：カルシウム、マグネシウム、鉄、
ビタミンD、食物繊維

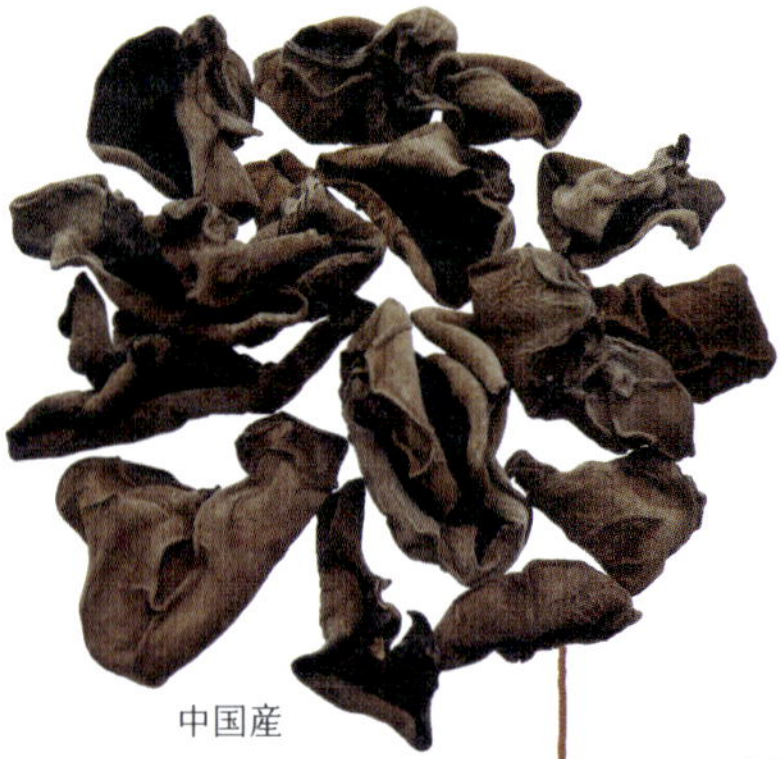

中国産

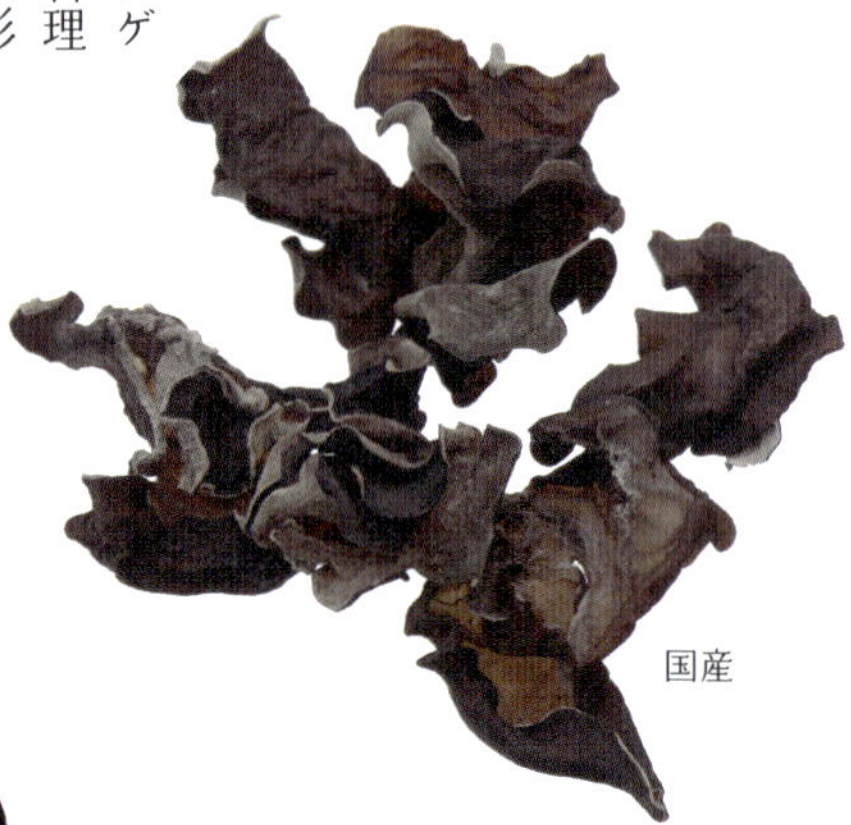

国産

きくらげ

戻し方：30分浸水
調理法：炒め物、和え物、煮物

ケヤキやクヌギ、コナラに発生するきのこ、きくらげを乾燥したもの。市場に出回るもののうち、ほとんどが中国産。国産では、熊本県が多い。

食物繊維豊富な健康きのこ

広葉樹の倒木や切株に生えるキクラゲ科のきのこを乾燥させたもので、中国料理には欠かせない食材。中国では耳に似た形から、日本では食感がくらげに似ているからこの名前がついたといわれている。中国産は主に黒きくらげ、日本や台湾産は表が黒で裏が白なのが特徴。また、高級品として裏表が白い「白きくらげ」もある。コリコリとした食感で中国では昔から不老長寿の媚薬として扱われてきた。

白きくらげ

戻し方：30分浸水
調理法：デザート

薬膳のデザートでおなじみ。近年栽培法が開発されて、価格が手頃に。

あらげきくらげ

戻し方：30分浸水
調理法：炒め物、和え物、煮物

かさの裏に細かい毛が生えているのが特徴。きくらげより一回り大きく、歯ごたえがある。

美味しい栄養

きくらげはカルシウムや鉄、マグネシウムなどのミネラル類が豊富で、体の機能の強化や心身のバランスを保つのに役立つ。また、きのこ類の中でもずば抜けて食物繊維が高く、少量でも整腸作用がある。さらに独特のぬめりには滋養強壮、老化防止作用がある。きくらげは種類によって栄養成分は異なっており、最も食物繊維が多いのはあらげきくらげ、ビタミンD含有量が多いのは白きくらげ、カルシウム量が多いのが普通のきくらげとなっている。

製造法

世界の温帯に広く自生するが、市販品はほとんどが菌床栽培。しいたけよりも効率よく生える。日本でも容易に栽培できるものの、現在も中国からの輸入が多い。機械による乾燥が主流だが、天日干しと機械乾燥の両方で乾燥、殺菌を行う業者もある。

扱い方

きくらげは戻しすぎて触感が悪くなることはないので、水につけて冷蔵庫に入れておけば約1週間は日持ちする。ただし水は毎日取り替えること。

約10倍
（重量変化）
↓

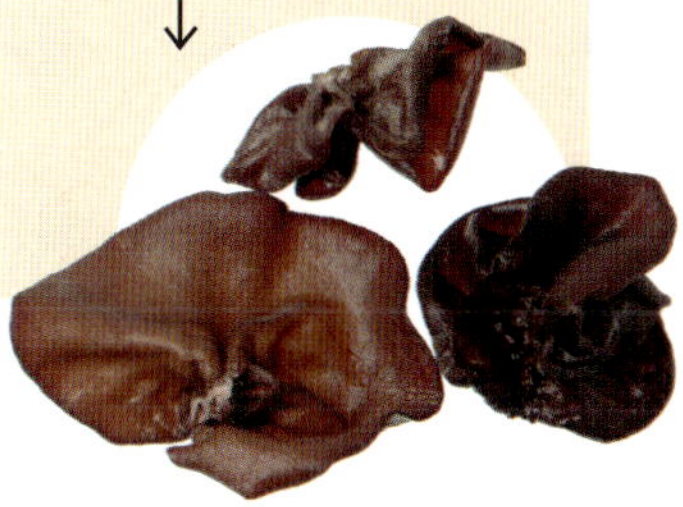

乾物の食品成分表
（白きくらげ・可食部100gあたり）

エネルギー		162kcal
水分		14.6g
たんぱく質		4.9g
脂質		0.7g
炭水化物		74.5g
無機質	カルシウム	**240mg**
	マグネシウム	67mg
	鉄	4.4mg
ビタミン	D	970.0μg
食物繊維総量		**68.7g**

乾物の食品成分表
（きくらげ・可食部100gあたり）

エネルギー		167kcal
水分		14.9g
たんぱく質		7.9g
脂質		2.1g
炭水化物		71.1g
無機質	カルシウム	**310mg**
	マグネシウム	210mg
	鉄	35.2mg
ビタミン	D	435μg
食物繊維総量		**57.4g**

乾物の食品成分表
（あらげきくらげ・可食部100gあたり）

エネルギー		171kcal
水分		13.1g
たんぱく質		4.6g
脂質		0.7g
炭水化物		79.4g
無機質	カルシウム	**82mg**
	マグネシウム	110mg
	鉄	10.4mg
ビタミン	D	69.6μg
食物繊維総量		**79.4g**

「茸」はきのこ？

漢方薬に使われる「鹿茸」。これはきのこではなく、伸びかけた鹿の角。滋養強壮効果があると考えられ、現在も薬膳料理に利用される。中国では野生動物には不老長寿の効果があると考えられており、様々な部位が食材や薬として加工されている。

乾燥 ポルチーニ

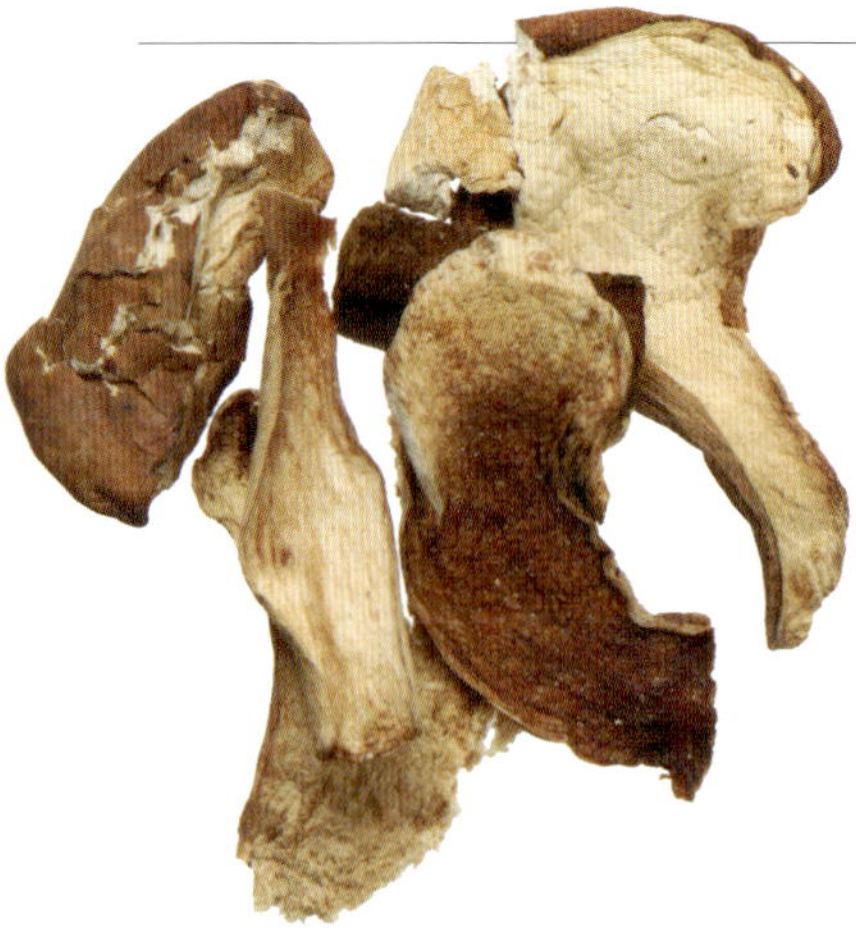

日本でも手に入る、香り高いきのこ

ポルチーニはイタリア語で、日本ではヤマドリタケ、フランスではセップとも呼ばれる、高級食材のひとつ。干しても香り、味、食感が失われないことから重宝されている。原料となるきのこは大型で、日本にも生息するが量が少なく、ほとんどがヨーロッパからの輸入品。戻して、肉料理のソース、リゾット、ソテー、パスタの具に利用される。

原料：ポルチーニ
和名：ヤマドリタケ
英名：cep
伊名：porcino
仏名：cèpe
おもな産地：ヨーロッパ

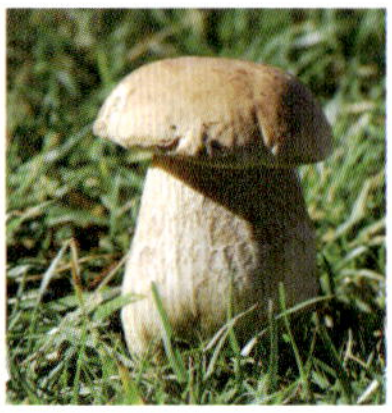

他のきのこ類とドライポルチーニを一緒にマリネすると、うまみが増す。パスタにからめると美味。

乾燥 モリーユ

ヨーロッパで愛される高級食材

たくさん穴があいたかさが特徴のきのこ。日本では、乾燥品のほか塩蔵や冷凍のものも輸入されている。欧米では、その形を利用して詰め物をした料理が人気。特にフランスで親しまれている。独特のうま味、香り、食感で、ソースに加えるとうま味が生きる。

原料：モリーユ
和名：アミガサダケ
英名：morel
仏名：morille
おもな産地：ヨーロッパ

モリーユのクリーム煮。ソテーやバター炒めにしてもおいしい。

果物類・種実類

干し柿

原料：柿
英名：dried japanese persimmon
方言：あまぼし（中部地方）
ちりんぼ（島根県一部）

おもな産地：福島県
カロリー（100gあたり）：276カロリー
栄養：カリウム、カロテン

豊富な種類がある日本独自の乾燥果実

日本では平安時代中期にはすでに食べられていたとされる干し柿は、渋柿の皮をむき、天日または加熱乾燥させたもので、「あんぽ柿」、「ころ柿」、「巻柿」など種類が豊富にある。強い甘さがあり、そのままで食べたり、細かく切って酢の物、白あえなどの料理、さらには柿ようかんなどの和菓子に用いられる。

ころ柿

わらを敷いた樽の中に8日間前後寝かせ、表面にブドウ糖、果糖の白い結晶が生じたもの。

あんぽ柿

渋柿を硫黄燻蒸して作る、半生タイプの干し柿。「天干柿《あまぼしがき》」が転じて「あんぽ柿」となった。

つるし柿

天日干しする際、縄や糸に吊るして干したもの。ほかに、竹串に刺して干した「串柿」がある。

巻き柿

柔らかい干し柿の種を除いてワラや竹皮で包み、細縄で巻いたもの。断面の模様が面白く、お茶請けにむく。

美味しい栄養

干し柿は生果よりもビタミンCは少ないが、甘みは生果の約4倍、がん抑制作用があるとされるカロテンは約2倍ある。また、整腸作用や余分な有害物質を排出する食物繊維と余分なナトリウムの排出を促進するカリウムも多く含まれる。

乾物の食品成分表

（可食部100gあたり）

エネルギー		276kcal
水分		24g
たんぱく質		1.5g
脂質		1.7g
炭水化物		71.3g
無機質	カリウム	670mg
ビタミン A	β-カロテン当量	**1400mg**
食物繊維総量		**14g**

中国の干し柿

上下に平たくつぶして餅状にした、中国の干し柿「柿餅」。他に、小麦粉と寝る合わせた「柿子餅」もある。

産地と産物

一時は全国で1000を越えるほど多様な品種があった柿。北から南まであらゆる大きさ、形、味わいがある。それとともに、干し柿の種類も様々。主に、干し柿にされるのは渋柿だが、甘柿を使ったタイプの製品も見られる。

市田柿

長野県の渋柿。干し柿は一口大程と小ぶりで、あめ色の果肉が特徴。

堂上蜂屋柿

岐阜県原産。果実が大きく、蜂蜜のように甘い。干し柿の伝統技術が受け継がれており、上質の干し柿が生産されている。

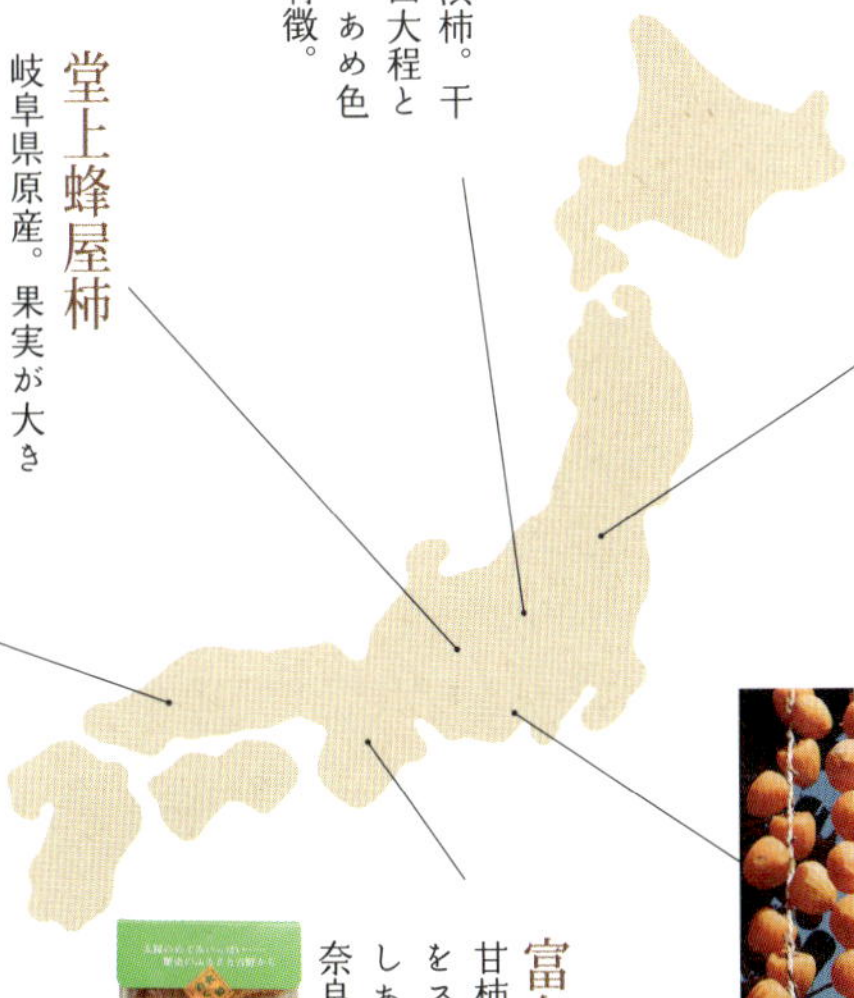

会津身不知柿

扁円形の肉質が柔らかい、不完全渋柿。なめらかな舌触りの干し柿に仕上がる。

西条柿

広島県原産の渋柿。黄色みの強い色で、4つの溝がある柿。ころ柿、あんぽ柿が作られる。

富有柿

甘柿である富有柿をスライスして干しあげたタイプ。奈良県の製品。

甲州百目柿

山梨県を代表する渋柿で、300g程度の大きさ。軒先にすだれ状に吊り下げられる大きな実は冬の風物詩。

歯がため

長崎県に古くからあるお漬け物。祝の膳にお茶とともに供される、郷土料理。大根と干し柿の歯ごたえが楽しい。

材料と作り方

大根をいちょう切りにして1〜2時間干す。干し柿、こんぶ、赤じそを細切りにして全ての材料を合わせ、ときどき混ぜながら冷蔵庫で漬ける。1週間程で食べ頃。

干し柿サラダ

彩りの美しいサラダ。干し柿の優しい甘さを引き立たせるよう、少し苦みのある葉野菜とあわせるとよい。

材料（2人分）

干し柿（あんぽ柿）…1個（薄切り）
レタス…2〜3枚（ちぎって水にさらす）
ベビーリーフ…適量（ちぎって水にさらす）
くるみ…1個（刻む）
好みのドレッシング…適量

作り方

水気を切った葉野菜に干し柿、くるみを散らし、好みのドレッシングでいただく。

果物

干し梅

日本の保存食の王様をさらに食べやすく

梅干しや生梅を調味液に漬け込んだものを乾燥してつくる。ルーツは中国や東南アジアで、沖縄を通じて日本へ普及した。中国では話梅《ほわめい》と呼ばれ、大きく分けると固く干した広東式と蘇州式に分かれる。甘さ、干し加減、種の有無などバリエーションは様々。

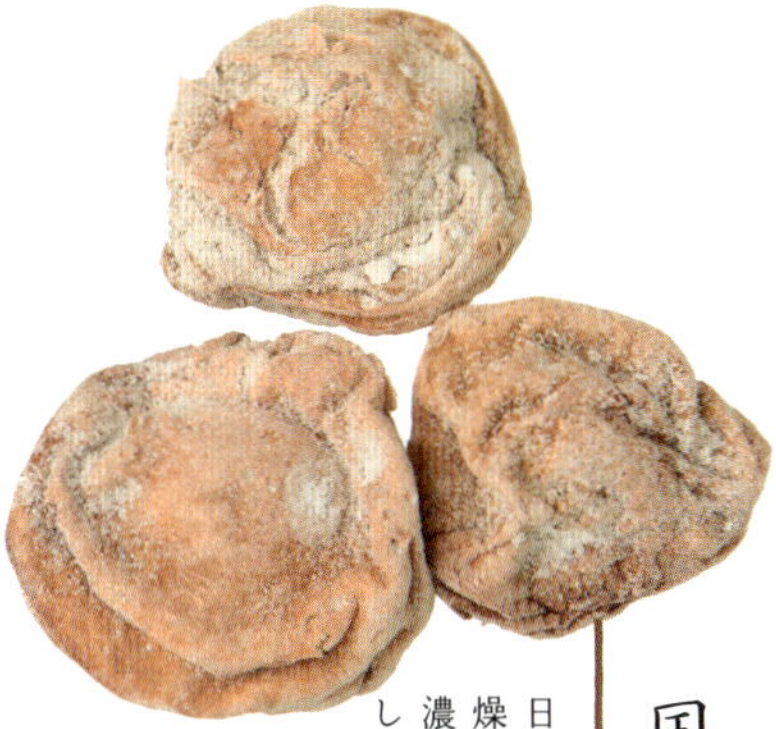

国産干し梅

日本の梅干しを、さらに乾燥させたもの。かなり塩分濃度が高いため、非常食としても売られている。

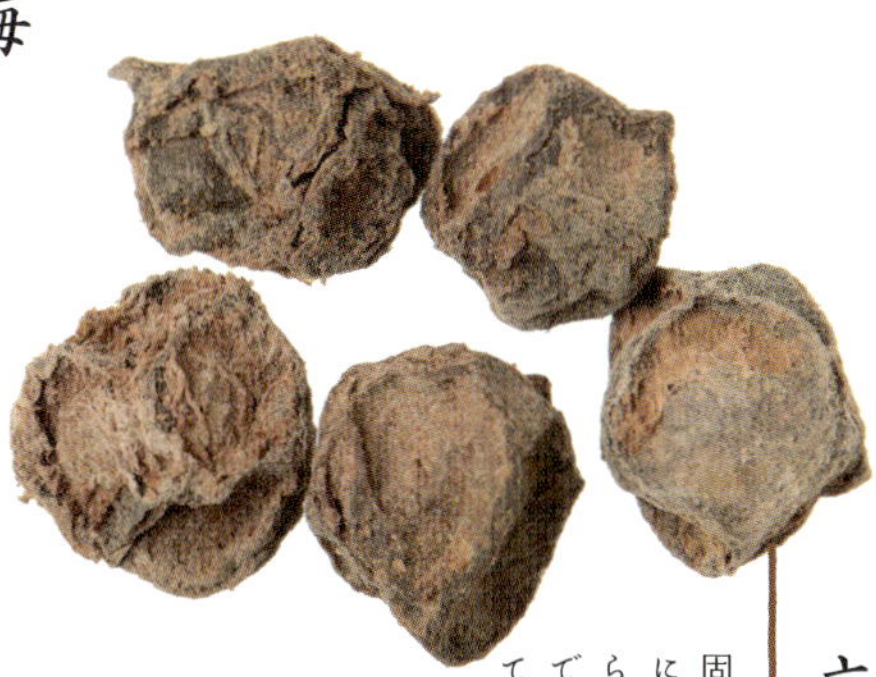

広東話《ほわ》梅《めい》

固く干し上げたタイプ。主に広東省や台湾で広く売られている。甘草やチンピで甘さや風味がつけられている場合が多い。

蘇州話《ほわ》梅《めい》

やわらかい話梅。甘草で甘みをつけて乾燥させてあり、口に含むとまず甘み、続いて酸味が感じられる。写真は種抜きタイプ。

おしゃべりのお供に「話《ほわ》梅《めい》」

中国や台湾ではお茶請やおやつに干し梅をつまむ習慣があり、後をひく甘酸っぱい梅を食べていると、話がはずむことから「話梅」と呼ばれる。お茶請けの他にも、紹興酒に砂糖代わりに入れる食べ方も人気があり、そこからヒントを得た、紹興酒漬の干し梅も見られる。

レーズン

原料：ぶどう
英名：raisin
別名：干しぶどう

おもな輸入先：アメリカ、オーストラリア、ギリシャ、中国
カロリー（100gあたり）：301カロリー
栄養：カルシウム、マグネシウム、鉄、銅

枝付きレーズン

完熟したぶどうを、枝につけたまま天日乾燥したもの。一房ずつ手積みされるため、手間がかかる。写真は、赤ワインの原料にもなるフルームシードレス種のレーズン。

栄養が凝縮されたスーパー干しフルーツ

種がなく、糖度の高い小さなぶどうを乾燥したもので古代の中近東において携帯食品として作られ、食べられてきた。現在はアメリカや中国などを中心に世界中で生産されている。色、大きさ、乾燥程度によって違いはあるが、一般的にはそのまま食べる他、パン、ケーキ、クッキー製品、サラダなどの料理に使われる。

美味しい栄養

レーズンの糖質は生果の約5倍に達し、乾燥果実の中でもトップクラスの含有量を誇る。さらに生果よりも骨を強化し、筋肉の活動を調整するマグネシウムは約5倍、カルシウムは約10倍、赤血球の生成を助ける銅は約6倍、鉄分は約20倍、食物繊維は約8倍も含むため、貧血や便秘に悩む女性の役立つ食品といえる。

乾物の食品成分表
（可食部100gあたり）

エネルギー		301kcal
水分		14.5g
たんぱく質		2.7g
脂質		0.2g
炭水化物		80.7g
無機質	カルシウム	**65mg**
	マグネシウム	**31mg**
	鉄	2.3mg
	銅	0.39mg
食物繊維総量		4.1g

トンプソンレーズン

カリフォルニアから日本へ輸入される最も一般的なレーズン。パンや菓子など広く利用される。

サルタナレーズン

トルコや南アフリカで生産される、サルタナという種なし品種のぶどうを乾燥したもの。

グリーンレーズン

中国などで生産される、マスカットを陰干ししたレーズン。さわやかな甘みが特徴。

果物

干しいちじく

原料：いちじく
英名：dried fig

おもな輸入先：アメリカ、トルコ
カロリー（100gあたり）：292カロリー
栄養：カリウム、鉄

ほんのりと上品な甘さがクセになる

『旧約聖書』には薬用として書かれているほど古くからある干しいちじくは輸入品がほとんどで、アメリカ産やトルコ産のものが多い。比較的乾燥した産地では、熟した果実を樹上で乾燥させ、落ちたものを集めてさらに天日干しする。上品な甘さで、製菓の材料としてよく利用される。

黒いちじく

カリフォルニアで栽培される、乾果用品種ブラックミッション種の干しいちじく。甘味が強い。

トルコ産

イラン産

白いちじく

種が多いため、ドライフルーツにむく、スミルナ系の品種。トルコ産（写真上）は大粒で実が柔らかいのが特徴。イラン産（写真下）は小粒で実がしまっている。

美味しい栄養

腸内善玉菌の増殖を促進し、腸内環境を調える食物繊維と不足するとめまいや息切れなどの貧血症状が出てしまう鉄分を多く含む。また、末梢神経を拡張して肩こりを予防するのに有効的なカリウムが豊富。

乾物の食品成分表
（可食部100gあたり）

エネルギー		292kcal
水分		16.9g
たんぱく質		4g
脂質		0.6g
炭水化物		76.1g
無機質	カリウム	840mg
	鉄	1.4mg
食物繊維総量		10.9g

果物

プルーン

健康食品として大人気の奇跡の果実

原料：プルーン
英名：dried european plum
おもな輸入先：アメリカ
カロリー（100gあたり）：292カロリー
栄養：カリウム、鉄

すももの中で乾燥に適した品種をプルーンと呼び、さらに原料、製品ともにプルーンとも呼ぶ。原産地は西アジアで、日本には明治時代に欧米から伝わった。現在の主な産地はアメリカのカルフォルニアで健康食品として大変人気があり、その栄養価の高さからミラクルフルーツともいわれている。果実を乾燥したもの以外にも粉末状や果肉のエキスを濃縮させた製品がある。

美味しい栄養

乾果の中でもトップクラスのカロテンを含み、がん予防や老化防止の効果が期待されるプルーン。貧血予防に有効な鉄、味覚を正常に保つ亜鉛、骨の強化に役立つ銅などのミネラルも豊富で、食物繊維、ビタミン類もバランスよく含む。

乾物の食品成分表
（プルーン・可食部100gあたり）

エネルギー		235kcal
水分		33.3g
たんぱく質		2.5g
脂質		0.2g
炭水化物		62.4g
無機質	鉄	1mg
	亜鉛	0.5mg
	銅	0.3mg
ビタミン	A β-カロテン当量	1300μg
食物繊維総量		7.2g

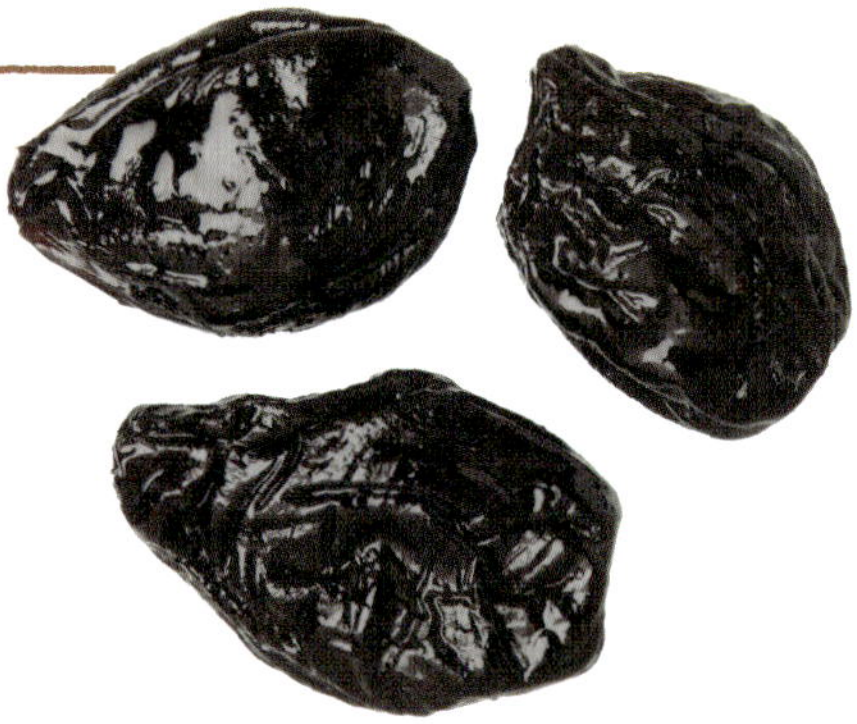

プルーン
収穫・洗浄した果実を乾燥機で2～3日かけて乾燥する。生の果実3kgから、1kgのドライプルーンができる。

干しデーツ

中東では最も有名なフルーツ

ナツメヤシの実を乾燥させた茶褐色のドライフルーツ。生果は甘酸っぱくサクサクとした歯触りで、中近東地方では5000年以上前から栽培され、干しデーツには糖分の多い実が使われる。現在でもアラブの遊牧民にとってデーツは重要な主食で、そのまま食べる以外にも料理や製菓に利用される。

干しデーツ
レーズンや干し柿を濃厚にしたような味わい。日本ではあまりなじみはないが、お好み焼きソースの原料に使用されている。

原料：ナツメヤシの果実
英名：date
おもな輸入先：イラン、チュニジア
カロリー（100gあたり）：266カロリー
栄養：鉄分、カルシウム、カリウム

果物

干しなつめ

中国料理ではおなじみの乾果

なつめは中国が原産で様々な品種が存在する。干しなつめは主に成熟した実をそのまま天日乾燥したものと煮てから天日乾燥したものの2種類がある。どちらも日本ではあまりなじみがないが、中華料理ではメジャーな食材として点心（菓子類）や料理、さらには滋養強壮の漢方薬として用いられている。

紅《べに》棗《なつめ》

成熟した実をそのまま乾燥させ、果皮が深紅色になったものを紅棗と呼ぶ。小梅のような香りで、小りんごのような味わい。

原料：なつめ
漢名：細腰、百益紅、羊角
おもな輸入先：中国
カロリー（100gあたり）：287カロリー
栄養：カルシウム、鉄

さんざし

甘酸っぱい中国のお菓子

姫りんごのような実を結ぶ、中国原産のバラ科の植物。中国本土では生食されるほか、果実を乾燥させたものが出回る。日本でみかけるのは、果実をつぶしてもちのように固め、棒状に切ったもの。独特の香りと甘酸っぱさがあり、お茶うけにぴったり。

原料：さんざし
漢名：山楂片
おもな輸入先：中国

山楂条《しゃんちゃーてぃあう》

果汁と、果肉の一部にでんぷんと砂糖を加えて煮詰め、乾燥させたもの。さくさくした口ざわり。中国では薄い円形の物も出回る。

山楂片《しゃんちゃーぴえん》

果実をスライスして乾燥させたもの。小魚の甘露煮を作る際加えると、骨まで柔らかくする効果が。他に、ウーロン茶に加えて飲むと、甘酸っぱい味が楽しめる。

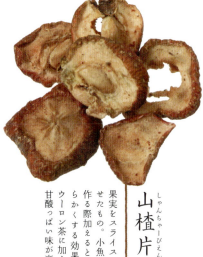

ドライマンゴー

原料：マンゴー
英名：dried european plum
おおもな輸入先：タイ、フィリピン

セミドライマンゴー

近年人気のタイプ。噛み切ると、断面はジューシーなオレンジ色をしている。写真は、ガラバオ種。

ドライマンゴー

固めに干し上げたタイプ。しっかり乾燥させているので、噛み応えがある。

南国育ちの力強い果肉が魅力

世界三大美果のひとつにあげられるマンゴーは濃厚な甘味があり、ドライマンゴーはこのやや固い果実を原料とし、薄切りしてから乾燥させて作る。乾燥方法、乾燥具合は製品によってことなるが、いずれも非常に食べ応えがあり、生産地であるフィリピン、タイなどでは海外からの観光客の土産物としても有名。

製造法

ドライマンゴーにする場合、完熟果では色が悪く保存性も低いため、未熟果を使用する。乾燥方法には天日または加熱による乾燥法と浸透圧利用法の2種類がある。前者は、天日か加熱により水分量が15%になるまで乾燥する方法。比較的固めに仕上がる。後者は高糖度のシロップに漬け込んで加熱することで、浸透圧を利用し脱水する方法。シロップでの脱水後、40～50℃で18時間程乾燥させて仕上げる。また、果実は加工すると褐色に変わってしまうため、シロップ漬けの前に薄い亜硫酸塩液につけ込む場合もある。

ドライマンゴーの色の違い

一般に出回っている明るい黄色のドライマンゴーは、亜硫酸処理をしたもの。処理をしないものは、褐色に仕上がる。

亜硫酸塩処理あり

亜硫酸塩処理なし

果物

ドライバナナ

原料：バナナ
漢名：香蕉干
おもな輸入先：東南アジア各国、台湾
カロリー（100gあたり）：299カロリー

すっきりと甘く、おやつにオススメ

東南アジア、台湾、南米が原産で、完熟バナナの皮をむいて干したもの。丸ごと乾燥させたものとひと口大に薄切りしてから乾燥させたものがある。甘味が強く、しっとりとした食感があり、そのまま食べたり、菓子用として利用する。

丸のまま乾燥したもの

ドライバナナ

完熟バナナを天日か機械で乾燥したもの。果肉にシワがよる程度の時に皮をむき、水分が30％程度になるまで乾燥させる。

一口大にして乾燥したもの

輪切りタイプ

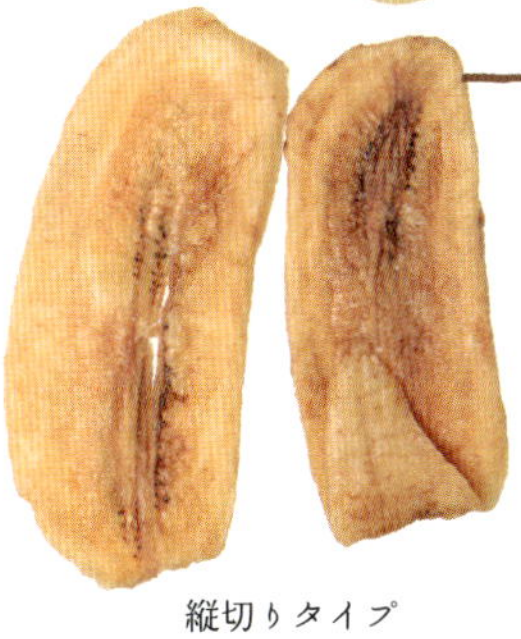

縦切りタイプ

バナナチップ

未熟バナナをスライスして油であげたもの。歯応えがよく、香ばしい。一般的な輪切りタイプのほか、縦切りのものもある。

宇宙食にもバナナあり

NASAが開発した宇宙食シリーズ。たこ焼きや、グラタンなどさまざまなメニューのフリーズドライ食品が販売されており、バナナもそのひとつ。口に含むと、水分を得て一気にバナナの風味が広がる。

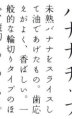

その他ドライフルーツ

新しい乾燥製法で バリエーションも豊富に

世界中から輸入されるドライフルーツの種類がますます充実するほかにも、近年では地方色豊かな国産品も見られるようになった。昔ながらの天日乾燥のものから、生果の色彩と形を留めたフリーズドライのものまで、進化した乾燥の違いを楽しむのもよい。

カリフォルニア産

トルコ産

あんず

2つ割りにして種を除き乾燥させる。そのまま乾燥させたものと、砂糖で煮詰めてから乾燥したものがある。刻んでサラダに加えると、色・歯ごたえのよいアクセントに。

クランベリー

赤い色が美しく、欧米ではクリスマス菓子に欠かせない。焼き菓子に使う際は、キルシュに漬けてから使う。

ブルーベリー

生、または冷凍した果実を熱風乾燥してつくる。マフィンやパンに焼き込むと香りが生きる。

砂糖漬けのいちご

低温乾燥いちご

いちご

生の果実が傷みやすいいちごは、加工品にされることが多い。菓子に焼き込むならば砂糖漬け、そのままの風味を楽しむなら低温乾燥品がおすすめ。

さるなし

キウイの近縁種、さるなしの乾燥品。あまりなじみのない果物も、乾燥品なら気軽に試すことができる。

すもも

比較的めずらしい、すももの乾燥品。写真は、果実をカットしてそのまま干したもの。素朴な甘さと酸味がある。

もも

生果がデリケートなももは、缶詰めやシロップ煮がなじみ深い。乾燥したものは、そのままつまむほか、アイスクリームに添えても。

りんご

国産から輸入品まであらゆるタイプの製品がある。そのまま食べるほか、きざんでヨーグルトなどに合わせてもおいしい。日本で干しりんごにされるのは、紅玉や旭などの酸化酵素の弱い品種が多い。

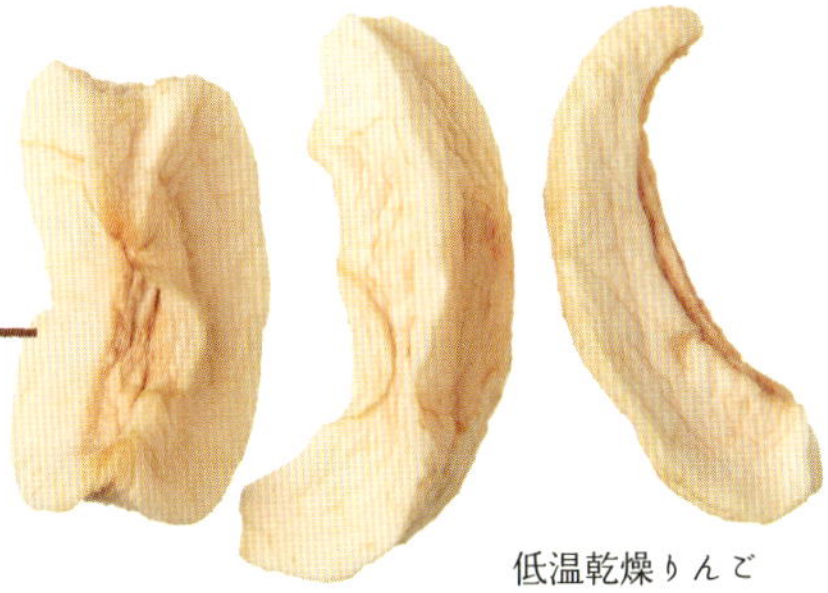

低温乾燥りんご

ソフトタイプの乾燥りんご

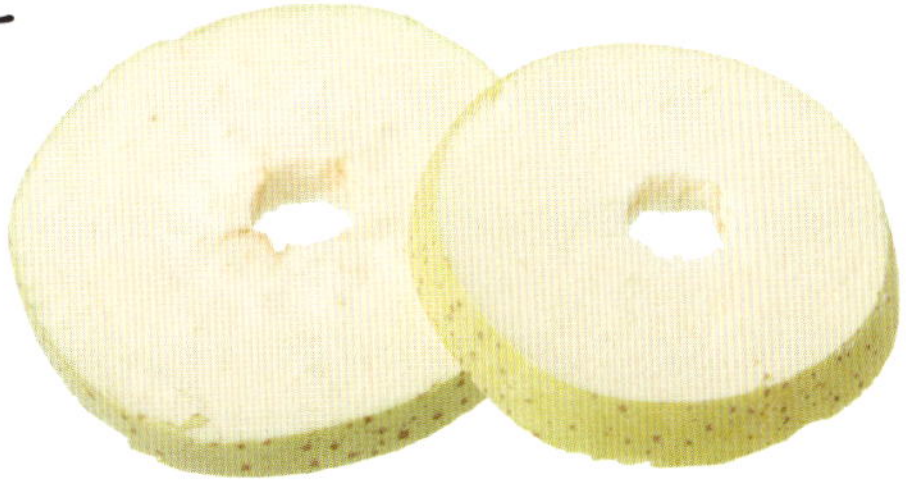

王林をフリーズドライにした国産品

パイナップル

若い果実をカットして乾燥させる。輪切りのほか、ダイス状にカットしたものもある。素干しタイプ以外に糖液に浸して乾燥した製品も。

ごま

原料：ごまの種子
英名：sesame seeds
方言：うぐま（沖縄県）

おもな輸入先：中国
カロリー（100gあたり）：578カロリー
栄養：カルシウム、マグネシウム、鉄

白ごま

生産量の大半を占めるのが白ごま。その種皮には、シュウ酸カルシウムが含まれる。

黒ごま

インドやタイで多く生産される。抗酸化作用をもつアントシアニンという色素が豊富。

むきごま

消化できない外皮を除いてあるため、消化が良い。口当りがよいが、香ばしさは弱い。

金ごま

トルコで多く生産される。黄ごまとも呼ばれ、種皮にはフラボンを含む。

摂取しやすい栄養価抜群の食品

原産地はインド、またはエジプトといわれており、日本には奈良時代に仏教とともに中国から伝えられ、精進料理において禅僧の貴重なタンパク源として使われた。ごまの品種は白ごま、黒ごま、金ごまなどその種皮の色で分類される。さらに加工品はむきごま、いりごま、切りごま、ペーストなど形状で区別されており、現在はすりごまが主力製品となっている。

ごまのさや。下から順に種が熟していく。熟すとはじけやすくなるので、収穫の時期は畑の見回りが重要になる。

えごまが元祖

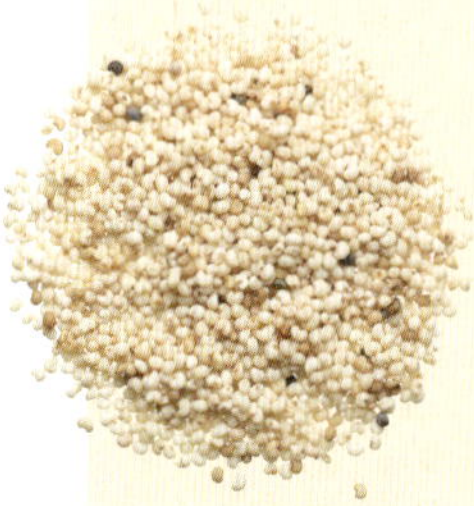

シソ科の一年生植物で、古墳時代に伝来したえごま。現在はごま油やなたね油が種子油の主流になっているが、普及したのはえごまが先。調味油以外にも、灯油や塗料として広く使われていた。

美味しい栄養

セサミンやセサミノールなどのゴマリグナンと呼ばれる抗酸化成分は、肝臓機能強化やコレステロール値を低下させるのに有効とされている。また、貧血予防に効果的な鉄、骨の形成に欠かせないカルシウムとマグネシウムなどのミネラルもバランスよく豊富に含む、まさに栄養価抜群の食材。

乾物の食品成分表
（可食部100gあたり）

エネルギー		578kcal
水分		4.7g
たんぱく質		19.8g
脂質		51.9g
炭水化物		18.4g
無機質	カルシウム	**1200mg**
	マグネシウム	370mg
	鉄	**9.6mg**
食物繊維総量		10.8g

歴史

中国で「胡麻」と名付けられたごま。麻の実に似ており、中国で西域を「胡」と呼び、胡の麻に似た種実であることが由来とされている。日本で庶民がごまやその油を食べられるようになったのは江戸時代から。それまでは精進料理に利用されていた。

扱い方

すり鉢とすりこぎですったごまは口当りがよく、こくがでる。道具をよく乾かし、すり鉢の下にぬれ布巾を敷くと安定してすりやすい。

料理

黒がんづき

東北地方の郷土料理がんづき。収穫で忙しい時期に、手早く作れるおやつとして楽しまれています。白砂糖で作れば「白がんづき」に。

材料（直径20cm分量）

黒ごま…大さじ3
栗の甘露煮…適量（刻む）
黒砂糖…70g
水…1/2カップ
酢…大さじ1
薄力粉…150g
重曹…小さじ1

作り方

ボウルに水を入れて砂糖を溶かし、酢を加える。薄力粉と重曹をふるい入れ、さっと混ぜる。直径20cmのざるにクッキングシートを敷いて生地を流し込み、栗とごまを散らし、蒸し器で蒸しあげる。竹串を刺して何もつかなくなれば蒸しあがり。

種実類

ピーナッツ

原料：らっかせい
英名：peanut
方言：つちまめ（本州各地）
どーはっせん（九州一部）

おもな輸入先：中国
カロリー（100gあたり）：562カロリー
栄養：ビタミンE、ビタミンB1、ビタミンB2、ナイアシン

炒り莢《さや》（大粒種）

収穫した莢を、収穫乾燥させて莢ごと炒ったもの。一般に食用に出回るのは大粒種で、小粒種は油や菓子にされる。

黒らっかせい

黒い薄皮にはアントシアニンが含まれている。大半が輸入されたもの。

炒り豆

そのまま炒る「素炒り」と、塩水に漬けてから炒る「味つけ」がある。

酒のつまみやスナックでおなじみ

原産は南米で、世界中に広まったのはコロンブスの新大陸発見によるものとされている。日本には江戸初期に中国から伝わり、南京豆、らっかせいと呼ばれ、現在では千葉県の名産品になっている。

主に殻つきか皮のまま炒って食べるほか、ペースト状にして砂糖などを加えて製造するピーナッツバターなどに加工される。

美味しい栄養

肩こり、冷えなどの更年期障害の改善や老化防止、美白づくりに有効なビタミンEや物忘れなどの脳の老化防止に有効なビタミンB群が豊富。また、肝機能を高めるメチオニンや二日酔いに有効なナイアシンを含むので、酒のつまみにオススメ。

乾物の食品成分表

（可食部100gあたり）

エネルギー	562kcal
水分	6g
たんぱく質	25.4g
炭水化物	18.8g
脂質	18.8g
ビタミン　E	10.1mg
B1	0.85mg
B2	0.1mg
ナイアシン	17mg
食物繊維総量	7.4g

南部せんべいの具材は

以前、らっかせいの莢むきは農家で行われていた。むき実のうち、割れたり傷がついたものは菓子材料に利用された。素朴な豆菓子には、作物を無駄にしない心が詰まっている。

種実類

くるみ

原料：くるみ
英名：walnuts
方言：けんめ（長野県一部）

おもな輸入先：アメリカ
カロリー（100gあたり）：674カロリー
栄養：ビタミンE、ビタミンB_1、ビタミンB_2

世界中で食べられる最古のナッツ

日本では縄文時代から食べられており、世界でも「最古のナッツ」といわれている。現在、世界中で食べられている、ペルシアグルミは豊臣秀吉が朝鮮出兵のときに、兵士がもち帰ってきたといわれている。そのまま殻を割って食べられるほか、細かく刻んで料理、製菓食材としても使用できる。ただし、殻を割ると酸化しやすくなるので、殻をむいたものは早めに食べきるようにする。

美味しい栄養

全体の約70％は良質な不飽和脂肪酸で、コレステロール値を低下させる働きや、血管の老化を予防し、動脈硬化など生活習慣病の予防の働きが期待されている。さらに細胞老化を抑える働きのあるビタミンE、疲労回復、体力増強に有効なビタミンB_1、B_2も豊富。ただし、種実類のなかでもトップクラスのエネルギーの高さと脂質の多い食品なので、食べ過ぎは禁物。

乾物の食品成分表
（いり・可食部100gあたり）

エネルギー	674kcal
水分	3.1g
たんぱく質	14.6g
脂質	68.8g
炭水化物	11.7g
ビタミン　E	1.2mg
B_1	0.26mg
B_2	0.15mg
食物繊維総量	7.5g

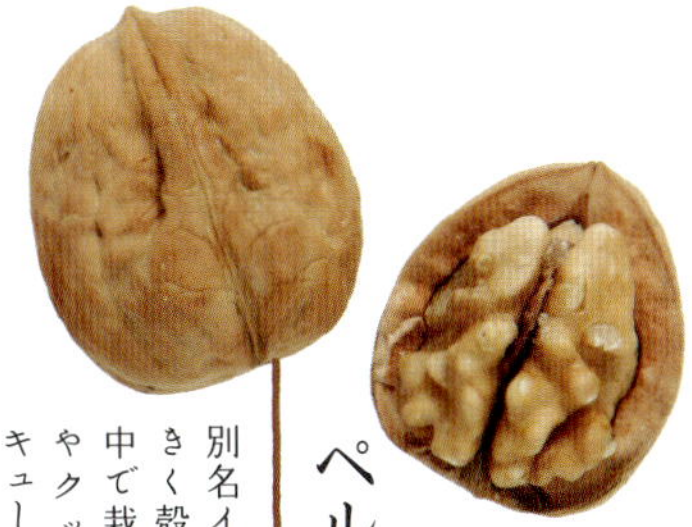

ペルシアグルミ

別名イギリスクルミ。果実が大きく殻が割れやすいため、世界中で栽培されている品種。パイやクッキーに利用する他、リキュールの材料にもされる。

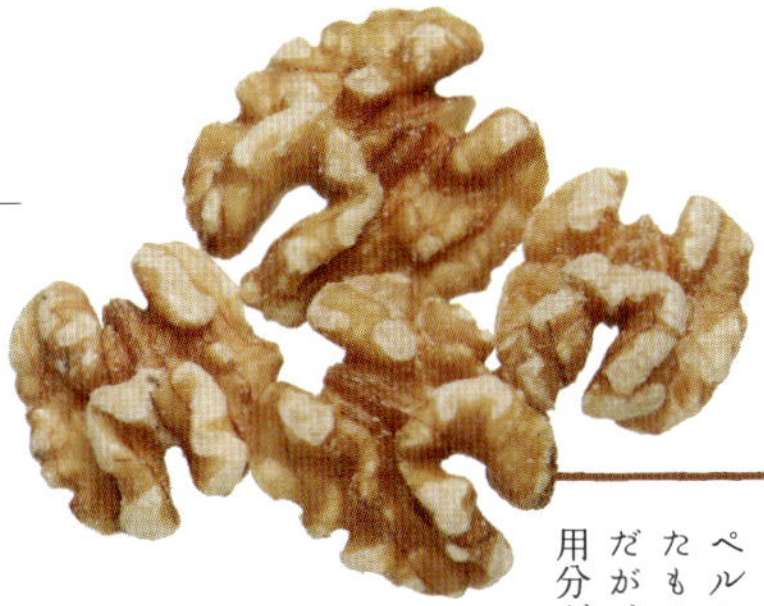

むきぐるみ

ペルシアグルミの殻を除いたもの。使いやすさが魅力だが、酸化しやすいので使用分だけ購入したい。

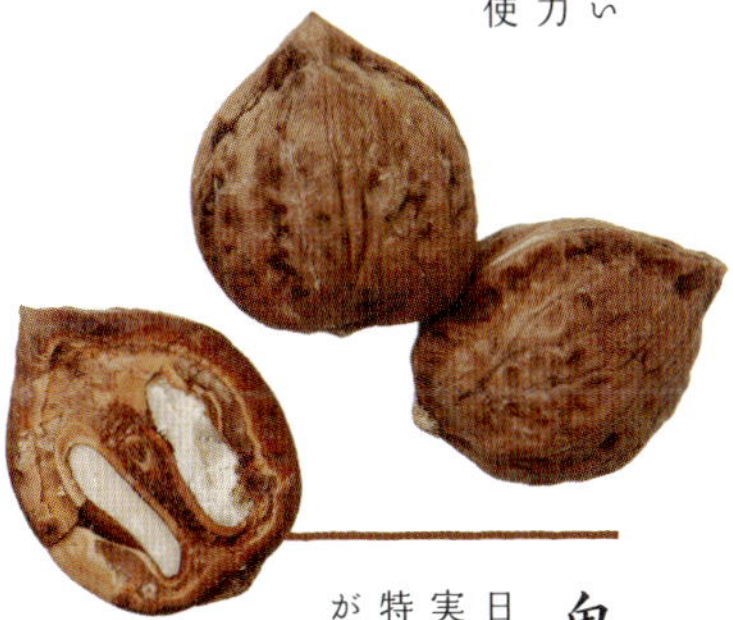

鬼ぐるみ

日本に自生する品種。殻が堅く実が少ないが、脂質に富む。独特の風味が見直され、品種開発がすすんでいる。

扱い方

固い殻を割るには、専用の道具を使うか、浸水してから炒る。自然に殻が開き、中の実を取り出すことができる。

干し柿と大根のサラダ

材料(2人分)

干し柿…1個
大根…5cm
セロリ…1/2本
くるみ…適量(粗く刻む)
A 酢(あればりんご酢)…大さじ2
A 薄口しょうゆ…小さじ1
A オリーブオイル…大さじ1/2
塩…適量

作り方

1 干し柿はヘタとタネを除き、太めの千切りにし、混ぜ合わせたAに1時間以上漬ける。
2 大根はピーラーで薄切り、セロリは斜め薄切りにして塩もみし、軽く水気をしぼる。
3 ボウルに1と2を入れて和える。
4 器に盛り、くるみとあればセロリの葉を散らす。

ごま照り焼き

材料(2人分)

すりごま(白、黒)…各5g
鶏むね肉…1枚
塩…少々
小麦粉…適量
サラダ油…適量
A 黒酢…大さじ1
A みりん…大さじ1/2
A しょうゆ…小さじ1/2

作り方

1 鶏肉は食べやすい大きさのそぎ切りにして、塩をもみ込んで小麦粉をまぶす。
2 フライパンにサラダ油を熱し、1を両面こんがりと焼き、混ぜ合わせたAに入れてよくからめ、ごまを加えて全体にからめる。

ピーナッツと油揚げの炒め物

材料(2人分)

ピーナッツ…30g
油揚げ…1枚
ちりめんじゃこ…20g
サラダ油…大さじ1
A 酒…大さじ2
A しょうゆ…小さじ1

作り方

1 油揚げはオーブントースターで焼いて、12等分に切る。
2 フライパンにサラダ油を熱し、ピーナッツとちりめんじゃこを弱火で焦がさないように炒める。全体に油がまわったら1を加え、混ぜ合わせたAを加えてさっと炒める。

たこのごまカルパッチョ

材料（2人分）

ごま（白）…大さじ1
ゆでだこの足…2本
玉ねぎ
…小1/2個（すりおろす）
あさつき
…3本（小口切り）
オリーブオイル…大さじ1
A しょうゆ…大さじ1/2
わさび…小さじ1/2

作り方

1 たこは薄くそぎ切りにする。ごまはフライパンで炒る。
2 器に玉ねぎを敷き、たこをきれいに並べてあさつき、ごまをふる。オリーブオイルを回しかけ、混ぜ合わせたAをかける。

くるみと春菊のサラダ

材料（2人分）

くるみ…30g
春菊…1/2束
玉ねぎ…1/4個
A 赤唐辛子
…1/2本（小口切り）
みそ…小さじ1
酢…大さじ2
オリーブオイル…大さじ1

作り方

1 くるみはフライパンでから炒りして、すりこぎで粗く砕く。春菊はざく切りして、水にさらして水気をきる。玉ねぎは薄切りにして、水にさらして水気をきる。
2 1を混ぜて器に盛り、よく混ぜ合わせたAをかける。

くるみとパセリのペペロンチーノ

材料（2人分）

くるみ…40g（粗く刻む）
パセリ…1枝（みじん切り）
スパゲッティ…160g
オリーブオイル…大さじ2
A ニンニク
…1片（みじん切り）
赤唐辛子
…1本（小口切り）
塩…少々

作り方

1 スパゲッティを袋の表記どおりにゆでる。
2 フライパンにオリーブオイル、A、くるみを入れて弱火で炒める。くるみが色づいてきたらパセリと水気をきった2を加え、さっと炒める。水気が足りなければゆで汁を足し、塩で味を調える。

種実類

アーモンド

原料：アーモンドの果樹用の甘味種
英名：almond
仏名：amande
漢名：扁桃、巴旦杏

おもな輸入先：アメリカ
カロリー（100gあたり）：598カロリー
栄養：カルシウム、鉄、ビタミンE、ビタミンB1、ビタミンB2

炒りアーモンド

塩やバターで調味し、殻ごと炒ったもの。殻付きは特に香ばしく、あとひく味わい。ワインなどのつまみに最適。

乾燥アーモンド

調味せず乾燥させたもの。製菓材料として売られていることが多い。クセがなく、料理に使いやすい。

スライス

皮を除いてスライスし、乾燥したもの。サラダに加えたり、揚げ衣に使っても。

プードル

皮を除いた粉末の乾燥アーモンド。クリームやチョコレート、ケーキに利用される。

独特の歯ごたえで菓子や料理で大活躍

原産地はアジアの乾燥地帯で、現在は地中海沿岸やカルフォルニアなどが主な産地。バラ科の果樹で紀元前から栽培されており、日本には江戸時代に伝わったといわれている。品種も豊富で、ホールタイプ、スライス、粉末状、ペーストと形状も多様にある。

美味しい栄養

主成分はオレイン酸やリノール酸などの不飽和脂肪酸で、これらはコレステロール値を下げて、動脈硬化や高脂血症などの予防に有効と期待されている。また、動脈硬化予防、老化予防に役立つとされるビタミンE、疲労回復に有効なビタミンB1、B2も豊富に含む。また、骨を強化するカルシウム、造血作用のある鉄分も豊富。

乾物の食品成分表

（可食部100gあたり）

エネルギー		598kcal
水分		4.6g
たんぱく質		18.6g
脂質		54.2g
炭水化物		19.7g
無機質	カルシウム	230mg
	鉄	4.7mg
ビタミン	E	**31mg**
	B1	**0.24mg**
	B2	**0.92mg**
食物繊維総量		0010.4g

杏仁

原料：杏の種子の核
漢名：杏仁
おもな産地：中国

おなじみの中華デザート 杏仁豆腐の原料

杏の種子の核の部分（仁）を割って乾燥したもの。水で戻してミキサーにかけ、こしたものを生クリームと合わせて固めると杏仁豆腐ができる。杏の種類によって、味や香りなど特性が異なるため、多くの料理店では数種をブレンドして使用する。他にも、手軽に使えるよう粉末状にした杏仁霜がある。

北杏

中国北部で収穫される。非常に香りがよいが、少し苦みをもつ。南杏と合わせて使われることが多い。

皇杏

杏仁豆腐専用に開発された品種。通常杏仁の2倍程の大きさがある。香り高く、まろやかな味。

南杏

甘い風味があり、「甜杏」とも呼ばれる。味がよいが香りが弱いため、北杏と合わせて使われる。

かち栗

原料：栗
方言：ずずくり（岐阜県）
おもな輸入元：韓国、イタリア

戦う武士に欠かせない縁起のよい保存食

栗の実を乾燥させ、臼でつき、殻と渋皮を取り除いたもの。日本では臼で搗く（つく）の古語「かつ」と「勝ち」をかけた縁起物として、古くから武士の出陣、勝利の祝い、新年の祝いなどの祝儀にかち栗が用いられた。近年は、保存技術の発達により、需要は少なくなったが栗おこわや甘露煮、韓国料理のサムゲタンなどで使われる。

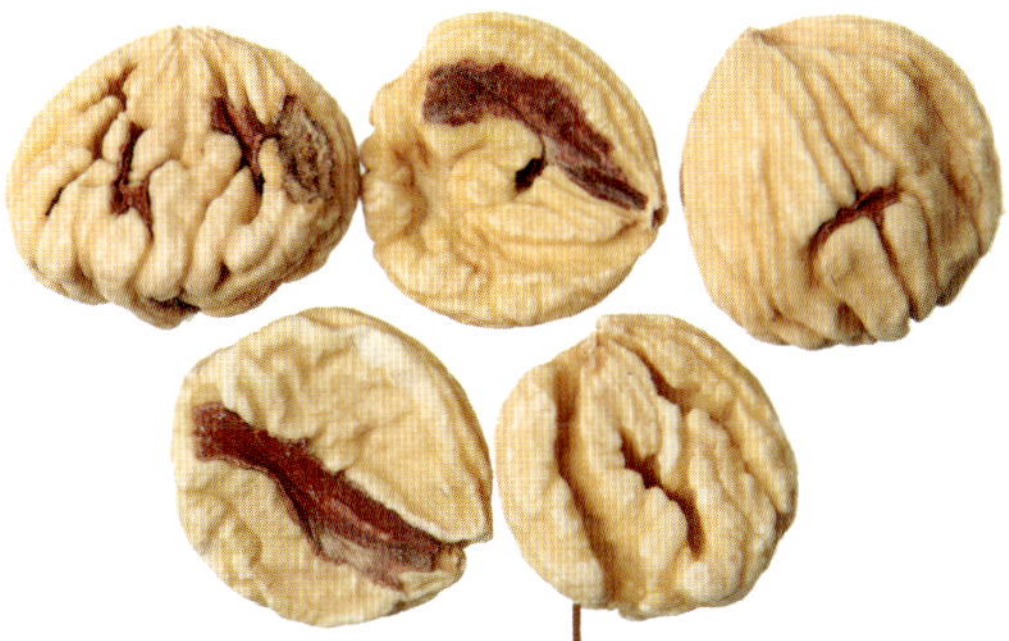

イタリア産干し栗

近年見られない国産の干し栗に代わって販売されている。暮れに、正月のきんとん用の需要が高い。

ナッツと種子

保存性の高い世界的な食料

ナッツや種子は簡単に食べられるものとして古くから世界中で愛されてきた。現在でも数多くの種類があり、和洋中さまざまな料理や菓子などに用いられている。どの種実も老化を防ぐビタミンEやカルシウム、鉄分などのミネラルが豊富に含まれるが、いずれもカロリーが高いので、食べ過ぎに注意。

マカダミアナッツ

英名：macadamia

ハワイ名物で有名なナッツ。オーストラリア原産のヤマモガシ科の樹木からとれる。脂肪分を77％含み、サラダ油の原料にされることもある。

乾物の食品成分表

（マカダミア／いり・味付け・可食部100gあたり）

エネルギー		720kcal
水分		1.3g
たんぱく質		8.3g
脂質		76.7g
炭水化物		12.2g
無機質	カルシウム	47mg
	鉄	1.3mg
食物繊維総量		6.2g

カシューナッツ

英名：cashew nut

ブラジル原産のカシューアップルという果実の先端に実をつける。糖質が高く、柔らかいナッツ。生だと刺激があるため炒ってから使用する。

ココナッツ

英名：coconut

ココヤシの胚乳を細切りにしたもので、ココナッツロングと呼ばれる。他に、粗挽きにしたもの、粉状のものなどがある。ココナッツには亜鉛、鉄などのミネラルが豊富。

ペカン

英名：pecan

北アメリカ原産のくるみの仲間。バターの木、生命の木ともよばれる高エネルギーのナッツ。生食もできるが、製菓材料として利用されることも多い。

ナッツの粉

身近な食品だが、粉末状になっていると原料の姿を想像する機会も少ない。いずれも植物の種子を原料としている。

ヘーゼルナッツ

英名：hazel nut

日本で食用にしているのは、栽培種セイヨウハシバミの果実の仁。トルコ、黒海沿岸地方産が多く出回る。たんぱく質、脂質、炭水化物、マンガン、ビタミンEが豊富。

コーヒー

英名：coffee

コーヒーは6世紀頃からアラビア人の体調を調える薬として飲まれていたもので、わが国には江戸時代後期に伝わった。インスタントコーヒーは、1901年、日本人により発明された。

ココア

英名：cocoa

アカギリ科カカオの種子（カカオ豆）の油分を除いて粉末にしたもの。他に、ミルクや砂糖を加えて粉末にした調整ココアも多く出回る。日本には江戸時代の長崎が始まりとされている。

ピスタチオ

英名：pistachio nut

紀元前から食用にされるナッツ。その味の良さからナッツの女王と呼ばれる。中央アジア原産のウルシ科の植物で、果実の熟成がすすむと殻の先端が割れ、中の仁が見える。

ココナッツパウダー

英名：coconut powder

ココヤシの実の胚乳を薄くそいで乾燥させて粉末状にしたもの。独特の甘い香りがあり、菓子の風味づけやエスニック料理などに使われる。

薬膳食材

中国独自の伝統的な乾燥品

中国では果物の加工品を乾果《カンクォ》と呼ぶ。医食同源の思想が食文化の根底に流れる中国では、日本ではなじみのないものも積極的に食材として取り込んでいる。

まつの実

漢名：松仁、松米

まつの種子の皮除いて乾燥させたもの。古来から不老長寿の薬とされていた。中華料理以外にも、香ばしくローストしてサラダに加えたり、パスタやドライカレーにも使われる。

くこの実

漢名：枸杞子

ナス科のくこの果実を乾燥させたもので中国では4000年前から食べられていた。レーズンのような甘みと食感があり、戻したものはあえ物、炒め物、蒸しものやデザートの飾りとして使用される。

羅《ら》漢《かん》果《か》

漢名：羅漢果

中国に分布するウリ科の植物の果実を乾燥させたもの。漢方の世界では「長寿の神果」の異名をとる。かなり強い甘みがあり、砕いた物を煮出すだけでその風味が楽しめる。

チンピ

漢名：陳皮

かんきつ類の皮を乾燥させたもので、「陳皮」とは古く放置された皮のことを意味する。整腸剤効果があるとされている。

はすの実

漢名：蓮子

スイレン科のはすの種子の殻を除いて乾燥したもの。戻して、点心や月餅のあんや汁粉に使う。栗餡のようなキメ細かさと上品な甘みでくせになる味。

お月見に食べる、中国の月餅

旧暦の8月15日、中秋の節に中国では月餅を食べる。日本のものとは異なり、あずきあん以外にまつの実やはすの実であんを作り、くるみなどナッツがたっぷり入るため、香ばしく食べごたえがある。

豆類・穀類

だいず

英名：soy beans
方言：あぜまめ（全国各地）
じゃん（長崎県一部）
みそまめ（全国各地）

おもな輸入先：アメリカ
おもな産地：北海道、宮城、秋田
カロリー（100gあたり）：417カロリー（国産）
栄養：ビタミンB1、ビタミンB2、食物繊維

煮ても、加工してもおいしい良質のたんぱく源

原産地は中国、東南アジア、インドなど諸説あるが、4000年以上前から栽培の歴史があり、日本でも縄文時代の遺跡から出土している。日本人にとっては大事な保存食、さらにはしょうゆ、みそ、納豆などの加工食品の原料として重要な豆とされてきた。色によって黄大豆、黒大豆、青大豆に分けられ、どれも産地は北海道や東北地方が多い。

黒大豆

主に煮豆にされ、正月料理には欠かせない。近畿・中国産の丹波黒（写真上）や北海道産の中生光黒（写真下）などがある。

黄大豆

鶴の子とも呼ばれ、大粒のものは料理、中粒以下はみそ、しょうゆ、豆腐などの加工品にされる。

青大豆

信濃緑や宮城緑などがあり、ひたし豆のほか、「うぐいす粉」とも呼ばれるきな粉などにされる。

雁喰豆

平黒豆ともよばれ、平らで中央にシワがあるのが特徴。雁がついばんだあとのように見えることからこの名がついたといわれている。

鞍掛豆

薄緑色の種皮に黒い模様が入ったもので、馬に鞍をかけたような模様に見えることからこの名がついた。

美味しい栄養

だいずは「畑の肉」と呼ばれるように良質なたんぱく質とビタミンB群が豊富に含まれている。また、特徴的なのはほてりや骨粗鬆症などの更年期障害を緩和する効果が期待できる女性ホルモンによく似た働きのあるイソフラボンが多く含まれていること。さらに記憶力を高めるのに役立つレシチン、腸内環境を調え、便秘予防にも有効なオリゴ糖も多く含まれる。

紅大豆

全国的にも希少な紅色の種皮のだいずで、主な産地は山形県川西町。煮豆のほか、最近では菓子や豆腐に使われている。

乾物の食品成分表

（全粒／国産・可食部100gあたり）

エネルギー	417kcal
水分	12.5g
たんぱく質	35.3g
脂質	19g
炭水化物	28.2g
ビタミン B_1	0.83mg
B_2	0.3mg
食物繊維総量	17.1g

黒千石大豆

黒大豆の一種で豆の大きさは他の黒豆に比べて非常に小さいのが特徴。上品な甘みがあり、煮豆や豆餅に使われる他、最近では納豆に加工されることも多い。

打ち豆

だいずを木槌などで平たくつぶしたもので、調理の際、加熱時間が少なくてすむ。

歴史

日本では強い霊力を宿すと信じられ、祭礼行事に用いられただいず。お正月の黒豆、節分の豆まきなど、今でもその風習は残っている。室町時代の終わりにしょうゆが誕生し、調味料の原料としても、なくてはならない存在となった。日本人1人1日あたりの供給たんぱく量のうち、だいずのたんぱく質は7.5%。この値は、乳製品、鶏肉と並ぶもので、現在も重要なたんぱく源となっているといえる。

納豆は右肩上がり

しょうゆ、みそ、納豆、豆乳、豆腐、湯葉、きな粉。なじみ深いこれらの食品は全て大豆加工品。それぞれに適した品種が開発されている。これらの大豆食品は、この数年消費量はほぼ横這い状態だが、1つだけ毎年増加している食品が納豆だ。この10年で、納豆用のだいず消費量は20%増加している。

いんげん豆

英名：kidney beans
方言：さいとー（全国各地）
にどまめ（全国各地）
もがんまめ（鹿児島県一部）

おもな輸入先：アメリカ、中国、カナダ
おもな産地：北海道
カロリー（100gあたり）：333カロリー
栄養：カルシウム、マグネシウム、亜鉛、食物繊維

大正金時

いんげん豆の中で最も栽培量の多い赤紫色種の代表的な品種で、大正金時の他、福勝り、丹頂金時などがある。味の良さから甘納豆や煮豆に使われることが多い。

豊富な種類で どんな料理もおまかせ

原産地は中南米で紀元前8000年頃にはすでに栽培されていた歴史的に古い豆。日本へは17世紀に中国から隠元禅師が伝え、和名の由来になったといわれている。地方によってはさんど豆、とうささげなどと様々な呼び名がある。品種が多く、主に金時類、白金時類、手亡類、とら豆類、うずら類の5つに分けられる。どれも、煮豆やあんなどにされ、和菓子などによく用いられる。

白金時

中～大粒の白金時豆のこと。白あんや甘納豆に加工される。

大福豆

白いんげん豆のなかで最も味がよいとされる高級品種。煮豆や甘納豆、きんとんなどの加工品に多く使われる。

手亡豆

白いんげん豆の一種でさらに大きさによって大手亡、銀手亡、姫手亡などの種類に分けられる。主に白あん用に使われるが、近年は安い輸入品に押されて国内栽培量が減っている。

とら豆

アメリカから導入された品種で、白い種皮に動物の虎に似た斑点があることからこの名がついた。もちもちとした歯ごたえがあり、いんげん豆のなかで最もおいしいとされ、高値で取り引きされる。

うずら豆

ウズラの卵のような斑点模様のある品種の通称。形や模様は様々あり、いずれもつやがよく、しわのないものが良品。主に煮豆に使われる。

美味しい栄養

いんげん豆は骨粗鬆症予防に役立つカルシウムやマグネシウム、血液成分となる鉄、味覚の正常化を保つ亜鉛などのミネラルを豊富に含む。また、皮には便通を良くする食物繊維が多く含まれ、大腸がんや動脈硬化予防に役立つ。

乾物の食品成分表

（全粒・可食部100gあたり）

エネルギー		333kcal
水分		16.5g
たんぱく質		19.9g
脂質		2.2g
炭水化物		57.8g
無機質	カルシウム	**130mg**
	マグネシウム	**150mg**
	亜鉛	2.5mg
食物繊維総量		19.3g

パンダ豆

白黒の模様が特徴的ないんげん豆の一種。「パンダ豆」以外にもシャチに似ていることから「シャチ豆」、海外では陰陽の太極図に似ていることから「インヤン・ビーン」とも呼ばれている。

歴史

日本での本格的な栽培は明治時代初め頃から。とくに北海道では開拓地で広く栽培され、現在も全国生産量の90%を占めている。いんげん豆の消費量の7～8割はあんや甘納豆の菓子用。世界中で食べられるいんげん豆だが、日本のように豆だけで甘く調理する国は他にはない。粒あんをのせたかき氷を「金時」と呼ぶのは、あずきの代わりに金時をあんにしたなごりとされる。

メキシコではお味噌汁

原産地である中南米では、いんげん豆は現在も食文化の中で大きな役割を果たしている。メキシコでは、いんげん豆とたまねぎ、ベーコンを煮込んで作るスープが、日本人にとってのみそ汁のように食卓に並ぶ。ちなみに、日本で有名なチリコンカンは、「テクス・メクス」と呼ばれる、メキシコ風のアメリカ料理。

豆類

あずき

英名：azuki beans
方言：あんこまめ（全国各地）
ぐるりまめ（熊本県一部）
はちがつまめ（沖縄県）

おもな産地：北海道、兵庫、京都（赤小豆）
岡山県（白小豆）
カロリー（100gあたり）：339カロリー
栄養：カリウム、ビタミンB1

大納言小豆

大粒のあずきの呼び名。皮が破れにくく、光沢に優れているのが特徴で、丹波地方の大納言が特に高級で珍重されている。主に甘納豆や和菓子に使われる。

普通あずき

大納言以外の普通の品種をいう。主な品種は比較的大粒な北海道産の「エリモショウズ」で全国地域でも気候に合う品種が作られている。

縁起のいい栄養満点豆

原産地は東アジアまたは中国とされ、日本には3世紀には伝来されていたという。江戸時代にはかっけの薬として使われ、また赤い色は縁起いいとされ、赤飯や小正月に食べるあずきがゆなど儀式や行事に用いられてきた。粒の大きさによって大納言小豆、普通あずきに分けられる。日本では主な産地は北海道だが、近年は輸入物が増えている。

美味しい栄養

あずきには体内の余分な塩分を排出するのに有効なカリウムを多く含むのが特徴。さらに疲労回復に役立つビタミンB1、腸内の善玉金の繁殖を活性化させ、腸内環境を調えてくれる食物繊維を豊富に含む。また、種皮の赤色はアントシアニンという物質で視力の維持に効果がある。

乾物の食品成分表
（全粒・可食部100gあたり）

エネルギー		339kcal
水分		15.5g
たんぱく質		20.3g
脂質		2.2g
炭水化物		58.7g
無機質	カリウム	**1500mg**
ビタミン	B1	**0.45mg**
食物繊維総量		17.8g

色々なあずき

種皮の色は赤以外に黒、白、灰色、緑、茶、斑紋などがある。中でも白あずきは、高級白あんの原料として使われる。主な品種は岡山県産の「備中白あずき」、北海道産の「きたほたる」などがあるが、どちらも希少であまり市場に出回らない。

さらしあん

ゆであずきの皮を除き、乾燥して粉末にしたもの。熱湯で戻し、2～3回上澄みを捨てて、弱火で砂糖と練りあげると手軽にあんこができる。

豆類

ささげ

ささげ
やや大粒であずきよりも皮がかたく、ヘソの周りにしわが寄っているものが多い。色が鮮やかで粒が揃っているものが良品。主に赤飯に使われる。

ダルマささげ
通常のささげより、大粒のささげの呼び名。略して「だるま」と呼ばれることもある。

ふっくらとして煮崩れしにくい

アフリカ原産の豆で、市場で多いのは赤色種のあずきとよく似たあずきささげ。同じささげ属だが別種で、皮がかたく少し大粒。日本には平安時代に中国から伝わり、当時は「大角豆」と呼ばれていた。現在の名「ささげ」は、鞘の先が反り返り、上を向いて物を捧げ持つ手の形に似ていることに由来する。

緑豆
もやしや緑豆春雨の原料として使われる緑豆は日本の風土に適さないため、ほとんどが輸入もの。豆としてはカレーや粥、デザートに使われるほか、薬膳としても古くから親しまれている。

英名：cowpea
方言：いんげんまめ（全国各地）
てんじょーあずき（埼玉県一部）
ひよたれ（山口県一部）

カロリー（100gあたり）：336カロリー
栄養：たんぱく質、カリウム、鉄、ビタミンE、ビタミンB1
主な用途：赤飯、煮豆

美味しい栄養

栄養成分はあずきに似ていて、主成分は炭水化物とタンパク質でビタミンB1、B2が豊富。ビタミンB1は糖質の代謝をよくし、疲労回復に有効に働き、ビタミンB2は血管の若さを保つのに役立つ。また、食物繊維も多いので、便秘予防に効果がある。

乾物の食品成分表
（全粒・可食部100gあたり）

エネルギー	336kcal
水分	15.5g
たんぱく質	23.9g
脂質	2g
炭水化物	55g
ビタミン B1	0.5mg
B2	0.1mg
食物繊維総量	18.4g

お赤飯の古今東西

奈良時代に魔除けのために赤米もち種を炊いたのが赤飯のはじまり。あずきを混ぜて蒸すようになったのは江戸時代からだった。その後、あずきは煮た際、種皮が裂けるのが「腹切れ」を連想させるとされ、関東では縁起をかついでささげの赤飯が好まれるようになった。

豆類

えんどう

英名：pea
方言：さんどまめ（全国各地）
ぶどー（栃木、群馬県一部）
よさくまめ（秋田県）

カロリー（100gあたり）：352カロリー
栄養：ビタミンB1、食物繊維、鉄、カロテン
主な用途：あんみつ（赤エンドウ）
うぐいす豆（青エンドウ）

用途に応じて豆を使い分けて

青、赤、白の3種類があり、日本で一般的なのは青。青えんどうは炒って酒のつまみや、甘煮してうぐいす豆など名前を変えて菓子に使われるほか、戻してゆでたものは「グリンピースの水煮」として市販される。えんどうの原産地は西南アジアで日本へは奈良時代に中国から入り、明治時代になってから本格的な栽培が始まったが、近年は市場に出回るほとんどが輸入ものになっている。

美味しい栄養

えんどうは疲労回復に役立つビタミンB1や便通をよくし、腸内環境を整えてくれる食物繊維、貧血予防に必要不可欠な鉄を豊富に含み、また豆類には珍しく、体内の粘膜を保護するカロテンを含む。

乾物の食品成分表
（全粒・可食部100gあたり）

エネルギー	352kcal
水分	13.4g
たんぱく質	21.7g
脂質	2.3g
炭水化物	60.4g
食物繊維総量	17.4g

青えんどう

主に煮豆、炒り豆、菓子に用いられ、砂糖で煮たものを「うぐいす豆」という。さらに、戻してゆでたものは、「グリンピースの水煮」として缶詰や袋詰で市販されている。

赤えんどう

赤褐色で長径0.8cmほどあり、主に塩ゆでにされて酒のおつまみやみつ豆として利用される。

グリーンスプリット

イエロースプリット

スプリットピー

えんどうをひき割りにしたもので、水戻しの必要がなく、火の通りがよいのが特徴。スープやシチュー、パスタなどに使われる。

その他豆類

毎日の食事に取り入れたい 個性豊かな栄養豆

現在、世界中で色も形も違う、様々な豆が食べられている。ここでは近年、日本でも手に入りやすくなった世界の豆のほんの一部を紹介。どの豆も食物繊維、ビタミンB群など人間の健康を調整する栄養素が多く含まれる、いわば栄養の塊。健康志向が高まる昨今、ヘルシーな豆は積極的に食事に取り入れたい注目の食材である。

花豆

英名：runner bean

大粒で形はいんげん豆に似ているが別種。赤紫色の皮に黒い斑点が入った紫花豆、白色の白花豆があり、どちらも甘煮にすることが多い。

皮むきレンズ豆

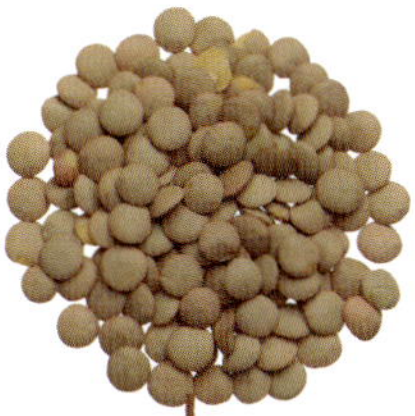

皮付きレンズ豆

フランス産レンズ豆

レンズ豆

英名：lentil

原産は西アジアから地中海地域でひらまめとも呼ばれている。豆類には珍しく水にひたさず、そのまま煮込めるとあって世界各地でサラダやピューレなどにしてよく使われる。

そら豆

英名：broad bean

完熟した豆を乾燥させたもので、大粒種は形がお多福面に似ているところからお多福豆とも呼ばれている。日本では野菜用そら豆として栽培されるのがほとんどで乾燥豆は希少。市場で出回るものは中国産が多い。

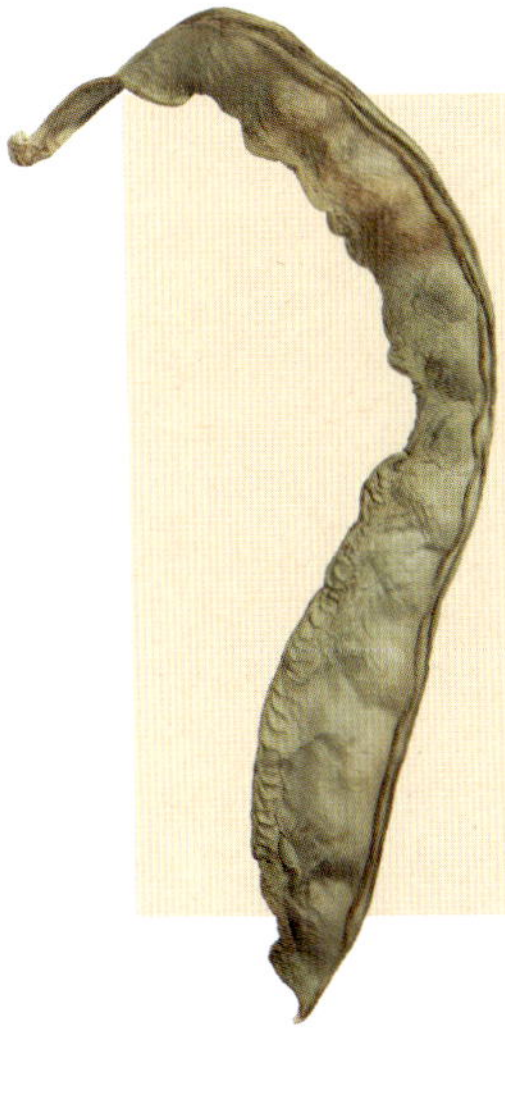

福神漬にも豆

おなじみの漬け物、福神漬にも「なた豆」という豆が鞘ごと刻まれて入っている。なた豆には、種皮が褐色のもの、白いもの、ピンクのものがあり、主に食用にされるのは白い豆。褐色のなた豆には、強い毒性のあるものもあるので、注意が必要。

ひよこ豆

英名：chickpea

ガルバンソ、エジプト豆とも呼ばれる西アジア原産の豆。日本では水煮で売られていることが多く、ホクホクとした食感と木の実のような香ばしい風味があり、サラダや煮込み料理に使われる。

豆の煮方

豆の個性に合わせた調理を行う

とにかく時間がかかるイメージが強い煮豆。しかし、豆によっては浸水なしですぐ火にかけられ、30分ほどで火が通る豆もある。それぞれの豆の個性を知り、うまく使い分けたい。

豆の煮方には圧力鍋を使う方法、土鍋を使う方法、魔法瓶を使う方法と様々あるが、ここでは最も基本的な鍋を使う方法をご紹介する。

浸水時間や煮込む時間については、以下の3点にご注意を。

・気温の高い夏は浸水時間を短くする。
・秋から出回る新豆は、水を多く含むので、基本時間より短くゆでる。
・加熱料理に調理する際は、後の加熱時間を考慮してゆでる。

おすすめ料理	ゆで時間	浸水時間	乾燥豆とゆで豆の量の変化	
サラダ 洋風煮込み カレー	20~30分	浸水なし		レンズ豆 
小豆がゆ 小豆かぼちゃ 寒天寄せ	30~60分	浸水なし		あずき 
五目煮 手作り豆乳 おろし和え	50~60分	1晩		だいず 
甘煮 中華あんかけ 白あん	90~120分	1晩	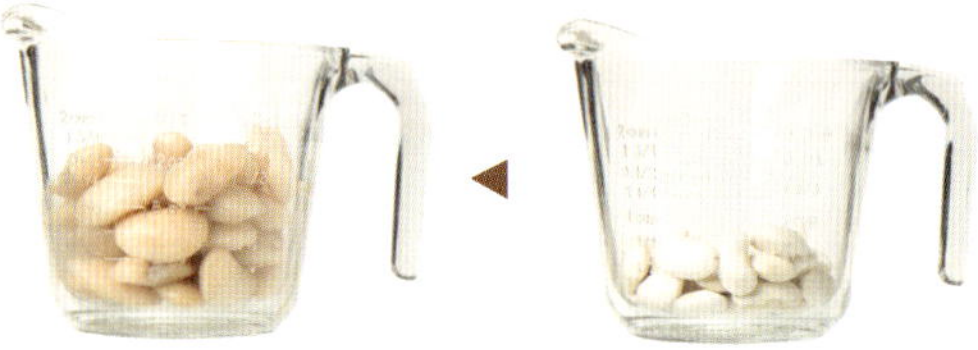	花豆 

基本の煮方

一 水で戻した豆（直接ゆでても良い豆の場合は洗った豆）と豆の袋にある表記どおりの水を鍋に入れ、蓋をせずに中火～強火にかける。

二 沸騰したら、アクの強い豆（あずきやいんげん豆）は、一度ざるにあけてゆで湯を捨てる。この作業を「渋切り」と呼ぶ。

三 渋切りが不要な豆は、数分煮立ててから差し水をし、再び煮立ったら、泡状に浮いてくるアクをすくい取る。渋切りをした豆は鍋に戻し、再び水を張って火にかけて浮いてくるアクを引き続きすくいとる。

四 弱火にして落とし蓋をし、水分の蒸発により豆が湯からはみ出さないよう適宜差し水をしながら、指で押してつぶれる程度にゆであげる。

料理

ミックスビーンサラダ

材料と作り方

ミックスビーンは袋の表示どおりゆでる。水にさらしたみじん切りのたまねぎと、ツナ缶適量を加え、酢じょうゆであえる。少量のオリーブオイル、こしょうを加えてもおいしい。

色々な豆が組み合わされ、一袋になったミックスビーン。イタリアではおなじみの食材で、様々な種類が売られている。自分でブレンドしても楽しい。

酢だいず

材料と作り方

固めにゆでただいずを、1cm幅に切ったするめと酢じょうゆに漬け込む。半日程おいたら食べごろ。酒のつまみに最適。

炒りだいずのピクルス

材料（作りやすい分量）

だいず…100g
セロリ…1本
パプリカ（赤・黄）
…各1個
A
酢…1カップ
砂糖…大さじ4
塩…小さじ2
粗びき黒こしょう
…小さじ1/2

作り方

1 だいずは水で洗い、水気をしっかりとふく。
2 フライパンに1を入れ、皮がはじけて少し色づくまで揺らしながら中火でから炒りする。
3 小鍋にAを入れて中火にかける。砂糖が溶けたらボウルに移し、アツアツの2を加えて、そのまま冷まして味をなじませる。
4 セロリとパプリカは豆よりひと回り大きく切り、3に加えて30分以上おいて味をなじませる。

白いんげん豆のイタリアンサラダ

材料（2人分）

白いんげん豆
…150g（ゆでて）
アボカド…1個（ひと口大に切る）
トマト…1/2個（ひと口大に切る）
玉ねぎ…1/4個
ニンニク…1片（すりおろす）
バジル…1枝（ちぎる）
A
レモンのしぼり汁…1/2個分
塩・タバスコ…各小さじ1
こしょう…少々
オリーブオイル…大さじ2

作り方

1 白いんげん豆はゆでて（P64参照）水気をきる。玉ねぎは薄切りにして水にさらして水気をきる。
2 ボウルにAを入れてよく混ぜ、1とほかの材料を加えて和える。

あずきチーズ

材料（2人分）

あずき（ゆでて）…60g
ピザ用チーズ…40g
クラッカー…10枚（砕く）
塩…小さじ1/2
オリーブオイル…大さじ2

作り方

1 厚手のビニール袋にゆであずき（P66参照）、チーズ、砕いたクラッカー、塩、オリーブオイル大さじ1を入れ、もむようにして混ぜる。
2 袋の中で生地を平らに固め、冷蔵庫で少しなじませ、袋から出して、食べやすい大きさに切る。
3 オーブントースターにクッキングシートを敷き、2を並べ入れ、残りのオリーブオイルをかけて8分ほどこんがりと焼く。

えんどう豆と手羽先のスープ煮

材料（2人分）

えんどう豆…130g
手羽先…150g
水…4カップ
A 塩…大さじ1
　キャラウェイシード・こしょう…各少々
B ローリエ…1枚
　キャラウェイシード・こしょう…各少々
塩・こしょう…各少々

作り方

1 えんどう豆は洗って水に一晩つけておく。手羽先はAをすり込み、冷蔵庫に入れ、1～2時間おく。
2 えんどう豆をつけ水ごと火にかける。沸騰したら、1の手羽先とBを加えて中火でえんどう豆が柔らかくなるまで煮る。
3 煮汁がひたひたくらいになったら塩、こしょうで味を調える。

レンズ豆のクイックリゾット

材料（2人分）

レンズ豆…50g
玉ねぎ
　…1/8個（みじん切り）
ニンニク…1/2片
オリーブオイル
　…大さじ2
コンソメスープ
　…1と1/4カップ
ごはん…茶碗2杯分弱
粉チーズ…大さじ2
塩・こしょう…各少々
パセリ（乾燥）…適量

作り方

1 鍋にオリーブオイルとニンニクを入れて中火にかけ、香りが立ったら玉ねぎを加える。玉ねぎに火が通ったら温めたコンソメスープを加える。煮立ったらレンズ豆を加えて5分ほど煮てごはんを加える。さらに5分ほど煮、チーズ大さじ1、塩、こしょうを加えて味を調える。
2 器に盛り、パセリと残りのチーズを散らす。

だいずのディップ

材料（2人分）

だいず（ゆでて）…120g
A カレー粉・塩
　…各小さじ1/2
　オリーブオイル…大さじ4
パン…適量
オリーブオイル・
粗びき黒こしょう…各適量

作り方

1 フードプロセッサーに水気をきっただいず（P62参照）、Aを入れ、なめらかなペースト状にする。
2 焼いたパンに1をのせ、オリーブオイルをかけて粗びき黒こしょうをふる。

凍り豆腐

原料：だいず
英名：kori-dofu
方言：かんどふ（熊本県一部）
なまごーり（和歌山県一部）

おもな産地：宮城県、長野県、
福島県（天然凍結製法）
カロリー（100gあたり）：529カロリー
栄養：カルシウム、マグネシウム、鉄

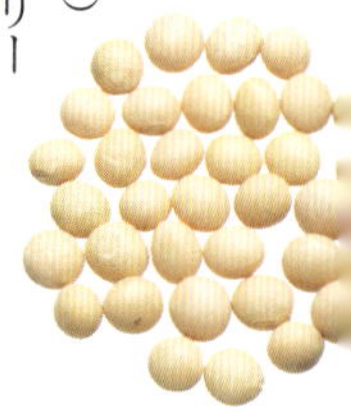

天然凍結製法

戻し時間：ぬるま湯で15～20分

固めに作った豆腐をわらなどで編んで吊るし、凍結、脱水、乾燥を繰り返してつくったもの。だいずの甘みがしっかりとあり、煮ても歯ごたえがある。

人工凍結法

戻し時間：1分浸水

固めに作った豆腐を凍結機で急速凍結させ、乾燥機で乾燥させたもので、多くはもどし時間を短縮するために膨軟剤と呼ばれる食品添加物が加えられている。

煮物や卵とじで淡白な味を楽しむ

豆腐を凍結、乾燥させたもので高野豆腐や東北や中部地方では凍《し》み豆腐とも呼ばれる。鎌倉時代に東北や信州で作られたとされ、江戸時代に入ってから一般に普及した。現在、天然凍結製法は貴重で、急速に機械で凍結させる人工凍結法がほとんど。栄養が豊富で煮物や卵とじ、揚げものなどに使われる。

歴史

一般に知られる「高野豆腐」の名の由来は、高野山中興の上人が高野豆腐を奨励したことで高野山名物として全国に広まったことから。

美味しい栄養

凍り豆腐には豆腐の栄養分が凝縮されており、凍り豆腐15gは木綿豆腐100gとほぼ同じ栄養価になる。カルシウムやマグネシウム、鉄などのミネラルが豊富で体の機能を強化し、骨粗鬆症、貧血予防に役立つ。さらに消化がよいので、病み上がりや体調がすぐれない時の栄養補給に適している。

乾物の食品成分表
（可食部100gあたり）

エネルギー		529kcal
水分		8.1g
たんぱく質		49.4g
脂質		33.2g
炭水化物		5.7g
無機質	カルシウム	**660mg**
	マグネシウム	**120mg**
	鉄	6.8mg
食物繊維総量		1.8g

豆製品

ゆば

原料：だいず
英名：yuba,bean curd sheets, dried bean curd
漢名：豆腐皮

おもな産地：京都府、栃木県、大阪府、滋賀県
カロリー（100gあたり）：511カロリー
栄養：カルシウム、マグネシウム、鉄

だいずの栄養素が手軽にとれる

濃いめの豆乳を煮立て、表面に張った膜をすくい上げると生ゆばが出来上がる。この生ゆばを乾燥させたものが干しゆば。日本には中国から鎌倉時代に伝えられ、僧侶の栄養源として精進料理で活躍した。平たいままの平ゆば、巻いて作る巻きゆばなど形状や乾燥の具合によって種類は様々あり、日本では京都、栃木県日光が主な産地。京都では湯葉、日光では湯波と表記される。

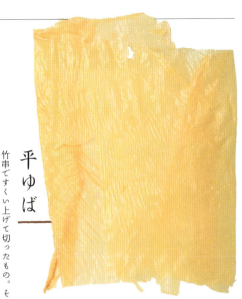

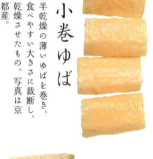

平ゆば

竹串ですくい上げて切ったもの。そのまま鍋に入れたり、食べやすい大きさに切ってからお吸い物、みそ汁などに入れて食べる。

腐竹

中国のゆばのことで製法は日本とほぼ同じ。棒状のものを腐竹、シート状のものを腐皮といい、水で戻すほかに油で揚げてから煮物や炒め物に使う。

小巻ゆば

半乾燥の薄いゆばを巻き、食べやすい大きさに裁断し、乾燥させたもの。写真は京都産。

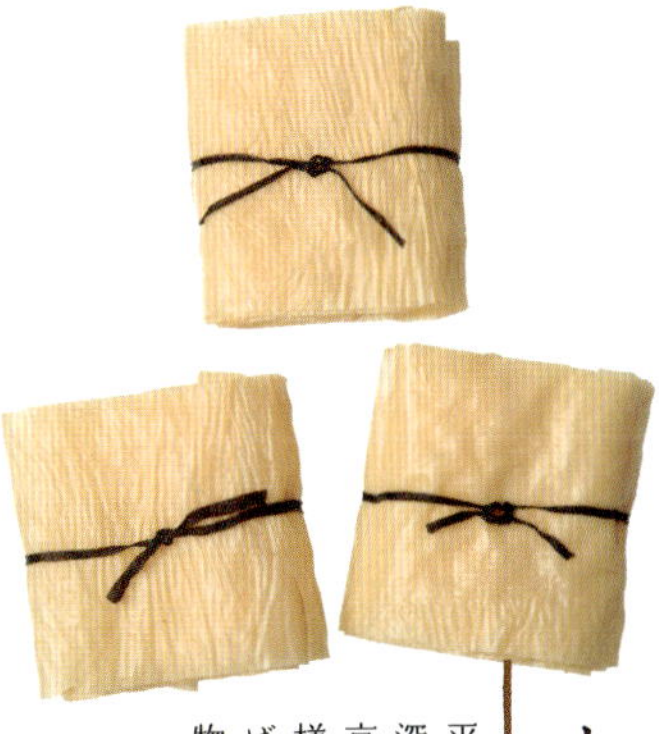

大原木ゆば

平家物語に描かれる、山深い大原の土地の女性が、京都へ柴を束ねて運んだ様子をモチーフにしたゆば。崩れにくく、お吸い物などの汁ものに最適。

米

原料：稲の種子
英名：rice
方言：こんこん（新潟県一部）
ぼさつ（全国各地）

おもな産地：新潟県、北海道、秋田県
カロリー（100gあたり）：356カロリー（精白米）
栄養：ビタミンB群、E、カルシウム

日本独自の品種が豊富

米は世界中で広く食用にされている穀物で、原産地は中国、インドなど諸説ある。日本には縄文時代後期にアジア大陸から伝えられた。主にジャポニカ種とインディカ種の2種類に分けられ、日本の米は前者。また、でんぷん組成と性質によりうるち米ともち米に分類される。さらにうるち米は精米方法によって玄米、胚芽米、精白米に分けられる。

主なうるち米の品種

ジャポニカ種

米粒は丸みがあり、短い。アミロース含量が少ないので粘り気が多いのが特徴。しっとりとした食感で、日本の米はこれに属する。

インディカ種

米粒が細長く、アミロース含量が多いので粘り気が少ないのが特徴。インディカ米とも呼ばれ、世界の米のうちの約8割を占める。

精白米（うるち米）

ぬか層と胚芽を除いて胚乳だけにしたもの。玄米に比べて栄養価は劣るが、消化吸収がよく食べやすい。

はいが米（うるち米）

米粒の先にある三日月形の部分（はいが）を残した米のこと。正式にははいが精米と呼ばれ、白米に近い味わいでビタミンB群やEなどが豊富に含まれる。

もち米

もち米はうるち米に比べてでんぷんのアミロース含有量が少なく、粘りが強い。もちの原料になるほか、炊き込みご飯やちまきなどに使われる。

玄米（うるち米）

もみ殻だけを除いたもので、ビタミン、ミネラル、食物繊維が豊富だが消化が悪いので注意して食べるようにする。

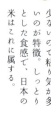

美味しい栄養

消化がよく食べやすい白米は、脳のエネルギーとして必要不可欠な炭水化物が豊富。また、味覚障害予防に役立つ亜鉛の供給源に最適な食材。さらに玄米にはビタミンB群、E、カルシウムなどを多く含むので、疲労回復や老化防止に有効で、食物繊維が白米に比べて多いので、便秘予防にもぴったり。しかしながら白米よりも消化しづらいので、よくかんで食べるようにしなければならない。

乾物の食品成分表
（はいが精米／水稲穀粒・可食部100gあたり）

エネルギー		354kcal
水分		15.5g
たんぱく質		6.5g
脂質		2g
炭水化物		**75.3g**
無機質	カルシウム	7mg
	亜鉛	**1.6mg**
ビタミン	E	0.9mg
	B_1	0.23mg
	B_2	0.03mg
食物繊維総量		1.3g

乾物の食品成分表
（玄米／水稲穀粒・可食部100gあたり）

エネルギー		350kcal
水分		15.5g
たんぱく質		6.8g
脂質		2.7g
炭水化物		73.8g
無機質	カルシウム	9mg
	亜鉛	1.8mg
ビタミン	**E**	**1.2mg**
	B_1	**0.41mg**
	B_2	**0.04mg**
食物繊維総量		**3g**

乾物の食品成分表
（精白米／水稲穀粒・可食部100gあたり）

エネルギー		356kcal
水分		15.5g
たんぱく質		6.1g
脂質		0.9g
炭水化物		**77.1g**
無機質	カルシウム	5mg
	亜鉛	**1.4mg**
ビタミン	E	0.1mg
	B_1	0.08mg
	B_2	0.02mg
食物繊維総量		0.5g

製造法

黄金色に成熟した稲穂は、収穫後乾燥させて籾摺りし、玄米の状態で保存される。精米は多くが工場で行われており、米と米を摺り合わせて糠を除去する圧力式摩擦方式がとられている。無洗米は、さらに糠を落とすため、気流で吹き飛ばす、少量の水で洗米するなどの方法がとられている。

水田で収穫後の稲穂を干す風景

各地の米料理

「みずほの国」といわれる日本。様々な米料理が各地で作られている。地方固有の食材と組み合わされ、土地の生活習慣や気候条件に影響された料理は、郷土色が濃く反映されている。

きりたんぽ
炊飯したうるち米を食感を残してつぶし、串に巻きつけ、あぶり焼きにした秋田の特産食材。

なば飯
「なば」とは広島の方言できのこのこと。「なば飯」は、秋の味覚まつたけを炊き込んだご飯をさす。

江戸前寿司
屋台料理としてひろまった江戸前寿司。旬の魚をさっと食べられる形と流儀は、せっかちな気質の江戸っ子ならでは。

めはり寿司
和歌山、三重県の郷土料理。高菜漬けで酢めしや麦めしを包んだもの。

みかんご飯
名物、みかんの果汁で米を炊いた愛媛の郷土料理。

スパムおにぎり
アメリカの食材を積極的に取り入れる沖縄発祥のおにぎり。いまや、全国的な味に。

世界の米とその調理法

世界中で食べられる米。各国で生産される米の特性に合わせた水の加え方、加熱方法があり、それぞれの地域で好まれる火の通し加減や、組み合わせられるおかずとの相性も米の調理法に大きく影響する。また、米を主食としない地域ではあくまでも「穀物」のひとつであり、ゆでた物をサラダにのせたような軽い料理もある。

ゆでる

日本と同じように米を主食とする東南アジア地域の炊飯方法は「湯取り法」。多めの湯でゆでて、途中で余分な湯を捨てる。

蒸す

もち米は蒸して食べられることが多い。十分に浸水させて竹や笹の葉に包み、蒸しあげたちまきは中国、韓国、東南アジアで食べられている。

ジャスミン米

タイの最高品種の米で、もみの色がジャスミンの花のように白いのでこの名がついた。炊きあがりは香ばしい香りがし、炒めても汁掛けご飯にしてもおいしく食べられる。

炒める

粘りのないインディカ米は、油脂と相性が良いことから、欧米では炒めて炊きあげるパエリア、ピラフのような料理にされる。

インディカ米

パサパサした食感で、ピラフ、ドリア、チャーハン、ナシゴレンに適している。※P66参照

煮る

たくさんの水を加えて煮るように作る料理には、中国の粥やイタリアのリゾットがあるが、リゾットは少し芯が残るよう固めに加熱される。

カルナローリ米

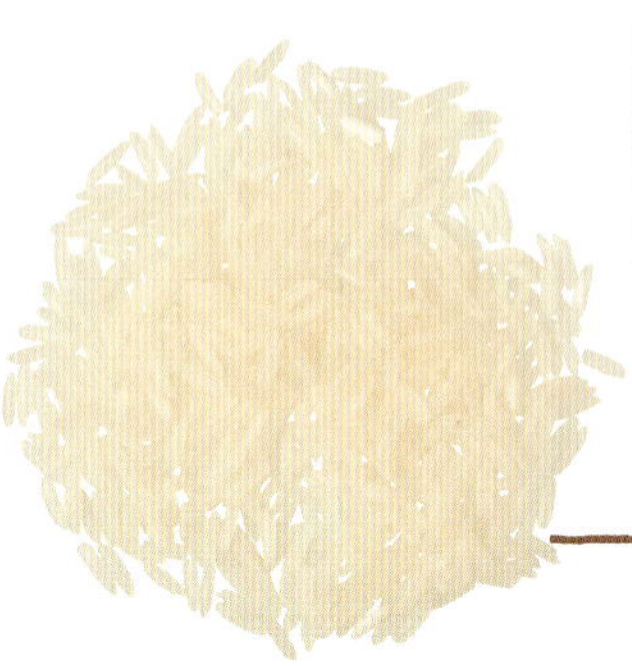

イタリアの代表的な品種で、大きく長細い形で水分をよく吸収するのでリゾット料理に向いている。

米製品

米の粉

原料：米

方言：かいのご（石川県一部）
しろこ（千葉県一部）
なまこ（富山県一部、島根県）

カロリー（100gあたり）：362カロリー（上新粉）
369カロリー（白玉粉）

栄養：炭水化物、ビタミン、ミネラル、食物繊維

和菓子に必要不可欠な粉

米粉はうるち米、もち米を原料とし、生米のままか、蒸して粉砕し製造される。その代表格がうるち米の生米で作る上新粉、もち米の生米で作る白玉粉ともち粉、もち米を加熱して作る道明寺粉、新引粉、みじん粉などである。どれも日本では古くより団子、まんじゅう、ゆべしなど様々な和菓子で使われ、日本人に愛されてきた。

美味しい栄養

米粉の栄養はほぼ米と同じ炭水化物で、体内でぶどう糖をつくり、体温を上昇させて脳の活動を活発化させるエネルギー源となる。また、体内の環境をよくするビタミン、ミネラル、食物繊維も微妙ながら含まれる。

上新粉

精白米を吸水させ、粉砕し、乾燥させた粉。粒度の細かいものを上新粉、やや粗いものを並新粉という。もち米を原料としたものよりも、味が淡白で生地がしっかりとしている。団子、ういろう、せんべいの原料にされることが多い。

道明寺粉

浸水して蒸したもち米を、粗めに挽いて乾燥させたもので、桜もちやおはぎに使われる。大阪の道明寺で保存食の糒を貧民に施したのが名の由来。

白玉粉

もち米を吸水させてすりつぶし、流水でさらした後に乾燥させたもの。ぎゅうひ、白玉団子、大福もちなどに使われる。

みじん粉

もち米をアルファ化して粉にしたもので、製造方法はいくつもあり、寒梅粉やらくがん粉、焼きみじん粉、煎りみじん粉などもこの仲間。豆菓子やらくがんなどに用いられる。

新引粉

もち米を吸水させて粉砕し、乾燥させたもので、白玉粉よりも安価でもち菓子やぎゅうひに使われるほか、揚げ衣にも使われる。

米製品

餅

原料：もち
英名：rice cake
方言：あんも（全国各地）
ぼぼ（東北地方各地）

カロリー（100gあたり）：235カロリー
栄養：タンパク質、ビタミン、ミネラル、食物繊維
主な用途：雑煮、安倍川もち、磯辺焼き

丸餅

搗きたてを手のひら大にちぎって丸めたもので、関西から西日本で一般的なもち。

アジア各地の祭事に用いられる縁起物

一般的には蒸したもち米を臼に入れて杵でついて粘りを出させて成形したものをいう。もち文化は中国、韓国、東南アジアなどにもあり、どの国でも古くから祝い事に欠かせない食品である。日本で庶民に一般的に食べられるようになったのは江戸時代からで、のし餅、丸餅のほか、豆餅、ゴマ餅など雑穀を入れたものなど日本全国には多様なもちがある。

切り餅

北日本で一般的なもちで、やわらかめについて平らに広げたのし餅を適当な大きさの長方形に切り分けたもの。

美味しい栄養

原料となるもち米はうるち米同様に糖質が主成分で、良質のたんぱく質、ビタミン、ミネラル、食物繊維を含む。また、昔から漢方的な働きとして体をあたためる作用があり、病後の体力回復や冷えからくる下痢などを抑える効果があるとされている。

乾物の食品成分表
（可食部100gあたり）

エネルギー		235kcal
水分		44.5g
たんぱく質		**4.2g**
脂質		0.8g
炭水化物		50.3g
無機質	カルシウム	7mg
	亜鉛	1.4mg
食物繊維総量		**0.8g**

変わり餅

もち米の他に別の素材をつきこんだもの。写真上から、あわ、玄米、よもぎが入っているもの。

あわ餅

玄米餅

よもぎ餅

凍み餅

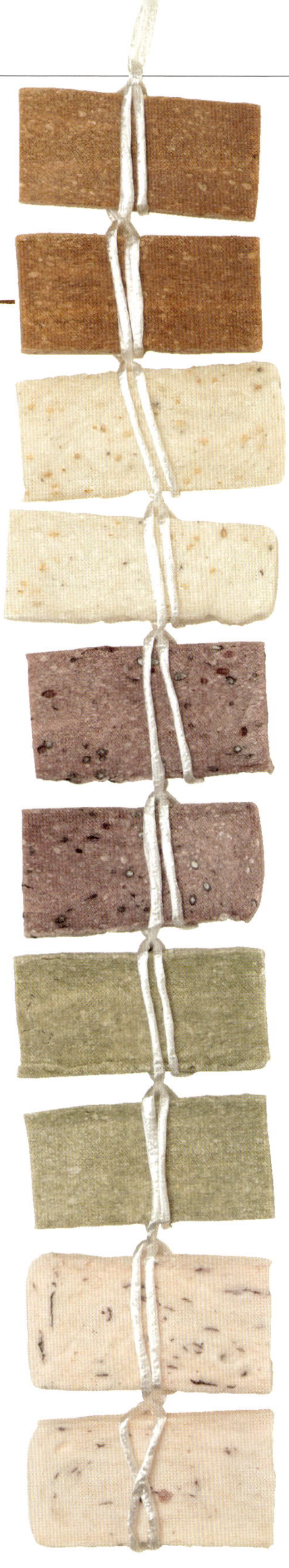

もちを冬の寒さで夜は凍らせ、昼の乾燥した風で自然乾燥させて作る、東北地方の保存食。写真は、青のりや赤米、コーヒーなどでカラフルにしたもの。湯でもどして汁粉にしたり、餅菓子にする。

歴史

アジアを中心に食べられ続けているもちは、どの国でも祭事に用いられる大事な食品である。日本でも正月、雛祭り、端午の節句にもちを食べる習慣が残っている。もちは稲の霊が宿ると考えられ、特別な霊力があるとされていた。正月に飾る鏡餅は、最高の形として神聖視された円形に、神が宿るとされたことから作られた。

中国の旧正月に食べられる「ネンガオ」というもちと日本の鏡餅。

トック

うるち米を原料とした韓国伝統のもちで、古くから行事などに用いられる。スライス状でスープや煮物に使われる。

トッポギ

スティック状の韓国伝統のもちで、炒め料理に最適。コチュジャンベースの炒めものは韓国屋台でおなじみ。

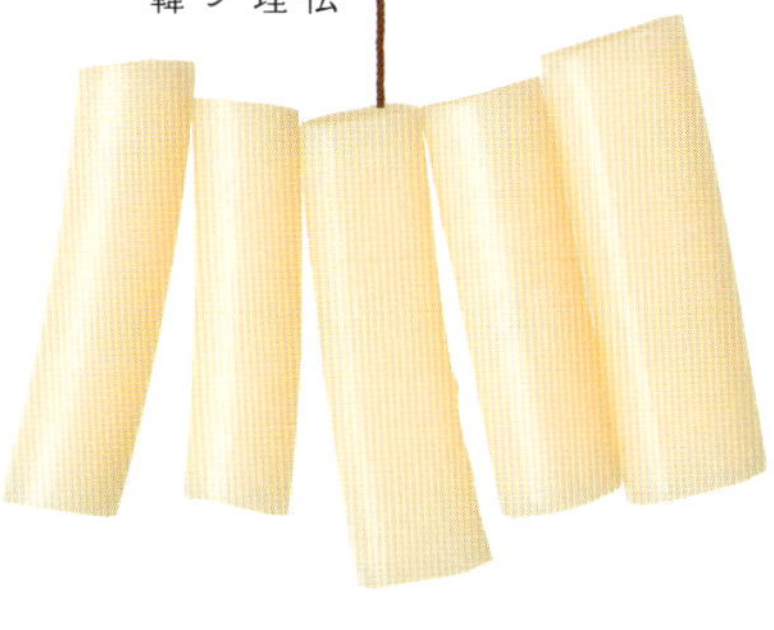

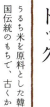

雑穀一覧

手軽に使える注目の健康食材

雑穀はやせた土地でも栽培ができる強い作物なので古くから世界中で栽培されてきた。これらの雑穀は主に米と混ぜて炊かれる他、団子やもちなどの原料にもなる。主にイネ科のあわ、きび、ひえの他、押麦、キノア、はと麦などもある。近年は健康食材として注目され、その独特の風味と食感を生かした使用方法が広がってきている。

扱い方

使う際は米といっしょにとぐのではなく、別にして目の細かい茶こしで洗うと便利。浸水が必要な物もあるので注意したい。

あわ

英名：foxtail millet, italian millet

日本では水稲米よりも歴史が古いイネ科の作物。もち種とうるち種があり、前者はもちや菓子に、後者は粥などに使われる。

きび

英名：common millet

イネ科の乾燥に強い雑穀。卵のような黄色い球状で、おはぎやもち作りによく利用される。

ひえ

英名：Japanese-barnyad millet

あわ同様に稲よりも古い作物。米と混ぜて炊くほか、みそや酒などの麹の原料にも使われる。

押麦

大麦を精白後、加熱してローラーで圧力をかけて乾燥させたもの。精白米の約10倍もの食物繊維を含む。

キノア

南米産の栄養価の高い穀物でキノアとは古代インカ語で「母なる穀物」という意味。スープやリゾット、クッキーなどに用いられる。

アマランサス

ヒエ科の植物で種子は食用として南米で栽培されてきた。非常に小さな粒で、プチプチとした食感が特徴。

はと麦

イネ科の作物で、米に混ぜて炊いたり、粉にしてフレークやビスケットの原料にする。また、殻のまま煎って、はと麦茶や薬用に使われる。

そば米

そばの実から殻を取り除いた実のこと。風味のよい、サクッとした食感が特徴。雑炊に向いている。

ワイルドライス

米とは別種のもので、黒く、細長い形が特徴的。ナッツに似た風味があり、ピラフやリゾット、サラダに使われる。

黒米

古代米と呼ばれ、現在の米の原種といわれている。使用法は米に混ぜて炊くともちもちとした食感が味わえる。

赤米

黒米同様に古代米と呼ばれ、米にまぜて炊くと炊きあがったときに香ばしい香りがする。

小麦粉

原料：小麦の胚乳
英名：wheat flour
方言：うどんこな（群馬県一部）
まんこ（長崎、大分県一部）

おもな輸入先：アメリカ（薄力粉）
カナダ（強力粉）
カロリー（100gあたり）：368カロリー（薄力粉）
栄養：たんぱく質、カルシウム、食物繊維、鉄

薄力粉

たんぱく質含量が8.5％以下で小麦粉の中で最も粉の粒度が細かく、主にケーキや菓子、天ぷらの衣などに使われる。

強力粉

たんぱく質含量が12％以上のもので、硬質小麦とも呼ばれ、おもにパンやパスタ、中華麺などに使われる。

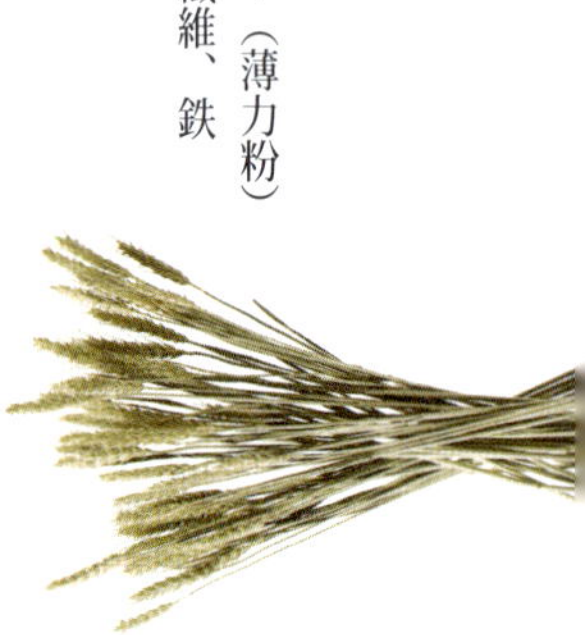

主食とする国が最も多い人類最初の作物

原産地は西南アジアで、紀元前7000年頃には栽培が始まり、人類最初の作物とされている。日本には紀元前400年頃に持ち込まれ、その後、種子はしょうゆ、みそなどの原料として利用された。世界中で主食とする国が多い小麦は、粒の硬さや性質によって分けられ、現在はそれら各種の小麦を配合して用途に適した小麦粉が製造される。

中力粉

たんぱく質含量が9％前後のものでうどんやひやむぎの原料に使われる他、お好み焼きやたこ焼きなどにも用いられる。

ファリーナ00

ファリーナとはイタリア語で粉のこと。00番とは一番精製度が高い小麦粉を指す。ピザ、パン、お菓子作りに適している。

デュラムセモリナ

デュラム小麦を粗挽きにしたもので、弾力性に富み、スパゲティやマカロニの原料になる。

乾物の食品成分表
（薄力粉／1等・可食部100gあたり）

エネルギー		368kcal
水分		14g
たんぱく質		8g
脂質		1.7g
炭水化物		75.9g
無機質	カルシウム	23mg
	鉄	0.6mg
食物繊維総量		2.5g

乾物の食品成分表
（中力粉／1等・可食部100gあたり）

エネルギー		368kcal
水分		14g
たんぱく質		9g
脂質		1.8g
炭水化物		74.8g
無機質	カルシウム	20mg
	鉄	0.6mg
食物繊維総量		2.8g

乾物の食品成分表
（強力粉／全粒粉・可食部100gあたり）

エネルギー		328kcal
水分		14.5g
たんぱく質		12.8g
脂質		2.9g
炭水化物		68.2g
無機質	カルシウム	26mg
	鉄	3.1mg
食物繊維総量		11.2g

美味しい栄養

小麦は米よりもたんぱく質、カルシウム、食物繊維、鉄を多く含んでいるが、たんぱく質のアミノ酸バランスは米よりも低いため、肉や魚、卵と組み合わせて食べることが大切。さらに小麦粉に加工する際に栄養価の高い皮や胚芽部分が取り除かれてしまうので、ビタミンやミネラルなどの栄養をとりたい場合は小麦の皮と胚芽部分を集めた「ふすま」や胚芽部分だけを集めて食べやすくした「胚芽」がオススメ。

ふすま

製粉時に除かれる皮と胚芽のことで小麦ブランとも呼ばれる。近年、栄養補助食品として注目されている。

胚芽

小麦の胚芽部分だけを集めて食べやすくしたもの。米と混ぜて炊いたり、揚げものの衣、またクッキーなどに加えると香ばしさがアップする。

全粒粉

小麦の皮や胚芽を除去しない全粒のまま、製粉したもの。ビタミンやミネラルが豊富で、パンやシリアルなどの原料になる。

グラハム

全粒粉の一種で。小麦の皮と胚芽は粗挽き、胚乳は細かく挽き、混ぜ合わせたもの。

香ばしい全粒粉入りのパン。精白粉との配合率によって色も歯応えも異なる。薄くスライスしてトーストすると香りが引き立つ。

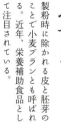

世界の小麦料理

小麦粉は、粉の種類、加える水の量やこね方によって多様な形態の料理となる。粉に塩を加えてイーストで発酵させるパンや、デュラムセモリナと水を練りあげるパスタなどの加工品もあれば、粉と水を練ってゆでた素朴な家庭料理も世界中にみられる。それ以外に、揚げ物の衣やソースのとろみづけにも使われている小麦粉は、世界の料理にあらゆるかたちで溶け込んでいる。

フランス

マドレーヌ

菓子材料としてもなくてはならない小麦粉。フランス伝統菓子マドレーヌは生地を寝かせてから焼きあげることできめ細やかな口当りを作る。

イタリア

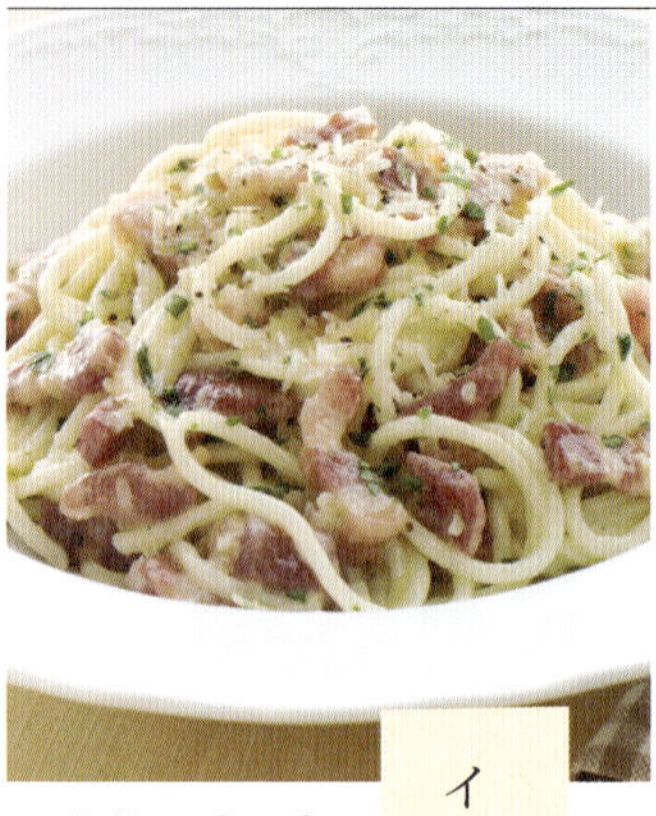

パスタ

色々な形状があり、調理でのアレンジも多様。乾燥パスタの歴史は14世紀以降とされている。

カナダ

ダンプリング

小麦の大生産国カナダのすいとん。ベーキングパウダーを加えて作るため、ふんわりとした口当り。スープやシチューの具にされる。

中国

点心

中国は南北で主食が異なる。南が米粒食文化であるのに対し、北は小麦やとうもろこしの粉食文化。点心の皮は、小麦粉に塩と水を加えて練ったもので、蒸したり、焼いたりすることでさまざまな食感となる。

メキシコ

パンケッカ

小麦粉を多めの水で延ばして焼いた料理は世界の各国で見られる。メキシコのパンケッカは、薄く焼いた生地を丸めて皿に盛りつけ、トマトソースやミートソースをかけて食べる家庭料理。

オーストラリア

ミートパイ

オーストラリアには、イギリス領だった歴史から、本来はイギリス料理であるものが国民食のようになっている。挽き肉を詰めてオーブンで焼き上げるミートパイもそのひとつ。

トルコ

マントウ

小麦粉が主食のトルコでは小麦粉料理が豊富。マントウは水餃子のように挽き肉を包んだ物で、トマトソースとヨーグルトをかけて食べる。

粉類

とうもろこし粉

原料：とうもろこし
英名：corn starch
方言：はったい（愛媛県一部）
こざね（宮崎県一部）

おもな輸入先：アメリカ
カロリー（100gあたり）：354カロリー（スターチ）
栄養：ビタミンB1、ビタミンB2、ビタミンE、食物繊維

米、小麦と並ぶ重要な穀物

日本では野菜の印象が強いとうもろこしだが、中南米ではとうもろこしは米、小麦と並ぶ大切な穀物のひとつで、世界でも生産量は小麦に次いで2位と高い。品種も数千種類にのぼる。穀物になるのは完熟した種子で粉砕してコーンミールやコーンフラワー、胚芽からはコーン油がとれる。また、ビール、ウイスキーの原料としても利用される。

美味しい栄養

ぶどう糖がたくさん結合した食材なので、効率のよいエネルギー源になる。ただし、でんぷん以外の栄養素はほとんどないので、調理する際は肉や野菜などと合わせて栄養のバランスをとるとよい。

コーングリッツ

とうもろこしの胚乳部分を他のとうもろこしの粉よりも比較的粗く挽いたもの。似たものに、粗挽きとうもろこし粉をもち状に練ったイタリア料理、ポレンタ用の「ポレンタ粉」がある。

コーンミール

とうもろこしのひき割り粉。粒の大きさはコーングリッツとコーンフラワーの間。アメリカや中南米でよく食べられている。イングリッシュマフィンなどパンの表面にトッピングされる。

コーンフラワー

とうもろこしの胚乳部分を粉砕したもので、とうもろこしの粉の中で粒が最も小さい。コーンブレッドやトルティーヤなどを作る際に用いられる。

コーンスターチ

とうもろこしから採ったでんぷん。粒子が小さく、大きさが揃っており、アイスクリームやプリンの凝固剤、とろみ付けなどに用いられる。

そば粉

原料：玄そば（そばの実）
英名：buckwheat
方言：おばこ（新潟県一部）

おもな輸入先：中国、アメリカ、カナダ
カロリー（100gあたり）：361カロリー（全層粉）
栄養：カリウム、マグネシウム、鉄、亜鉛、銅、マンガン、食物繊維

上品な風味を生かして菓子生地のアクセントに

完熟したそばの実を粉末にしたもの。そばの原産地は東アジア北部から中国南部で、わが国では縄文時代の遺跡からそばの種子が見つかっている。非常に丈夫な作物で昔から重宝されてきた。製粉の仕方によって種類が分かれており、そばにするときには種類や配合によって食感を変える。また、そば以外でも小麦粉と混ぜてクッキーやクレープなどの菓子生地として使用される。

ひきぐるみ

玄そばの外皮をむいて、丸ごとひいたもので全層粉ともいう。香りが強く、色が黒いのが特徴。

一番粉

製粉機で最初に出てくる粉で内層粉ともいう。胚乳がほとんどないので白く、さらさらとしている。

二番粉

胚乳に胚芽が主体で中層粉ともいう。淡黄色で香り、粘りが適度にある。

三番粉

胚乳に、胚芽と甘皮が入ったもので表層粉とも呼ぶ。香りと粘りがあり、食物繊維が多いのが特徴。

美味しい栄養

主成分はでんぷんなので、エネルギー源になる。また、食物繊維が豊富で腸内善玉菌を活性化させ、便秘改善や大腸がん予防になる。さらにカリウム、マグネシウム、鉄、亜鉛、銅、マンガンなどのミネラルが多く含まれ、体内機能の強化に役立つ。

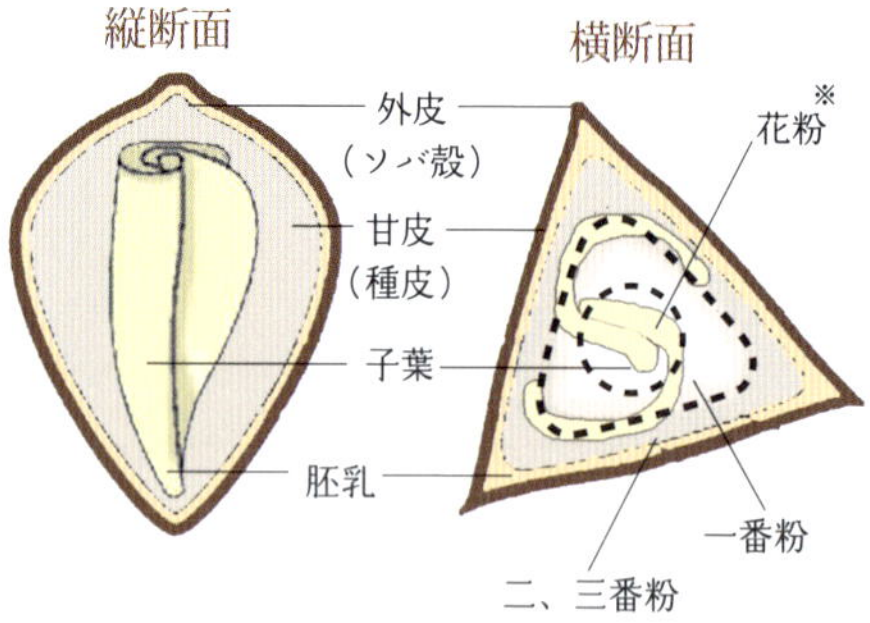

※花粉…ソバの実の核の部分を挽いた粉。サラサラとしてまとまらない性質を生かし、打ち粉に使われる。

乾物の食品成分表
（中層粉・可食部100gあたり）

エネルギー		360kcal
水分		13.5g
たんぱく質		10..2g
脂質		2.7g
炭水化物		**71.6g**
無機質	カリウム	470mg
	マグネシウム	220mg
	鉄	3mg
	亜鉛	2.2mg
	銅	0.58mg
	マンガン	1.17mg
食物繊維総量		**4.4g**

乾物の食品成分表
（表層粉・可食部100gあたり）

エネルギー		358kcal
水分		13g
たんぱく質		15g
脂質		3.6g
炭水化物		**65.1g**
無機質	カリウム	750mg
	マグネシウム	340mg
	鉄	4.2mg
	亜鉛	4.6mg
	銅	0.91mg
	マンガン	2.42mg
食物繊維総量		**7.1g**

乾物の食品成分表
（内層粉・可食部100gあたり）

エネルギー		359kcal
水分		14g
たんぱく質		6g
脂質		1.6g
炭水化物		**77.6g**
無機質	カリウム	190mg
	マグネシウム	83mg
	鉄	1.7mg
	亜鉛	0.9mg
	銅	0.37mg
	マンガン	0.49mg
食物繊維総量		**1.8g**

乾物の食品成分表
（全層粉・可食部100gあたり）

エネルギー		361kcal
水分		13.5g
たんぱく質		12g
脂質		3.1g
炭水化物		**69.6g**
無機質	カリウム	410mg
	マグネシウム	190mg
	鉄	2.8mg
	亜鉛	2.4mg
	銅	0.54mg
	マンガン	1.09mg
食物繊維総量		**4.3g**

世界のそば料理

そば焼きもち
そばの粉でつくった皮の中に山菜や漬物を入れて焼いたもの。

ガレット
そば粉でつくった薄い生地で作るクレープのようなフランスの料理。

ロティー
そば粉を水で練って薄焼きや厚焼きにしたネパールの料理。

ガーシャ
ロシアの家庭料理でひき割りそばを塩味に仕上げたおかゆ。

でんぷん粉

効率のよいエネルギー源

でんぷんとは穀類やいも類に多く含まれる糖質の一種。市販されているでんぷんの代表的なものには、じゃがいもが原料の「かたくり粉」、くずが原料の「くず粉」、とうもろこしが原料の「コーンスターチ」など、さまざまな植物から作られている。どれも水を加えて加熱すると固まる性質があり、菓子類や料理のとろみ付けなどに使われる。

美味しい栄養

ぶどう糖がたくさん結合した食材なので、効率のよいエネルギー源になる。ただし、でんぷん以外の栄養素はほどんどないので、調理する際は肉や野菜などと合わせて栄養のバランスをとるとよい。

乾物の食品成分表
（片栗粉・可食部100gあたり）

エネルギー	330kcal
水分	18g
脂質	0.1g
たんぱく質	0.1g
炭水化物	**81.6g**
食物繊維総量	0.2g

かたくり粉

英名：starch
おもな産地：北海道
カロリー（100gあたり）：330カロリー

本来はかたくりの根から採ったものだが、本物のかたくり粉は大正半ばにほぼ姿を消した。現在、市販されているものはじゃがいもでんぷんがほとんど。

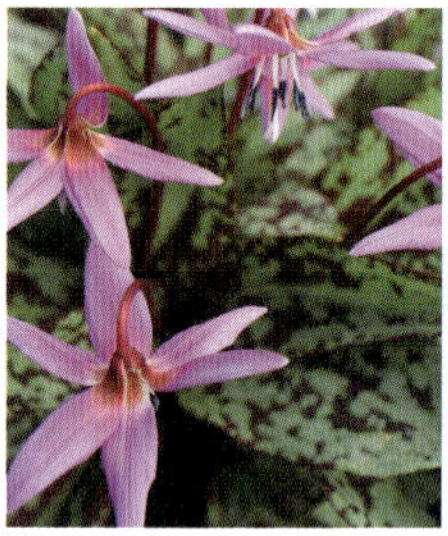

以前は原料にされていたかたくり

製造法

製造法は原料によって多少異なるが、主に原料を洗い、砕いてから水にさらしてでんぷんを沈殿させ、分離して精製し、脱水、乾燥して製造する。とうもろこしの場合は硬いので、砕く前に亜硫酸溶液に原料をつけて穀粒をやわらかくしてから行う。

料理

いももち

北海道の郷土料理で、蒸したじゃがいもとかたくり粉を練り合わせたもち。もちと同様、磯辺巻きやお汁粉、あべかわ風に楽しむ。

わらび粉

本来はわらびの根から採るでんぷんだが、市販のわらびもち粉はじゃがいも、さつまいもなどのでんぷんの配合品。わらびもちなどの和菓子に用いられる。

浮き粉

小麦粉を原料とするでんぷん。和菓子のつなぎ、くずもちなどに用いる。

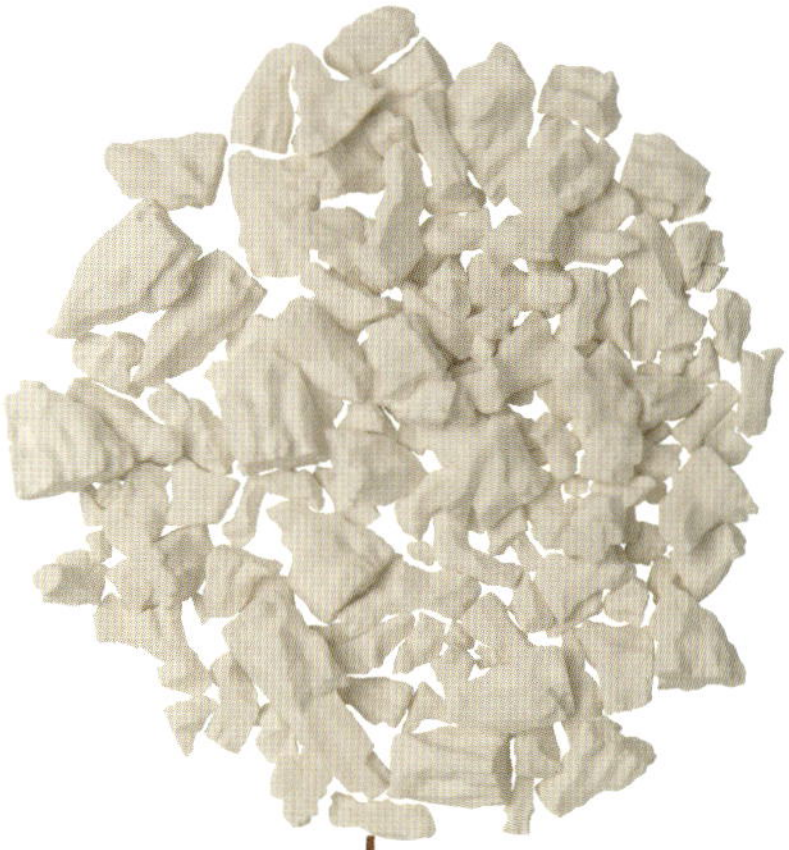

くず粉

くずの根のでんぷんを水にさらし、乾燥させた製品。本くず粉100%の製品は高級品になっている。和菓子や料理に使用する。

コーンスターチ

とうもろこしのでんぷん。ケーキやクリームなどの焼き菓子のつなぎやとろみ付けに使われる。

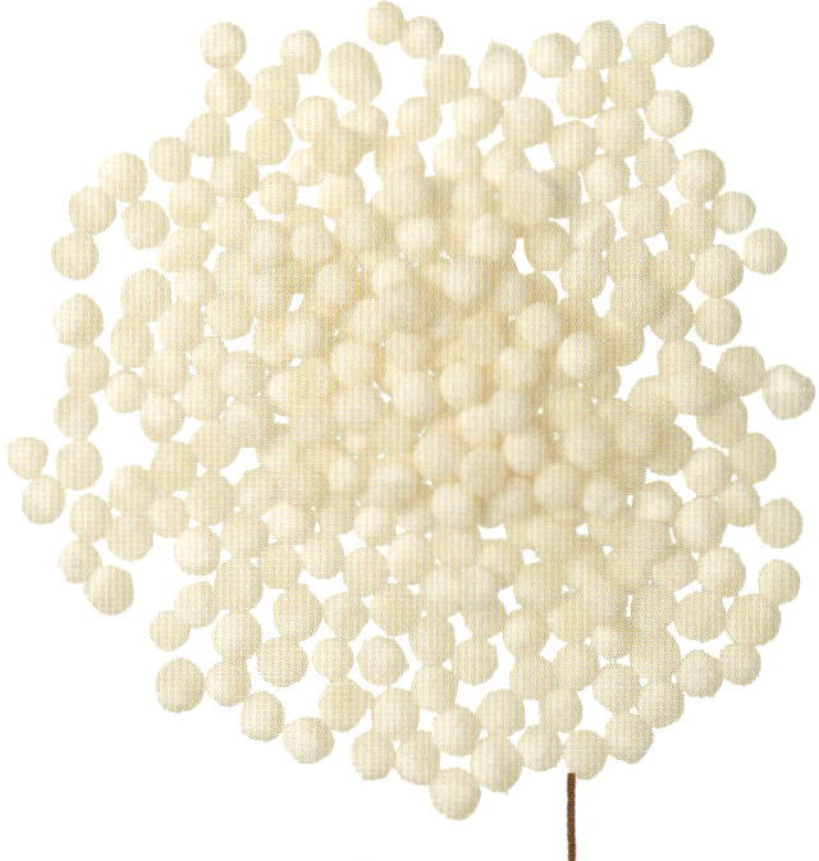

タピオカ

キャッサバの根から採れるでんぷん。デザートのほか、パンやめんに弾力感を出すために使用される。

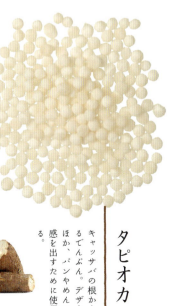

粉類

きな粉

原料：だいず
英名：roasted soybean powder
方言：まめの粉（全国各地）

カロリー（100gあたり）：437カロリー（全粒大豆）
434カロリー（脱皮大豆）
栄養：ビタミンE、ビタミンB1、ビタミンB2

きな粉

だいずを炒って粉砕したもの。豆で食べるよりも消化がよく、団子やくずもちなどに使われる。

うぐいす粉

青大豆をひいた製品で春の頃に出回り、和菓子で使われる。

黒きな粉

黒大豆をひいた製品で、最近人気が高いきな粉。

大豆加工品のなかで最も消化吸収がいい

だいずを焙煎し、粉にしたもので、日本では平安時代にはすでに存在していたとされている。だいずの種類により、色味や風味も違うが、主にくずもち、おはぎ、わらびもちなどの和菓子に使われる。また、ハンバーグを作る時につなぎとしてパン粉の代わりに使うなど調理にきな粉を加えるとほんのりとした香ばしい風味が楽しめる。

美味しい栄養

大豆加工食品のなかでも一番だいずそのものに近い栄養素をもち、ビタミンB群、E、ミネラル類が豊富。さらに女性ホルモンに似た働きがあり、更年期障害の緩和や骨粗鬆症の予防効果が期待されるイソフラボンも多く含んでいる。また、きな粉はだいずよりも消化がよく、高齢者や子どもにおすすめの食材といえる。

乾物の食品成分表

（きな粉／全粒大豆・可食部100gあたり）

エネルギー	437kcal
水分	5g
たんぱく質	35.5g
脂質	23.4g
炭水化物	31g
ビタミンE	1mg
B1	0.76mg
B2	0.26mg
食物繊維総量	16.9g

料理

やせうま

大分県の郷土料理。小麦と水を練り、のばしてゆでたものにきな粉と砂糖をまぶす。平安時代に、八瀬という名の乳母が作った「うまいもの」を子どもがねだったことが由来。

粉わさび、粉からし

水に溶くだけで使える日本独自の辛み調味料

近年、チューブ式の練りわさび、練りがらしが多く出回っているが、粉わさび、粉からしは古くから日本の家庭に愛されてきた調味料である。適度な水で練るだけで簡単に豊かな風味と刺激的な辛みが楽しめるとあって、わさびはそばや刺身、さらには肉料理に、からしはおでんや冷やし中華などの料理にアクセントとして使われる。

粉わさび

わさびの根茎を乾燥させて粉砕したものだが、原料の多くは西洋わさび（ホースラディッシュ）が使われる。練りわさびよりも強烈な辛みがあり、そばや刺身などに用いられる。

粉からし

からし菜の種を搾って油を取り除き、粉砕し攪拌してから乾燥させたもの。料理に辛みをプラスしたいときに用いる。

扱い方

粉わさび、粉からしともに、水を入れすぎないよう注意してよく練ることが肝要。練ったあとはラップして2～3分おく。わさび、からしとも驚くほど鮮烈な辛さ。

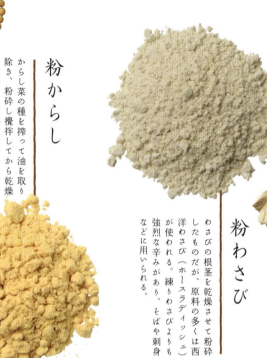

麩

原料：小麦粉
英名：fu

おもな産地：山形県、石川県、新潟県、京都府
カロリー（100gあたり）：387カロリー（車麩）
栄養：植物性タンパク質、ミネラル

からだにやさしい芸術的な自然食

麩は小麦粉のグルテンを取り出し、小麦粉やもち粉を混ぜ合わせて成形し、焼いて乾燥させたもの。全国に焼き方や形が異なる麩製品が豊富にあり、山形県の庄内麩、石川県のすだれ麩、新潟県の車麩などが有名。だし汁がしみ込みやすく、汁物や煮物、卵とじなどの料理に向くほか、美しい細工麩は懐石料理に使われる。

もち麩

調理法：吸い物、煮物、みそ汁

丁寧に焼きあげた丸いもちのような形の麩。もっちりとした食感が特徴。

車麩

調理法：すき焼き、つけ焼き、煮物

棒に巻いた生地を直火で焼き、さらに生地を重ねながら焼くことをくり返してつくる麩。煮崩れしにくいのが特徴。

うずまき麩

調理法：吸い物

汁物用に戻さずに使えるように作られた、小さく渦巻状に焼いたもの。

観世麩

調理法：すき焼き、鍋物、煮物

棒状に焼いて小口切りにした製品で、軽くてふわっとした食感をもつ。

飾り麩

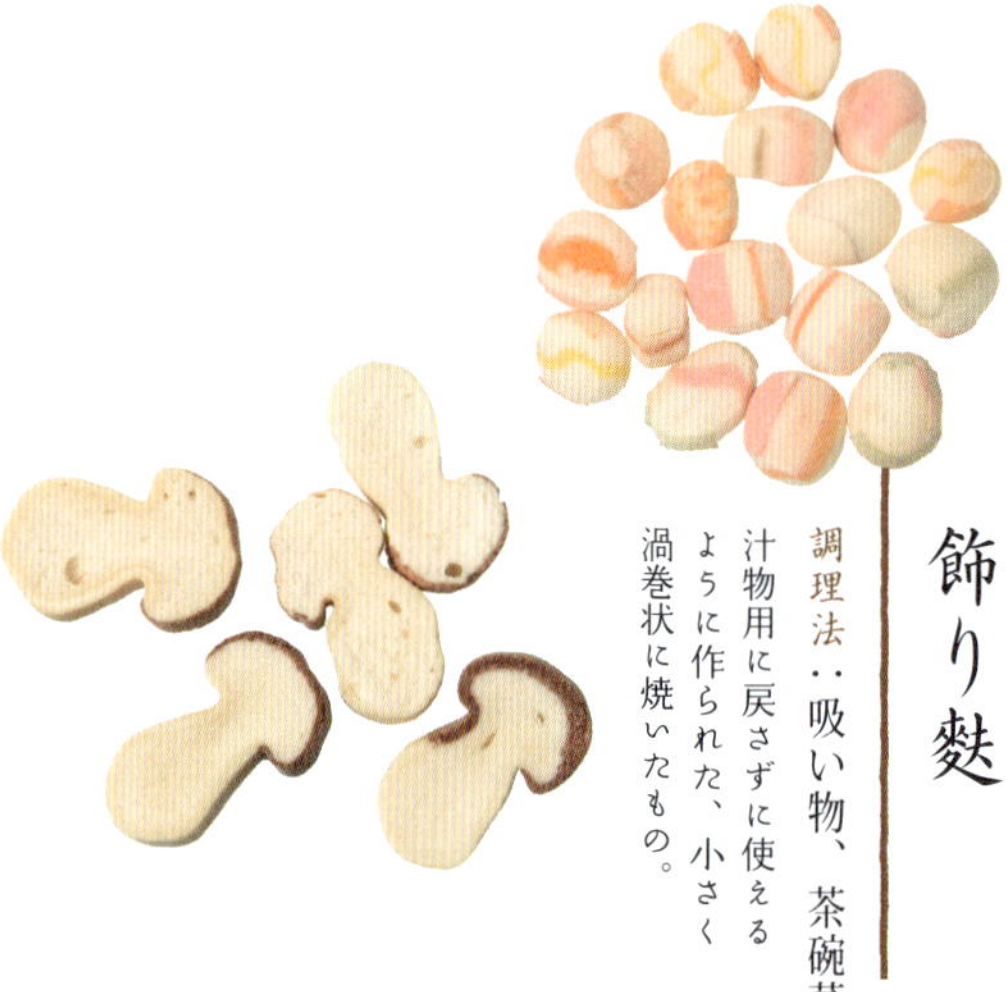

調理法：吸い物、茶碗蒸し

汁物用に戻さずに使えるように作られた、小さく渦巻状に焼いたもの。

歴史

麩がいつ作られたのかは不明だがルーツは8～9世紀の中国。日本に伝わった時期は諸説あるが、室町時代には僧侶の精進料理として使われていた。焼き麩は安土・桃山時代に千利休が茶事に麩の串焼きの菓子を茶会に採用したことから生まれたとされている。そして、江戸時代に入り、禅寺、茶道家、会席料理店が集まる宇治で、麩の製造業を生業とする麩師たちが生まれ、庶民に普及した。その後、明治時代に入り、現在の製造方法に近い麩が登場し、そして現在、からだによい自然食として再度注目を集めている。

料理

麩レンチトースト

材料（2人分）

車麩（大）…2枚

牛乳…２００ｃｃ

ブランデー又はリキュール…大さじ1

砂糖…大さじ1

卵…１個

はちみつ又はメープルシロップ…適量

バター…適量

作り方

麩は、ブランデーを加えたひたひたの牛乳に30分以上浸して戻す。柔らかく戻ったら、砂糖を加えた卵液に浸す。バターで両面を色よく焼き、好みのシロップを添える。

扱い方

麩は水に浸すと大きく膨らむので、戻しすぎないよう注意したい。戻したら、しっかり水をしぼると味がしみ込みやすい。

約4倍（重量変化）

麩とゴーヤのイリチー

沖縄には昔から麩を食べる文化がある。ゴーヤチャンプルーに卵に浸した麩を加える食べ方は有名で、食べごたえと味がしっかりしていて美味。

焼き麩は全国各地に焼き方や形が異なる地域色豊かな製品がたくさんある。どれも手作りの伝統を守り続けながら、その地元の消費者に愛され、今日に至る。同じ麩でありながらも見た目も違えば食感や味わいも様々で、ぜひ食べ比べしてほしい食材。

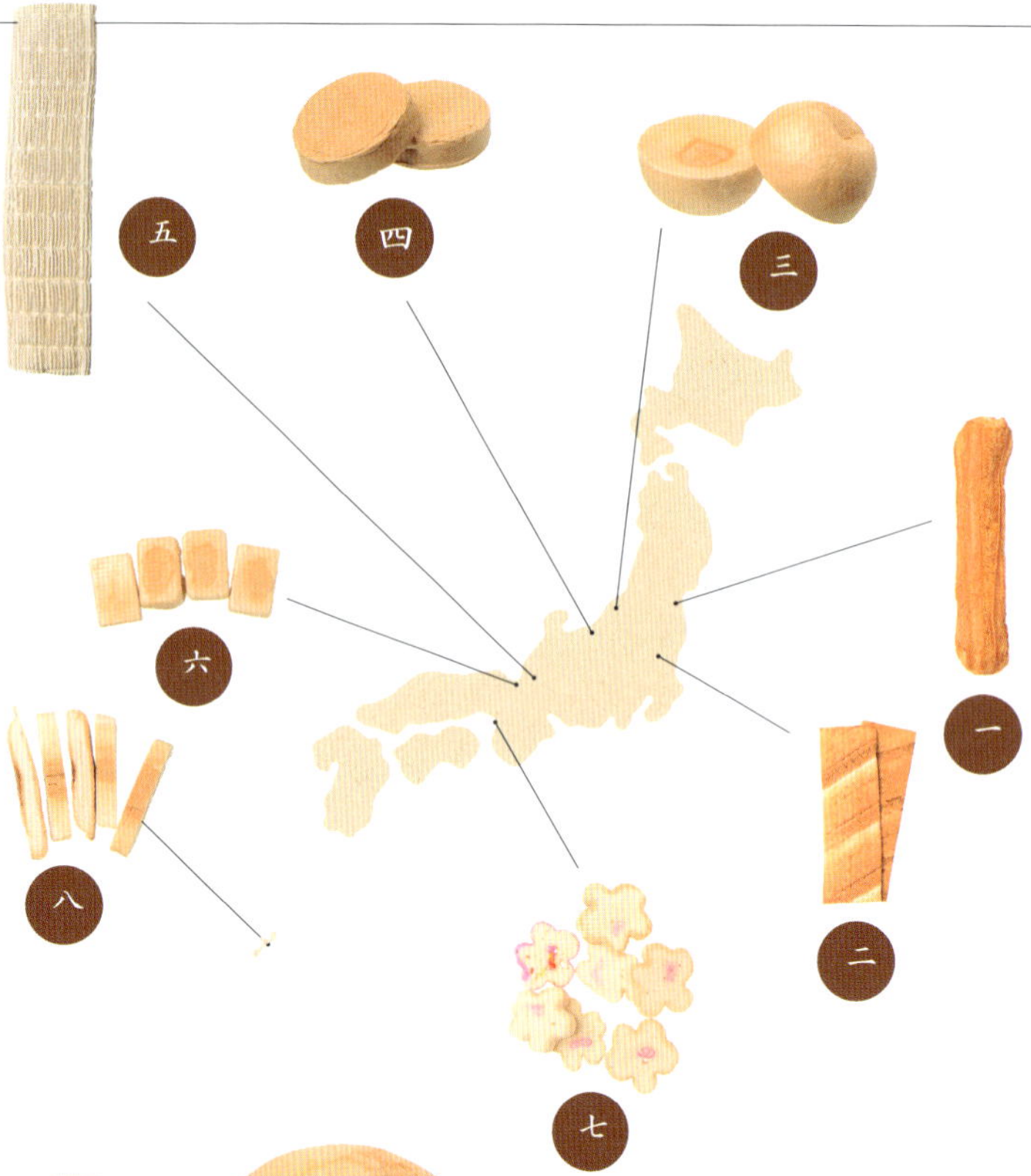

一

仙台麩

産地：宮城

良質の油で揚げ、フランスパンのように細長い棒状に仕上げてあるのが特徴で、別名、油麩とも呼ばれる。

三

新発田麩

産地：新潟

新潟県下越地方独特の形の麩で半球型に生地を入れてまんじゅう型に焼きあげたもので、別名まんじゅう麩と呼ばれる。表面は香ばしく、中身はもっちりとした食感が特徴。

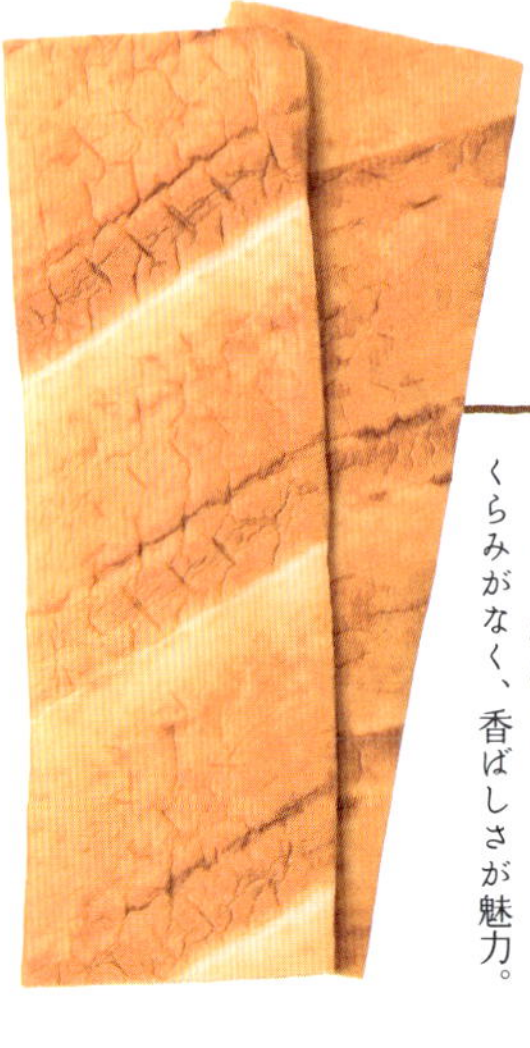

二

庄内麩

産地：宮城

最も古い焼き麩とされるもので、棒に生地を巻いて円筒状に焼き、棒を抜いてから押しつぶして板状にしたもの。ふくらみがなく、香ばしさが魅力。

美味しい栄養

麩は植物性たんぱく質とミネラルを豊富に含む上、消化がよいので病人食などに向く。しかしながら必須アミノ酸のリジンが乏しいので、リジンを豊富に含む大豆製品と組み合わせた献立にするとよい。

乾物の食品成分表

（板麩・可食部100gあたり）

エネルギー	379kcal
水分	12.5g
たんぱく質	25.6g
脂質	3.3g
炭水化物	57.3g
食物繊維総量	3.8g

乾物の食品成分表

（観世麩・可食部100gあたり）

エネルギー	385kcal
水分	11.3g
たんぱく質	28.5g
脂質	2.7g
炭水化物	56.9g
食物繊維総量	3.7g

乾物の食品成分表

（車麩・可食部100gあたり）

エネルギー	387kcal
水分	11.4g
たんぱく質	30.2g
脂質	3.4g
炭水化物	54.2g
食物繊維総量	2.6g

四 押麩

産地：新潟

新潟県岩船名産の麩を蒸して圧縮したもの。つるっとした食感があり、みそ汁や鍋物によく合う。

五 すだれ麩

産地：金沢

生麩をすだれで伸ばして巻き、ゆでるか蒸してから天日乾燥させたもの。郷土料理の治部煮にも使われる。だしがしみ込んだ食感は一度食べたらやみつきに。

六 丁字麩

産地：滋賀

箱型の金属型に生地を流し入れて焼いた、滋賀県の彦根市の特産。なめらかな食感ですき焼きに合うことからすき焼き麩とも呼ばれる。

七 京花麩

産地：京都

飾り麩の一種で花型のもの。汁物に合い、別名おつゆ麩とも呼ばれる。

八 圧縮麩

産地：沖縄

車麩に蒸気をあててプレスした後に乾燥させたもの。沖縄の特産品でチャンプルーなどの料理に使われる。

凍り豆腐揚げ

材料(2人分)

凍り豆腐…4枚

A
- しょうゆ…大さじ1/2
- みりん…大さじ1
- 水…3/4カップ

揚げ油…適量

塩・粗びき黒こしょう…各適量

作り方

1 鍋にAを入れて煮立て、戻した凍り豆腐（P74参照）を加えて上下を返しながら煮含める。

2 揚げ油を180℃に熱し、汁気をよくしぼった1をさっと揚げる。

3 食べやすい大きさにちぎって器に盛り、塩、粗びき黒こしょうをふる。

凍り豆腐のトマトけんちん

材料(2人分)

凍り豆腐…1枚

ミニトマト…5個（半分に切る）

長ねぎ…1/2本(1cm幅の小口切り)

大根…5cm

ごぼう…1/4本

コンソメの素…小さじ2と1/2

水…2カップ

塩…適量

オリーブオイル・こしょう…各適量

作り方

1 凍り豆腐は戻して(P74参照)水気をしぼり、1cm角に切る。大根とごぼうは小さめの乱切りにし、ごぼうは水につけてアク抜きをして水気をきる。

2 鍋に水、コンソメ、1、トマト、長ねぎを入れて火にかけ、すべてに火が通るまで煮、塩で味を調える。

3 器に盛り、好みでオリーブオイル、こしょうをかけていただく。

麸のつくねトマト煮込み

材料(2人分)

麸…20g

牛乳…1/4～1/2カップ

A
- 鶏ひき肉…150g
- 卵…1個
- 塩・こしょう…各少々
- 片栗粉…大さじ1

長ねぎ…1本（斜め薄切り）

しいたけ…3～4枚

ショウガ…1片（みじん切り）

オリーブオイル…大さじ1

B
- トマトの水煮缶…400g
- 酒…1/4カップ
- みそ…大さじ1

C
- しょうゆ…大さじ1/2
- みりん…大さじ1/2
- 塩・こしょう…各適量

パセリ（あれば）…適量（みじん切り）

作り方

1 麸はポリ袋に入れてざっくりつぶし、牛乳を加えてもんで湿らせ、Aを加えてさくっと混ぜる。

2 しいたけは石づきを除き、食べやすい大きさに切る。

3 フライパンにオリーブオイルとショウガを入れて火にかけ、香りが立ったらねぎを加えて炒める。Bを加え、煮立ったら弱火にする。長ねぎが柔らかくなったら1のポリ袋の先を切って球状にしぼり出して加える。

4 肉に火が通ったらCを加えて味を調え、しいたけを入れてふたをし、しいたけがしんなりするまで煮る。

5 器に盛り、パセリを散らす。

ゆば寿司

材料（4～6人分）

干しゆば…40g
米…4合
水…4カップ
青じそ…10枚
ショウガ…4片（千切り）
しめさば…半身（千切り）
ごま（白）…大さじ4
すし酢…大さじ6

作り方

1 米はといで分量の水で炊く。炊けたらすぐに3～4㎝角に割った干しゆばをのせて5分蒸らす。蒸らし終わったらゆばの1/5量を飾り用に取り出しておく。
2 炊飯器のゆばとご飯を混ぜ、飯台にあけ、すし酢を加えて切るように混ぜる。青じそ、ショウガ、ごまの半量も加え混ぜる。青じそ、ショウガは飾り用に少量を残しておく。
3 2にしめさば、飾り用のゆば、青じそ、ショウガ、残りのごまを散らす。

板麩のアスパラロール

材料（2人分）

板麩…1枚
アスパラガス…4本
長ねぎ…1/2本
サラダ油…大さじ1/2

A
水…大さじ3
しょうゆ…大さじ2
砂糖…大さじ1と1/2
片栗粉…小さじ1/2～1

作り方

1 板麩は戻して（P94参照）水気をしっかりとふき取り、4等分に切る。
2 アスパラガスは根元を切り落とし、少しかためにゆでてざるに上げて冷ます。長ねぎは縦に4つ割りにする。
3 1を縦長に広げ、アスパラガス1本と長ねぎ1/4量をのせて巻き、巻き終わりを楊枝で2か所とめる。残りも同様に巻く。
4 フライパンにサラダ油を熱し、3の巻き終わりを下にして並べ入れ、全面がこんがりとするまで焼き、取り出す。
5 4のフライパンを軽くふき、混ぜ合わせたAを入れて火にかけ、混ぜながら煮詰め、とろみがついたら4を戻し入れ、タレを手早くからめる。

そうめん、ひやむぎ、うどん

のど越しがよく食欲のないときに最適

いずれも、小麦粉に塩と水を加えて練り、製麺し乾燥させたもので、太さによりその呼び名が異なる。製麺方法には、機械で行う製法と手で延ばす手延べ製法があるが、そうめんは機械製法が5割以上、ひやむぎとうどんでは機械製法が7割以上となっている。各地方で特産の麺類があり、それぞれに製法や形状が異なっている。

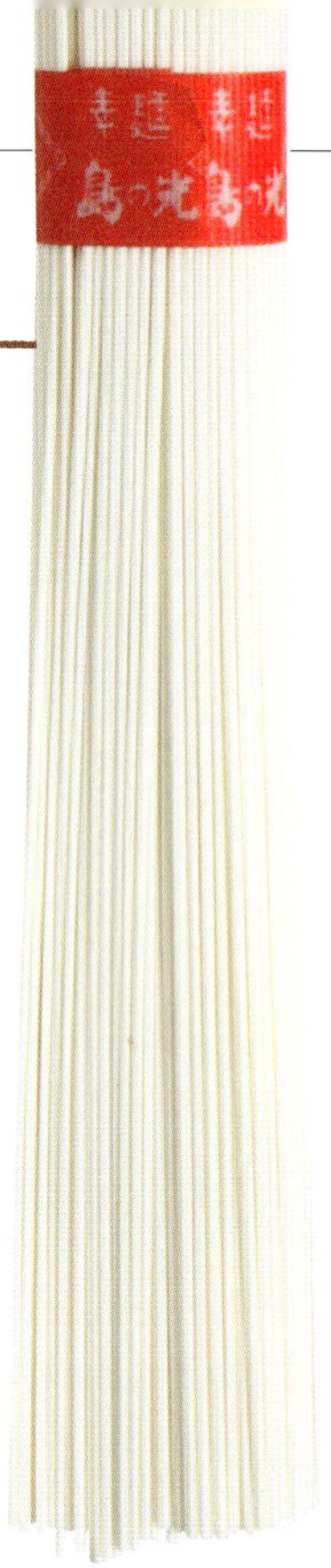

そうめん

賞味期限：2年（全国乾麺協同組合による）

そうめんは日本の麺の中で最も細い麺とされ、奈良、三重、兵庫などのものが有名。冷やし麺、温麺、焼き麺などどんな調理法にも合う。

ひやむぎ

賞味期限：1年半（全国乾麺協同組合による）

西日本ではあまりなじみがないが、関東では夏場によく食べられるそうめんとうどんの中間麺。一般にそうめんよりも太く、抹茶入りの緑色の麺、卵を混ぜた黄色い麺のものなどもある。

うどん

賞味期限：1年（全国乾麺協同組合による）

太麺でコシの強い香川の讃岐うどん、切らずに手延べ製法で作られた秋田の稲庭うどんなど地方によってたくさんの種類がある。また、生麺や保存性が高い冷凍麺は調理時に便利のため、需要が増加している。

美味しい栄養

疲労回復に役立つビタミンB群やミネラルは豊富だが、ゆでる際にほとんど溶けだしてしまうので、具材や薬味などで栄養バランスを調えるようにするとよい。また、消化がよい食品なので、病後や夏バテなどの食欲減退の時のエネルギー補給源にオススメ。

ひらめん

小麦粉だけでつくられる麺の中で最も幅の広いめんをひらめんという。同じひらめんでも、青森の平めん、山梨のほうとう、関東のひもかわ、西のきしめんなど、幅も厚さもまちまち。食感も大きく違う。

乾物の食品成分表

（そうめん、ひやむぎ / 乾燥・可食部100gあたり）

エネルギー	356kcal
水分	12.5g
たんぱく質	9.5g
脂質	1.1g
炭水化物	72.7g
無機質　カルシウム	**17mg**
ビタミンB1	**0.08mg**
B2	**0.02mg**
食物繊維総量	2.5g

乾物の食品成分表

（干しうどん・可食部100gあたり）

エネルギー	348kcal
水分	13.5g
たんぱく質	8.5g
脂質	1.1g
炭水化物	71.9g
ビタミンB1	**0.08mg**
B2	**0.02mg**
食物繊維総量	2.4g

太さによる麺の種類

ひらめん	30㎝幅を4～6本に切る	幅4.5㎜以上、厚さ2㎜未満
うどん	30㎝幅を10～14本に切る	幅1.7㎜以上3.8㎜未満
ひやむぎ	30㎝幅を18～22本に切る	幅1.3㎜以上厚さ1.7㎜未満
そうめん	30㎝幅を26～30本に切る	幅1.3㎜未満

歴史

そうめんの元祖は奈良時代に唐からの遣唐使の手で伝えられた小麦粉の菓子のようなものとされている。その後、小麦粉を練って細長くしてから縄のように2本をより合わせた「索餅」がアジア大陸から伝わり、これが鎌倉時代に禅林で食べる軽食や仏教の布教活動の一環として庶民に振る舞われ、庶民に精進物として知られるようになった。そして、江戸時代中期以降、石の挽き臼、しょうゆの普及により、現在の形に近づいたとされている。

そば

原料：そば粉、小麦粉
英名：buckwheat noodles
方言：くべ（福井県一部）
ずーず（全国各地）

おもな産地：長野県
カロリー（100gあたり）：344カロリー（干し蕎麦）
栄養：ルチン、マグネシウム、鉄、亜鉛、食物繊維

香りのよさが味の決め手

そばの実の粉末で作った麺には生麺と乾麺があり、どちらもそばの香りのよさがおいしさの要になる。そば粉だけで打つと切れやすいので、多くは小麦粉やふのり、やまいもなどのつなぎを混ぜて作る。そば粉の量、種類、打ち方によって豊富な種類があるが、全国乾麺協会ではそば粉30%以上であれば「そば」と表示できるとしている。

そば粉の種類による呼び名

田舎そば

甘皮ごとひきこんだ全層粉で打ったもので、色が黒く、香りが強いのが特徴。

更科そば

製粉機で最初に出てくる白くさらさらとした一番粉を使ったそばで、粘りが少なくほのかな香りと甘みがある。

そば粉の配合率による呼び名

十割そば

つなぎを使わずに100%そば粉だけで作ったもので、コシがあり、強いそばの香りがあるのが魅力。

二八そば

そば粉8に対して小麦粉2の割合でつくられるそばのことで、のど越しがよいとされる。

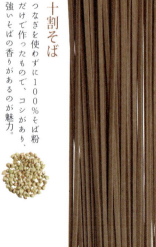

歴史

そばの実は縄文時代には朝鮮経由ですでに伝えられ、栽培されていた。もっぱら粗挽きを煮る粒食だったが、鎌倉時代になって粉で作る「そばがき」が登場した。そして江戸時代に入り、ようやく現在の形に近い「そば切り」と呼ばれる、めん状のものが全国的に広がっていった。

美味しい栄養

主成分はでんぷんで、良質なエネルギー源になる。また、毛細血管の強化、血圧降下に役立つルチンやマグネシウム、鉄、亜鉛などのミネラル、腸の善玉菌を活性化させる食物繊維も豊富。

乾物の食品成分表

（干しそば・可食部100gあたり）

エネルギー		344kcal
水分		14g
たんぱく質		14g
脂質		2.3g
炭水化物		66.7g
無機質	マグネシウム	100mg
	鉄	2.6mg
	亜鉛	1.5mg
食物繊維総量		3.7g

産地と産物

日本の麺文化は地域により大きく発展するものが異なっている。同じうどんにしても地域性が強く、麺の形状、食べ方も多様。

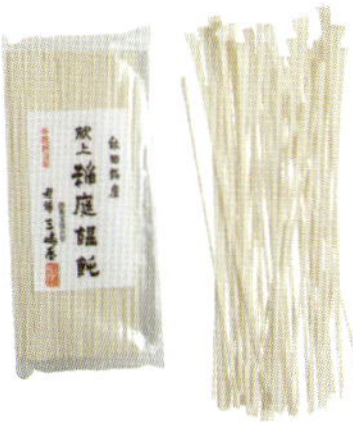

稲庭うどん

秋田県湯沢市で作られている手延べ製法ながら油を使わない干しうどんで、コシの強い、なめらかな食感が特徴。

大門素麺

富山県砺波市の特産。半乾燥のときに丸めて和紙に包み、乾燥させるので、コシが強く、食感がよい麺に仕上がる。

白石温麺《うーめん》

宮城県白石市のそうめんの一種。伊達藩藩主が病の時に献上されたとされ、のどにつかえないよう短く、消化に良いよう油を使用せず作られている。

島原素麺

長崎県南島原市などが主な産地。とても細いがコシが強いのが特徴。

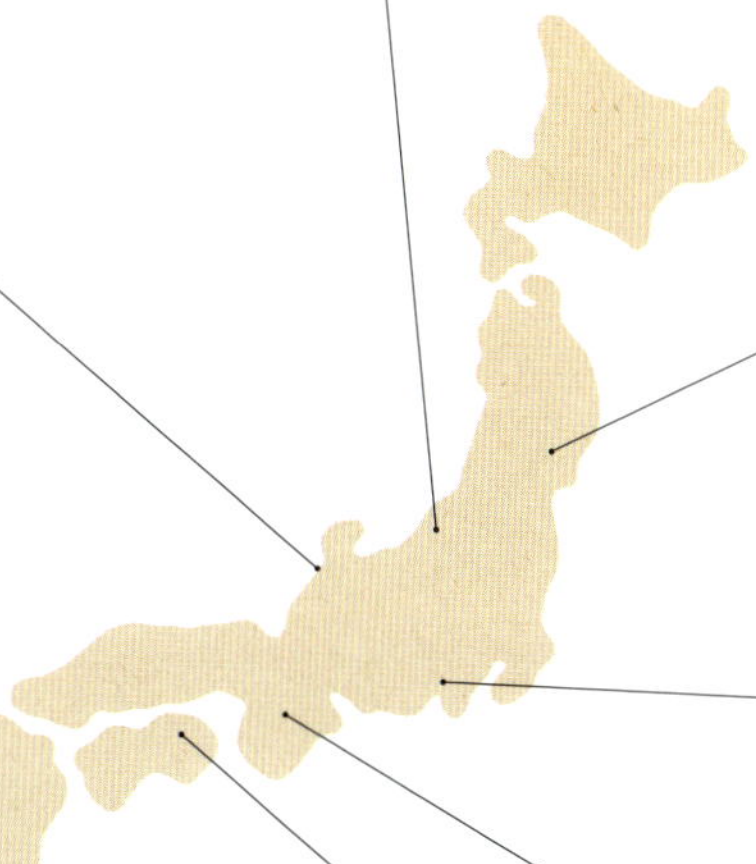

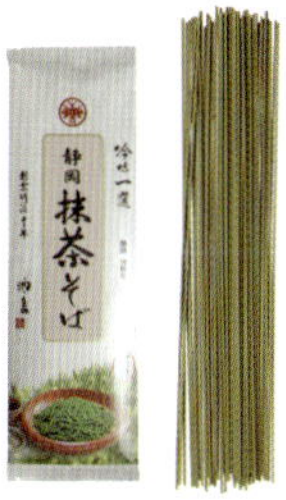

茶そば

静岡県名産のお茶の粉末を練りこんだもの。そばの風味と同時にお茶のさわやかな香りが楽しめる。

三輪そうめん

手延べそうめんの発祥の地として知られる奈良県の三輪地域で生産されたもの。独特の風味がある。

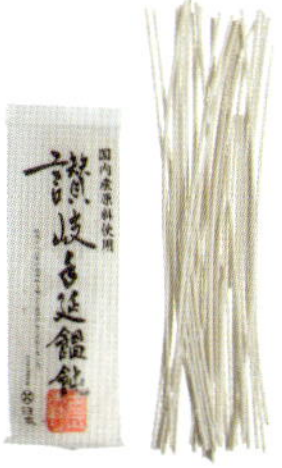

讃岐うどん

生麺同様にしっかりとした歯ごたえがあり、のど越しがとてもよい。

五島うどん

長崎県五島列島で生産されるうどん。特産の椿油を塗ってつくられ、コシが強く、のど越しのよい食感が魅力。

即席麺

世界が認める日本を代表する麺

即席めんの誕生は１９５８年の日本。どんぶりに入れて熱湯を注いで3分待てば食べられる、その簡便性が受け、爆発的に全国に普及した。そして、現在では国際的食品として世界中で愛されている商品になっている。即席麺は主に小麦粉、水、食塩またかんすいなどを練って麺状にした後、蒸してから油や熱風で乾燥させて出来る。近年ではそばやうどんなどの和風麺、スパゲッティなどの即席欧風麺、生麺タイプの即席麺など様々な即席麺が開発されている。

ノンフライ麺

麺の乾燥に熱風などを使って乾燥させたもので、カロリーもフライ麺よりも低く。独特の風味とコシがある。

フライ麺

麺を乾燥させるときにラードやパーム油などの油を使い、揚げて乾燥させて作る麺。発売当初の商品はほとんどフライ麺。

即席麺は世界食

即席麺の誕生後、まもなくして食器のいらないカップ麺が誕生した。カップ麺にはフリーズドライの野菜や肉、エビまで入り、当時の人々を驚かせた。発売当時は普通のラーメンよりもかなり値段が高かったが、そのスタイリッシュな食べ方がテレビで流されるやいなや、人気を集め、一躍全国に広がった。そして、現在、日本のみならず、世界中で食べられるようになり、特に中国や、韓国、インドネシアなどのアジア各国では、袋入りの即席麺が一般的で、国民食といっていいほどにメジャーな食品になっている。

米の麺

アジアを中心に愛される米の麺

米粉を主原料にし、麺状にした乾燥麺の総称で、麦粉麺とはまた違った歯ごたえがある。中国ではビーフン、タイやベトナムなどではフォーなど、アジアを中心にいろいろな種類があり、どれも各国では日常的に食べられている。日本でも、近年ライス麺の低カロリーに注目したダイエットフードやインスタントスープが作られている。

タイ産ビーフン

ビーフン

うるち米を原料にした乾燥麺で、小麦粉の麺とは違ったコシと弾力をもつ。湯か水で戻し、汁ビーフン、焼きビーフンとして使われ、台湾、中国南部では日常的に食べられている。

タイでは…

ビーフンは、沙河粉という名前で売られる。甘辛く味つけした焼きビーフン、パッタイが有名。

台湾産ビーフン

台湾では…

ビーフンは、新竹米粉という名称で売られる。タイの物より細いのが特徴。ゆでて、肉味噌をのせてからめながら食べるなどする。

フォー

米粉を主原料に麺状にしたライス麺の一種。透明でなめらかな歯ごたえがある。主にタイやベトナムなどの東南アジアで使われ、鶏や牛からとったスープでラーメンのように食べる。

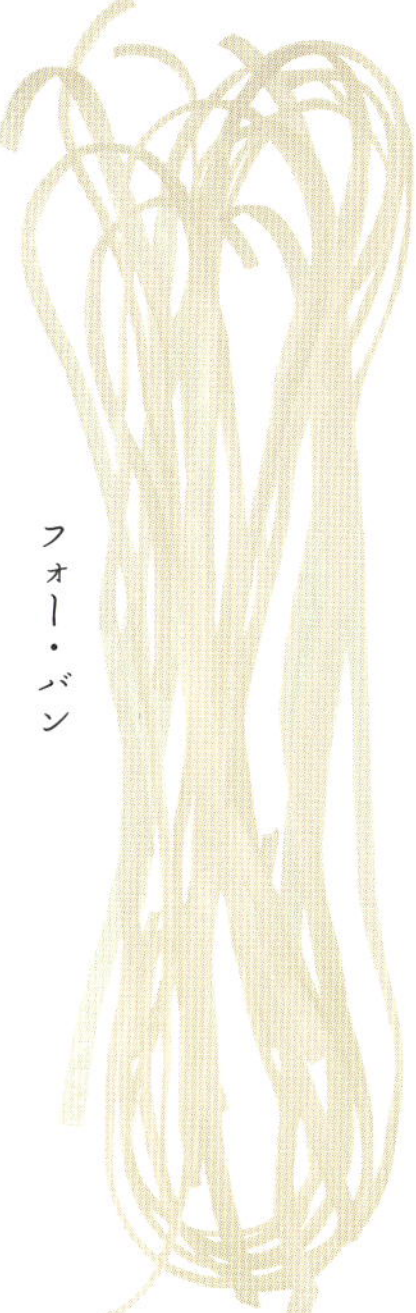

フォー・バン

フォー・ブン

ベトナムでは…

一口にフォーと言っても、形状や太さにより名前が異なる。写真左がバン。きしめんのように平たい。右が、ブン。太めの丸麺。

でんぷん加工品

ツルっとした食感のヘルシー麺

でんぷんを原料とした加工品でよく知られているのが「はるさめ」と「くずきり」。どちらもでんぷんを麺状に加工したもので、主にはるさめの場合は緑豆やじゃがいものでんぷんなど、くずきりの場合はくず粉が使われる。製品によって様々なでんぷんを配合して作られているので、調理の際に使い分けるようにするとよい。

美味しい栄養

疲労回復に役立つビタミンB群やミネラルは豊富だが、ゆでる際にほとんど溶けだしてしまうので、具材や薬味などで栄養バランスを調えるようにするとよい。また、消化がよい食品なので、病後や夏バテなどの食欲減退の時のエネルギー補給源にオススメ。

乾物の食品成分表
（はるさめ / 普通・可食部100gあたり）

エネルギー		342kcal
水分		15g
たんぱく質		0.1g
脂質		0.2g
炭水化物		**84.5g**
無機質	カリウム	31mg
	カルシウム	23mg
食物繊維総量		1.4g

はるさめ

昭和初期までは中国などから輸入されて「豆麺」と呼ばれていたが、その透明な姿から春の雨が連想され、戦後は「はるさめ（春雨）」と呼ばれるようになった。原料によって食感に違いがあり、原料のじゃがいもと緑豆では後者の方が、コシが強く、煮崩れしにくい。写真は緑豆はるさめ。

普通はるさめ

じゃがいもやさつまいもなどのでんぷんをまぜ合わせて作る日本産のはるさめ。原料によって食感に違いがあり、用途に応じて選ぶとよい。

緑豆はるさめ

緑豆のでんぷんで作ったはるさめ。中国で作られることが多い。コシがあって伸びにくいのが特徴。

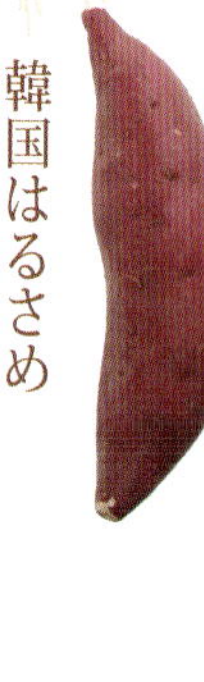

韓国はるさめ

タンミョンと呼ばれ、さつまいものでんぷんで作られる。太めでコシがあり、炒め物などの料理に向く。

くずきり

水で溶かしたくず粉を加熱して、シート状に固めて細く切って乾燥させたもので、茶うけや精進料理に用いられる。現在はくず粉100％のものは希少で、ほとんどが他のでんぷん粉を配合したものになっている。

麺類

パスタ

原料：デュラム小麦
英名：pasta
伊名：pasta alimentare

おもな輸入元：イタリア
カロリー（100gあたり）：378カロリー
栄養：炭水化物、食物繊維

種類も味付けも様々。洋食麺の代表格

パスタはデュラム小麦から採れるセモリナ粉という、こねると強いコシがでる小麦粉を使ってつくった麺類のことをさす。乾燥パスタは欧米で古くから作られ、食べられてきた食品で、日本には明治時代に入ってきた。パスタの一番の特徴といえば形状、製法などによって非常に多くの種類が存在することで、どれも合わせるソースとの相性によって使い分けるとよい。

乾燥パスタは形状によって、3つに分類することができる。長細い棒状のロングパスタ、それより短く太いショートパスタ、それ以外の特殊な形のパスタ。いずれも、多様な種類があるので、個々のパスタの特性に合わせて使い分けたい。

ショートパスタ

特殊なパスタ

ロングパスタ

イタリアのパスタ法

イタリアには、乾燥パスタは粗挽きのデュラム粉100％と水だけで作らなくてはならないという法律がある。イタリア人の、パスタへのこだわりの強さを感じることができる。

生パスタには軟質小麦も使用される

デュラムセモリナ粉

ロングパスタ

長い麺状のパスタで日本の消費の大半を占める。断面の形状や太さによってスパゲティーやフェットチーネなど細かく分けられる。

スパゲッティ

標準ゆで時間：8〜10分
太さ：1.6㎜
日本で最もポピュラーなパスタ。「ひも」を意味する「スパーゴ」が語源とされる。どんなソースとも相性がよい。

スパゲットーニ

標準ゆで時間：9〜11分
太さ：1.8㎜
スパゲッティよりも太いもので、濃厚なソースと相性がよい。また、スパゲッティより細い物をスパゲッティーニと呼ぶ。

カッペリーニ

標準ゆで時間：2分
太さ：0.9㎜
イタリア語で「髪の毛」を意味する、ごく細いタイプのパスタ。冷製パスタや、折ってスープの具として使用する。

パッパルデッレ

20㎜前後の幅広の平麺で「パッパーレ」とは「たらふく食う」という意味。クリーム系や肉を使った煮込みソースに合う。写真は、卵入りのもの。

フェットチーネ

5～10㎜ほどの幅広の平打ち麺のことで、「リボン、テープ」の意味からこの名前がついた。写真は、卵入りのもの。

フジッリ(ロング)

ねじれた形の珍しいロングパスタ。トマト系の濃厚なソースと良く合う、味わいのあるパスタ。

リングイネ

断面が楕円の形をしたパスタで、つるつるとした食感と歯ごたえが特徴。どんなソースとも相性がよい。

キタッラ

特殊な道具で作るため、断面が四角いパスタ。アブルッツォ州の郷土料理で用いられる。

ショートパスタ

短いパスタのことで、ペンや車輪などをモチーフにしたものなど、種類は多い。

ズィーティ・コルティ

標準ゆで時間：13～15分
長さ：40㎜

40㎜程の、マカロニよりやや太めの円筒状のパスタ。

ヴェスーヴィオ

標準ゆで時間：8～10分
底辺の直径：20㎜

イタリアのベスビオ火山をモチーフにした珍しい形状のショートパスタ。モチモチとした食感があり、食べごたえも満点。

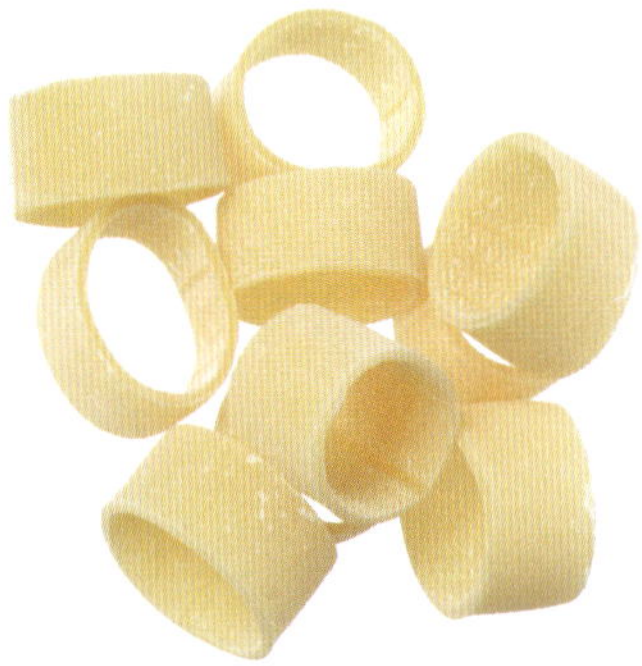

カラマーリ

標準ゆで時間：14～16分
直径：30㎜

イタリア語で「いか」を意味する、輪切りのいかをモチーフにしたパスタ。

カザレッチェ

標準ゆで時間：9～11分
長さ：40㎜

麺がS字に曲がった形のショートパスタ。ソースの絡みがよく、濃いめのソースと相性がよい。

リガトーニ

標準ゆで時間：11～13分
長さ：40㎜

直径8～15㎜とやや太めの円筒状で表面に筋が入っているのが特徴。トマト系、クリーム系などどんなソースとも相性がよい。

ペンネ

標準ゆで時間：11～13分
長さ：40㎜

円筒状で両端がペン先のように尖っているパスタ。ソースの絡まりがよく、とうがらし入りのトマトソースでつくる「ペンネ・アラビアータ」は有名。

フジッリ

標準ゆで時間：8～11分
長さ：40㎜

ねじれた形のショートパスタで、日本でもポピュラーな商品。ひだの大きさや長さ、パスタメーカーにより名前が異なることも。

特殊なパスタ

手打ちによる生パスタから移行したもの。板状のラザーニエや、平打ち麺を立体的に丸めたニード（鳥の巣）と呼ばれるもの、詰め物入りのタイプなどがある。

リッチョリ・プリマヴェーラ

くるんと丸まった形のパスタ。卵入りの生地で、野菜が練り込まれている。

ラザニエ

長方形の板状のパスタで、ミートソースとホワイトソースを交互に重ね合わせたラザニアが有名。

コンキリオーニ

貝殻の形をした大型のパスタで、中に具を詰めて調理することが多い。

タリアテッレ

5〜8㎜の平麺状のパスタ。立体的に丸めたものをニード（鳥の巣）と呼ぶ。トマトや卵、ほうれんそうを練り込んだもの、生パスタもある。

リゾーニ

米の形を模したパスタ。主に、スープや煮込み料理の具にされる。

現代に残る手打ちパスタ

現在も一部のメーカーでは手で整形する手打ちパスタが作られ続けている。人の手の温もりが残る形状が魅力的で、凹凸が多いのでソースがよく絡む。右の、指先の形に合わせたドーム型のものがオレッキエッテ。左の、こよりのようにねじれているものが、トルフィエッテ。

オレッキエッテ

トルフィエッテ

色々な食べ方

イタリアでは、赤ちゃんからお年寄りまでパスタを食べる。パスタをゆでて塩とオリーブオイルであえたものが、イタリア人の離乳食だ。味覚が育つにつれ、トマトソースのもの、チーズをふったもの…あらゆる食べ方を楽しむようになっていく。日本でなじみが深い、トマトやバジルやクリームのしっかりしたソースをからめる以外に、家庭では野菜や肉でとったシンプルなスープの具にしたり、オムレツに焼き込んだりと多彩な、そしてあくまでシンプルな使いかたがされている。一方リストランテでは、その多様な形状を生かした一皿に出会える。太い穴のあるショートパスタに詰め物をしたり、貝殻型のパスタにトマトやハムを詰めて上品な前菜にするなど、一手間加えた料理にも出会える。

美味しい栄養

ゆでる時にビタミンなどが損失するため、栄養面はあまり期待できないが、良質なでんぷんが主成分なので、エネルギー補給には最適。肉や魚、野菜を使ったパスタソースにすると栄養バランスがよくなる。

乾物の食品成分表

（可食部100gあたり）

エネルギー	378kcal
水分	12g
たんぱく質	13g
脂質	2.2g
炭水化物	72.2g
食物繊維総量	2.7g

家庭での食べ方はシンプル。茹でてオリーブオイルとチーズだけで食べることも。

スープの具にもされる。滋味あふれるだしを吸った、ほっとする味。

形が複雑なパスタはソースがからみやすく、しっかりした食べごたえがあるので、濃いソースと相性がよい。

太いパスタには、どっしりとしたミートソースがぴったり。

ソースをたくさんからめとる細めのパスタには、さらりとしたオイルベースのソースを。

調味料・香辛料・茶

塩

原料：海水他
英名：salt
方言：おけし（香川県一部）
からい（三重県一部）
しおつぶら（福島県一部）

おもな産地：メキシコ、中国（天日塩）
カロリー（100gあたり）：0カロリー
栄養：ナトリウム、マグネシウム

生命維持に不可欠な調味料

生命の維持になくてはならない塩。現在では、岩塩、天日塩、海水塩、焼き塩など数多くの品種を簡単に手に入れることができるが、19世紀になるまでは、需要に供給が間に合わず、貴重な調味料だった。基本調味料としての役割以外にも、その特性を生かして肉や魚の下ごしらえ、保存食品の製造時に使われる。塩の種類によって味わいに違いがあるので、料理に合った塩を選ぶようにするとよい。

煮詰め製法の塩

	海水から作る塩	天日塩から作る塩	岩塩から作る塩
立釜で煮詰める 真空式、加圧式などの密閉の釜で煮つめて、塩の結晶を取り出す方法で、出来上がった塩は基本的、サラサラとして使いやすい。	 商品名では、食塩、波塩、瀬戸のほんじおなど。	 商品名では、精製塩、食卓塩、クッキングソルトなど。	 商品名では、アルペンザルツ、モートンソルトなど。
平釜で煮詰める 開放釜で空気にさらしながら煮詰めて塩の結晶を作り出す方法。柔らかく、しっとりとした塩が作られる。	 商品名では、能登の浜塩、小笠原の塩、微讃の塩など。	 商品名では、伯方の塩、シママース、あらじおなど。	

その他の製法の塩

天日蒸発塩

天日や風で海水の水分を蒸発させて作る製法。やや溶けにくく、硬いものが多い。

採掘塩

鉱脈状に存在する塩の塊を粉砕し、採取する方法。世界各地で採取されている。非常に溶けにくく、とても硬い。

加工塩・添加物塩

焼き塩

塩を焼いて加熱し、にがり成分の一部を変化させて吸湿性をなくしたもので、サラサラとしているのが特徴。

スプレー乾燥塩（海水全乾燥塩）

海水をそのまま乾燥させた塩で、海水成分がほぼすべて入り、ミネラルが豊富。

藻塩

海藻類に海水をくり返しかけて、塩分を多く含ませてから焼き、水に溶かしてそのうわずみを煮詰めて作る古代からある塩のこと。ミネラルを多く含む。

ハーブソルト

数種類のハーブの粉末を加えた塩の加工品で、風味がよい。商品によって入っているハーブが違うので好みに合わせたものを。

美味しい栄養

塩の主成分であるナトリウムは、ミネラルのひとつで成人の体内に約200gも存在する重要な栄養素。主な働きは、カリウムとともに血液の濃度を正常に維持し、細胞内外の物質交換をスムーズにする。ただし、高血圧や心臓病、腎臓病などの原因になることがあるので、過剰摂取は禁物。健康な成人でも一日あたり10g以内に抑えるのが望ましい。

乾物の食品成分表

（可食部100gあたり）

エネルギー	0kcal
水分	1.8g
たんぱく質	0g
脂質	0g
炭水化物	0g
無機質　ナトリウム	38000mg
食物繊維総量	0g
食塩相当量	96.5g

調味料

砂糖

原料：さとうきび、さとうだいこん
英名：suger
方言：げしろ（岐阜県一部）
めーめー（長崎県一部）

おもな産地：沖縄諸島、奄美大島（さとうきび）
カロリー（100gあたり）：384カロリー
栄養：炭水化物、ナトリウム、カリウム、カルシウム、銅

原料や加工法で異なる風味の違いを楽しんで

さとうきびやさとうだいこんに含まれる糖分を抽出し、結晶させたもの。日本には奈良時代後期に鑑真によって薬として中国から伝えられ、江戸時代になってから製造されるようになった。製造工程により、糖蜜を除いた「分蜜糖」と糖蜜を分離しないでつくる「含蜜糖」に分けられる。分蜜糖はさらに、純度の高い「上白糖」や結晶の大きい「ざらめ糖」、糖蜜を分離しないでつくる「黒砂糖」や「和三盆糖」などに分けられる。また、腐敗防止、酸化防止などの性質があり、上手に使いこなすのが望ましい。

上白糖

日本の家庭で最も一般に使われる砂糖。結晶が細かく、やわらかいのが特徴やさしい味わいがある。

三温糖

精製糖順が4、5番目のもので、黄褐色なのが特徴。コクがあるので、煮物や佃煮に使用されることが多い。

中双糖

白ざらめ糖にカラメルで着色して黄色みをかけたもの。独特の風味があるので、煮物や綿菓子、カルメ焼きなどに使用される。

美味しい栄養

砂糖の主成分はエネルギー源になる炭水化物の一種であるしょ糖で、疲労や夏バテ回復には欠かせない。また、黒砂糖や三温糖にはカリウム、カルシウム、鉄などミネラルが豊富に含まれている。ただし、とりすぎは肥満や糖尿病を招く恐れがあるので注意したい。

乾物の食品成分表
（三温糖・可食部100gあたり）

エネルギー		382kcal
水分		1.2g
たんぱく質		Tr
脂質		0g
炭水化物		98.7g
無機質	カリウム	13mg
	カルシウム	6mg
	鉄	0.1mg
食物繊維総量		0g

乾物の食品成分表
（上白糖・可食部100gあたり）

エネルギー		384kcal
水分		0.8g
たんぱく質		0g
脂質		0g
炭水化物		99.2g
無機質	カリウム	2mg
	カルシウム	1mg
	鉄	Tr
食物繊維総量		0g

グラニュー糖

糖液からとる最初の結晶で純度が高い。結晶がとても小さくさらさらしている。角砂糖はこれを固めたもの。

氷砂糖

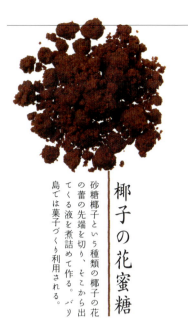

砂糖製品のなかで最も結晶が大きい。純度の高い砂糖を溶かした液に純結晶を加えて長時間かけて大きな結晶にする。果実酒作りに使用される。

椰子の花蜜糖

砂糖椰子という種類の椰子の花の蕾の先端を切り、そこから出てくる液を煮詰めて作る。バリ島では菓子づくり利用される。

黒糖

黒砂糖を型に流し込んだ塊の状態のもの。そのままあめのようにして食べることができる。

和三盆

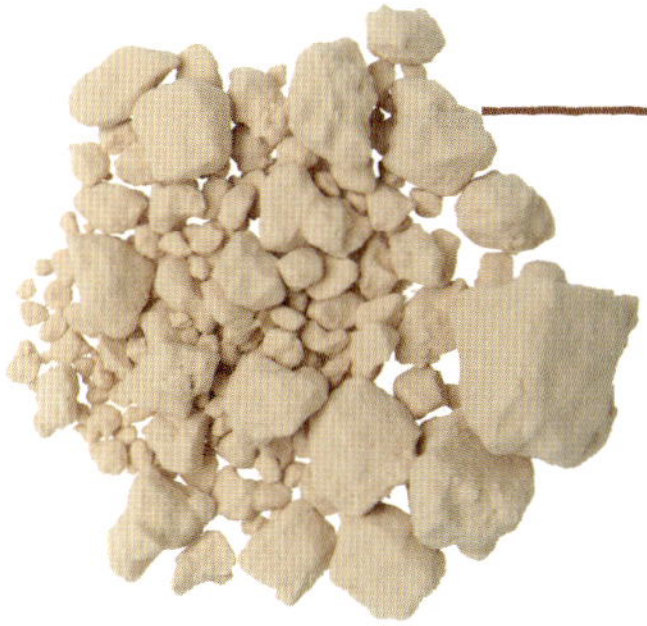

日本の高級和菓子に使用されることの多い砂糖で、さとうきびの糖汁から糖蜜を分離して作る。主な産地は香川県、徳島県。

黒砂糖

さとうきびの搾り汁を濃縮して結晶にしたもの。沖縄県、鹿児島県で生産される。

てん菜糖

さとうだいこんの根を搾って、しょ糖を取り出したもの。コクやテリが出やすく、煮物料理に最適。写真上が三温糖で、下が含蜜糖。

てん菜糖の三温糖

てん菜糖の含蜜糖

スパイス

唐辛子

原料：とうがらし
英名：chili pepper,red pepper, hot pepper
漢名：辣椒

おもな産地：中国、韓国、ジャマイカ、メキシコ
カロリー（100gあたり）：384カロリー
栄養：カプサイシン

鷹の爪

長さ3～5㎝の日本産の唐辛子。辛みがとても強く、料理の他、一味、七味唐辛子の原料としても使われる。主な産地は鹿児島県。

八房

房状に果実をつけるところから名前が付けられた唐辛子。辛みはたかの爪よりも弱い。

脂肪を燃焼させる辛みの王道

中南米原産のスパイスで、現在ではインド、韓国、メキシコ、アジアなど世界中の料理で欠かせない辛味になっている。日本でも江戸時代には赤唐辛子などをブレンドした七味唐辛子や一味唐辛子が作られ、現在もそばやうどんの薬味として愛されている。唐辛子というと「辛い」イメージがあるが、種類によってマイルドな辛さから刺激的で強烈な辛さのものまで様々ある。

美味しい栄養

唐辛子に含まれる辛み成分のカプサイシンは、体脂肪を燃焼させる働きがあるため、ダイエットに役立つと考えられる。また、消化を促進する作用があるといわれ、消化不良や夏バテに有効とされている。ただし、過度の摂取は胃や腸に負担がかかるので、無茶な食べ方は避ける。

乾物の食品成分表

（果実／乾燥・可食部100gあたり）

エネルギー	345kcal
水分	8.8g
たんぱく質	14.7g
脂質	12g
炭水化物	58.4g
食物繊維総量	46.4g

その他の日本の唐辛子

伏見唐辛子

細長い形の青唐辛子。辛味が無く、ピーマンやししとうと同じ甘味種に属する。

島唐辛子

沖縄で栽培されている辛みのある唐辛子。料理の他、ラー油や泡盛に漬け込んでつくる調味料の原料になる。

世界の唐辛子

プリッキーヌ

長さ2～3cmのアジアで最も辛いとされるタイの青唐辛子。

メキシコの乾燥唐辛子

メキシコの乾燥唐辛子は黒く、とてもよく使われる。どれも辛いだけではなく、甘みや苦みなど個性豊かな味わいがある。

朝天干辣

中国の乾燥唐辛子で、鷹の爪よりもあっさりとした辛みで、麻婆豆腐などの四川料理でよく使われる。

プリックチーファ

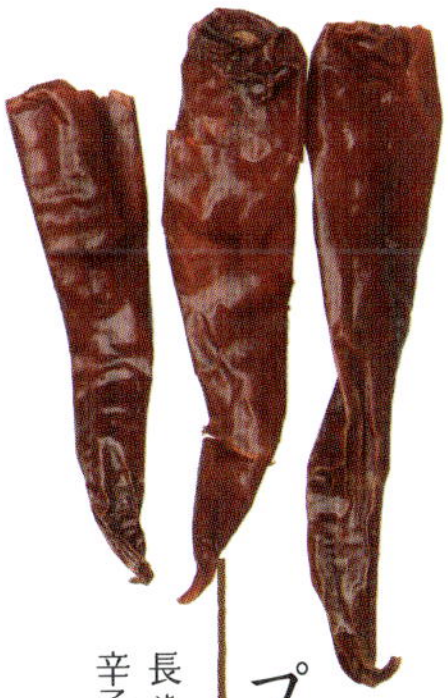

長さ7～8cm程のタイの大型赤唐辛子。あまり辛みは強くない。

カシミリ・チリ

インドのカシミール地方でてとれる辛みの少ない唐辛子。

加工品

糸

辛みの少ない唐辛子を糸状にカットしたもの。韓国料理の飾り付けなどに用いられる。

輪切り

ピリッと辛みがほしいときに用いられるもので、キンピラや浅漬けなどに使われる。

あらびき

辛みが少なく、甘みがある唐辛子を粗引きにしたもので、キムチ、サラダ、スープなどに使われる。

チリペッパー

中南米で使われるもので、辛みが強く、チリソースの原料になる。

一味

乾燥させた唐辛子を粉末状にしたもので、うどんやそばに用いられる。

七味

唐辛子以外に、種子や海藻をブレンドした日本の香辛料。詳細はP115へ

胡椒

原料：こしょうの果実
英名：pepper
漢名：胡椒
方言：からし（長野県）とーごしょー（鹿児島県）

おもな産地：ブラジル
カロリー（100gあたり）：364カロリー（黒）378カロリー（白）
栄養：ピペリン

黒
未熟果実を天日乾燥させたもので、強烈な辛みとさわやかな辛味があり、肉料理に適している。

世界中で使われるスパイスキング

世界中で最も使われるスパイスで、原産地はインド南西部。日本には奈良時代に伝来したとされている。収穫時期や加工方法により主に黒、白、緑に分けられる。どれも素材に辛みと香りをつけるのに役立つ。黒は風味、辛味ともに一番強く、白や緑は風味がマイルドなのが特徴。料理によって、こしょうの種類、果実の大きさを使い分けるとよい。

緑
未熟な緑の実を冷凍乾燥、または塩漬けにしたもの。辛味、芳香ともに黒よりも弱い。

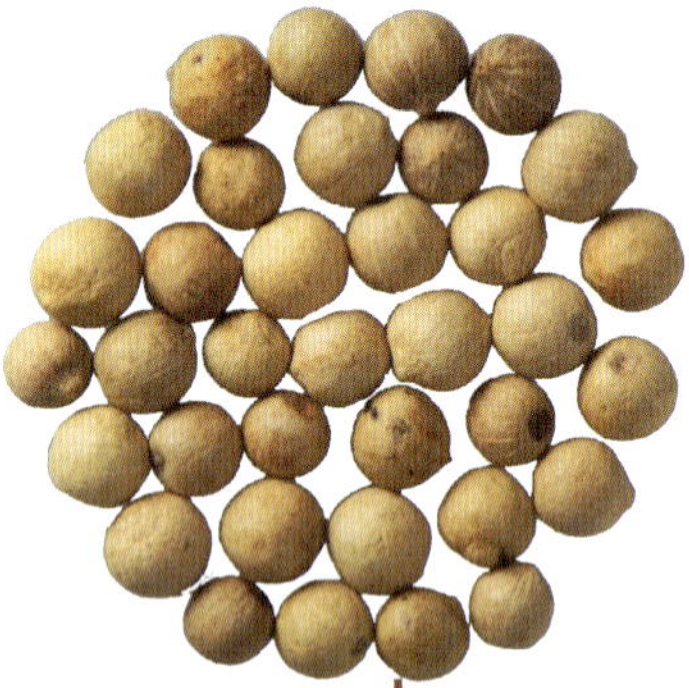

白
完熟した果実から外皮を除き、乾燥させたもの。黒よりも辛味はマイルドで料理の仕上げなどに用いる。

世界のミル
日本ではひいてある粉こしょうが普及しているが、やはり香りを楽しみたいならばひきたてがおすすめ。大きさ、素材、形状ともに様々なミルがある。

ピンク
西洋ナナカマドの実で別種。ほとんど辛みがなく、料理の飾りつけに使われることが多い。

美味しい栄養

薬用としての歴史もあるこしょうには、胃液の分泌を促し、消化を促進を助けるなど消化器の働きを高める効果があるとされ、胃痛、食欲不振、吐き気、食欲不振の症状などに有効とされている。また、抗菌、利尿、発汗促進、鎮静作用にも有効とされている。

乾物の食品成分表

（白／粉・可食部100gあたり）

エネルギー	378kcal
水分	12.3g
たんぱく質	10.1g
脂質	6.4g
炭水化物	70.1g

乾物の食品成分表

（黒／粉・可食部100gあたり）

エネルギー	364kcal
水分	12.7g
たんぱく質	11g
脂質	6g
炭水化物	66.6g

歴史

こしょうの歴史はその優れた作用を物語るもので、インドではこしょうは体の老廃物や脂肪を浄化する薬として、ギリシャではこしょうとはちみつと酢を混ぜたものは婦人病に効く薬として使われていた。そして、冷蔵技術が未発達だった中世では、こしょうのもつ抗菌作用が着目され、長期の船旅の食料保存に使用された。また、その時代肉の臭み消しとしても使える重要な調味料だったので、貢ぎ物などに使われた。

加工品

粗挽き

黒こしょうを粗く挽いたもので刺激的な辛味があり、洋食によく用いられる。挽きたては香りがとても豊か。

粉

左は黒こしょうを細かく挽いたもので、料理の下ごしらえ、味つけなどで使われる。下は白こしょうのもの。

スパイス・ハーブ

個性豊かな台所の名わき役

世界で使われるスパイスとハーブは、どちらも数千年前には食用、薬用、宗教儀式などに欠かせないものになっていた。日本には明治時代に、海外から様々な品種が一気に持ち込まれた。日本においては、「スパイス」と「ハーブ」という言葉に厳密な違いの定義はない。現在日本には100種類以上のスパイスとハーブが市場に出回っている。

スパイス一覧

アニス

作用：消化促進・鎮痛

エジプト、ギリシャ原産のセリ科の一種で、利用するのは主に種子。甘い香りがあり、ケーキなどの焼き菓子に使われる。

オールスパイス

作用：抗菌・健胃

グローブ、ナツメグ、シナモンを合わせた風味をもつことから名付けられたスパイスで肉料理から焼き菓子まで幅広く使われる。

オニオン

作用：血栓予防

たまねぎの球根の部分を乾燥粉末状にさせたもので炒めると甘味が出る。カレーや煮込み料理に使われる。

ガーリック

作用：疲労回復

ニンニクを粉末乾燥させたもので粉末の形状は大小様々。肉や魚料理の下ごしらえに用いられることが多い。

カイエンペッパー

作用：食欲増進・鎮痛

赤唐辛子を細かいパウダー状にしたもの。辛味が強く、料理に辛味を足したいときに用いられる。

ガランガル

作用：消化促進・健胃

熱帯アジア原産のショウガ科の植物で、強い香りとピリッとした辛みがあり、タイやインドネシアの料理に使われる。

カルダモン

作用：利尿促進・消臭

世界で最も古いスパイスのひとつで食用に使われるのは果実と種子。強い芳香で、カレー粉の原料にもなっている。

キャラウェイ

作用：抗菌・便秘予防

種子を乾燥させたもので、レモンに似た芳香があり、パンやクッキー、肉料理では臭み消しとして使われる。

クミン

作用：食欲増進・食欲促進

種子を乾燥させたもので、ホールのままか粉末にして使用する。刺激的な風味でカレー、チリパウダーの原料になっている。

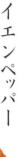

コリアンダーシード

作用：鎮痛作用

種子である粒は、ピクルスやカレー粉に、粉末は肉の臭み消しとして、仕上げに使われる。

クローブ

作用：抗菌・消臭

開花する前のつぼみを乾燥させたもの。肉の臭み消しとして用いられる他、菓子類などにも使われる。

さんしょう

作用：食欲増進・新陳代謝促進

日本生まれのスパイスで熟した果実、未熟の青い果実を乾燥させたものなどがある。さわやかな香りとピリッとした辛味が特徴。

ジンジャー

作用：抗菌・消臭

ショウガの根茎を乾燥させたもの。西洋ではパンケーキやビスケット、肉料理の下ごしらえに使われる。

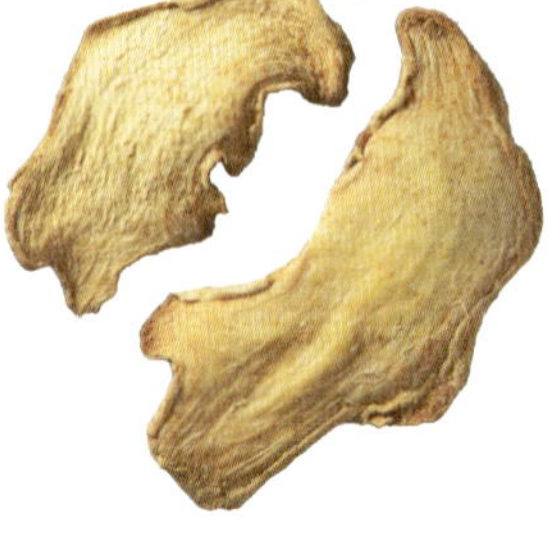

シナモン

作用：食欲増進・鎮痛作用

スティックタイプと粉末タイプがあり、甘くさわやかな香りが特徴。菓子類の他、カレー粉などに用いられる。

スターアニス

作用：抗菌・消臭

アニスに似た中国原産の八角形の星型のスパイス。中国では八角と呼ばれ、ぶた肉や鴨の肉料理には欠かせない。

ターメリック

作用：肝機能強化・抗菌

日本ではウコンと呼ばれる根茎部分を乾燥させたスパイス。黄色の着色性があり、カレー粉の原料に欠かせない。

ナツメグ

作用：解熱作用・血行促進

ナツメグの種子の中の仁をとり出したもの。エキゾチックな香りがあり、ひき肉料理や菓子などに用いられる。

バニラ

作用：リラックス効果

未熟なさやを発酵、乾燥させたもので、発酵することによって甘い香りが生じる。アイス、プリンなど菓子類全般に使われる。

パプリカ

作用：免疫力強化・美肌効果

唐辛子を改良した辛みのない品種の果実を乾燥させ、粉末状にしたもの。主に鮮やかな赤色をつけるために使われる。

フェネグリーク

作用：消化促進・強壮作用

マメ科の植物の種子で、メープルシロップのような香りと苦みが特徴。カレーパウダーの原料として使われる。

マスタード

作用：消化促進・鎮痛作用

さわやかな辛味があり、粒のままや粉末を水で溶いて使う方法がある。ソーセージや肉料理、おひたしなどに使われる。

オールスパイス

クミン

パプリカ

ターメリック

唐辛子

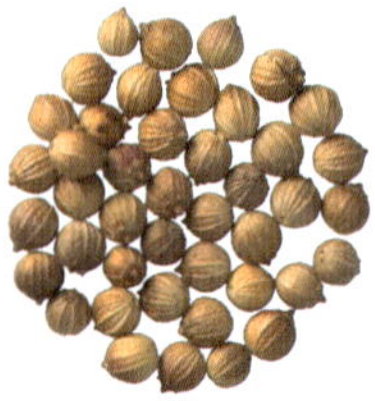
コリアンダー

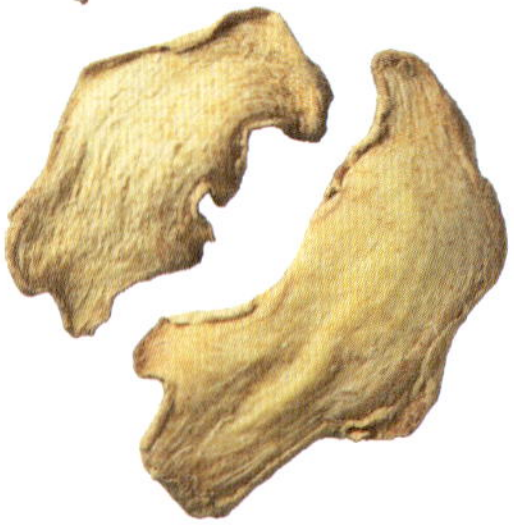
ジンジャー

カレー粉

「カレー」とは南インドの地方語で「ソース」を意味する言葉。カレー粉に使われるスパイスの数は特に決まっていないが、9～40種類を配合して作られているという。主に日本やイギリスで料理の際に使われていたが、現在はヨーロッパ、アジアなど世界各地で使われている。

ナツメグ

黒こしょう

白からし

ローレル

キャラウェイ

クローブ

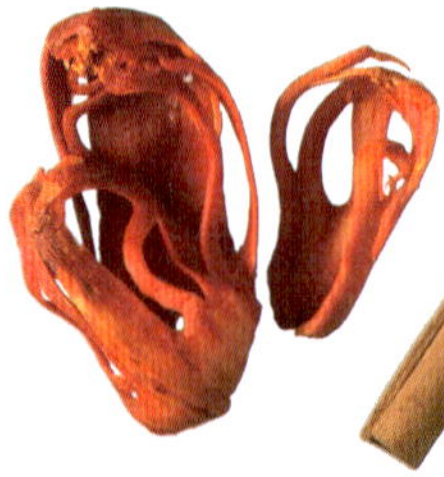
メース

シナモン

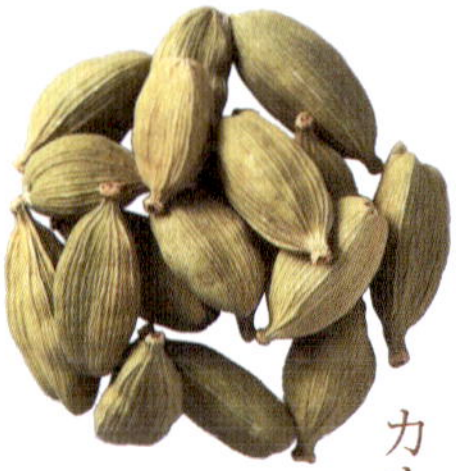
カルダモン

フェンネル

フェヌグリーク

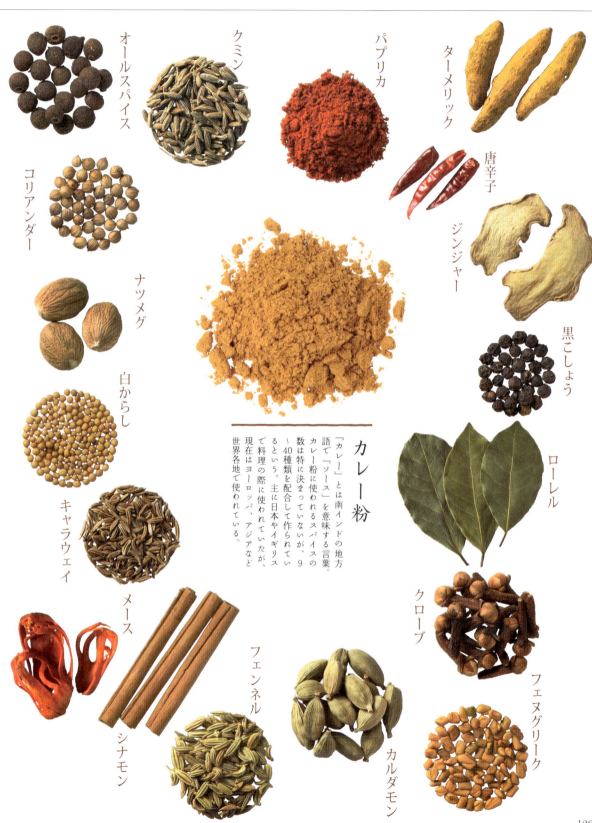

黒ごま

唐辛子

チンピ

さんしょう

青のり

けしの実

あさの実

七味唐辛子

7種類のスパイスをブレンドした日本独自のミックススパイス。江戸時代に生み出され、長野善光寺前や京都清水寺参道のものが有名。地域によってブレンドするものが若干変わるが、どれもうどん、そば、汁もの、焼き鳥、煮物など日本料理の薬味として使われる。

肉柱

クローブ

花椒

チンピ

八角

五《ご》香《こう》粉《こ》

中国料理に使われるブレンドスパイス。独特の風味豊かなスパイシーなにおいがあり、ぶた肉や鶏肉料理の臭み消しや香り付けに使われる。市販の商品はメーカーによって上記のスパイス以外のスパイスが使われたり、配合割合が違う場合がある。

ハーブ一覧

イタリアンパセリ

作用：消化促進・利尿作用

地中海沿岸地域原産といわれる平たい葉が特徴のパセリ。縮れた葉のものよりも香りが強い。葉をちぎって料理の仕上げに使う。

オレガノ

作用：消化促進・リラックス効果

クミンやアニスと並び古くから料理に使われてきたハーブ。肉や青魚の臭み取りに使う他、トマトと相性がよいのでイタリア料理でよく使われる。

コリアンダー

作用：鎮痛作用

葉は中国では香菜、タイではパクチーと呼ばれ、料理の仕上げに使われる。種は、スパイスとして用いられている。

カフェライムリーフ

作用：リラックス効果

こぶみかんの葉のこと。別名バイマックルー。さわやかな柑橘系の香りをもつ。タイ料理に欠かせないハーブ。

サフラン

作用：健胃・利尿作用

サフランの雄しべを乾燥させたもので、フランス料理のブイヤベース、スペイン料理のパエリアなどに使われる。

サボリー

作用：食欲不振・殺菌・鎮痛

民間薬としても使われるハーブで、こしょうのような辛味と強い香りが特徴。豆と相性がよく、「豆のハーブ」とも呼ばれている。

スペアミント

作用：鎮静作用・鎮痛作用

さわやかな香りと清涼感があり、ゼリー、アイスなどの材料によく用いられる。またタイやベトナムでは料理によく使われる。

セージ

作用：抗菌・鎮痛

清涼感のある香りとほろ苦さがあるセージは、肉の臭み消しにぴったりで、ソーセージ作りに欠かせない。

タイム

作用：血行促進・抗菌

さっぱりとしたすがすがしい香りとほんのりとした苦みがあり、加熱しても香りが飛ばないことから煮込み料理に用いられることが多い。

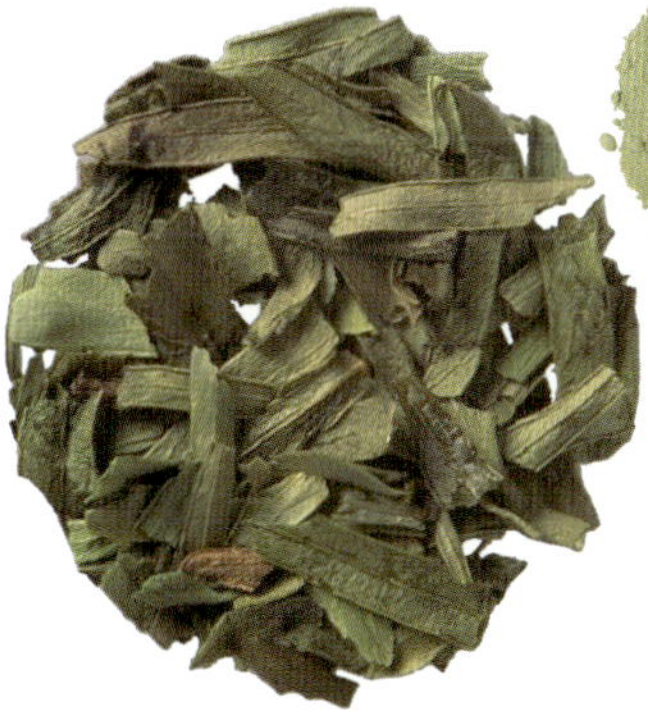

タラゴン

作用：食欲増進・利尿作用

苦味が少なく、甘い香りがあるタラゴンは鶏肉料理や卵料理と相性がよく、またサラダの味付けに使われる。

チャービル

作用：健胃・利尿作用

甘い香りがあり、特に魚との相性は抜群で、ソースの風味付けなどに使われる。また、スープやドレッシングなどに加えられることが多い。

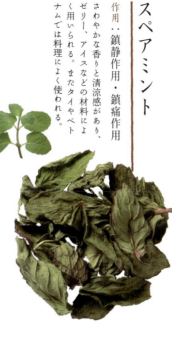

バジル

作用：消化促進

「ハーブの王様」とも呼ばれるイタリア料理には欠かせないハーブ。さわやかな香味があり、特にトマトとの相性は抜群。

パセリ

作用：消化促進・利尿作用

日本でよく出回る葉が縮れたバジルの乾燥品。料理の飾りつけや、スープなどの仕上げに散らして用いる。

フェンネル

作用：去痰作用・利尿作用

種子を粉末状にしたものは甘い香りがしてお菓子の風味づけに使われる他、葉や茎は肉や魚の臭み消しとして煮込み料理で使われることが多い。

ベイリーフ

作用：消化作用・健胃

ローリエ、月桂樹とも呼ばれる、クスノキ科の植物の葉。肉や魚の臭み消しや煮込み料理の香りづけに使われる。

ペパーミント

作用：リラックス作用・鎮痛作用

ミントの中でも最も歴史が古く、刺激的な爽快感があり、菓子などの香りづけによく使われる。

ホースラディッシュ

作用：消化促進・利尿作用

西洋わさびと呼ばれ、爽快感のある辛味が特徴。肉や魚と相性がよく、ステーキやローストビーフ、ソースなどに使われる。

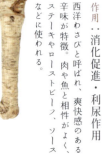

レモングラス

作用：消化促進・食欲増進

レモンに似たさわやかな香りをもち、タイの有名な酸っぱいスープ、トムヤムクンの決め手となるハーブ。

ローズマリー

作用：発汗促進

お茶に似た強い芳香とほろ苦さが魅力のハーブで肉の臭み消しにはとても効果的。ただし、香りが強いので使う量は控えめに。

マジョラム

作用：リラックス効果・消化促進

オレガノによく似ているがオレガノよりも香りが強く、肉料理に使われる他、精油として用いられる。

ミックスハーブを活用しよう

日本ではあまりなじみのないミックスハーブ。欧米では色々な種類のミックスがあり、手軽に楽しまれている。ミックスハーブの名称は様々で、「スープ用」「肉料理用」といった用途に合わせて配合されているものもあれば、「エルブドプロバンス」のように、その地方を代表するミックスハーブもある。いずれも、野菜を調味料とあえたり、肉や魚の下味に加えたり、スープや煮込みに加えるだけで手軽に使える。好みの物を探して、自由に活用してみたい。

スープ用のハーブ。あっさりと軽い香りで使いやすい。

肉・魚料理用のハーブ。しっかりした香りで臭み消しにもなる。

茶

原料：茶樹の葉
英名：tea
方言：うじ（滋賀県、奈良県）きつねっぱ（静岡県一部）やまちゃ（熊本県一部）

おもな生産地：静岡、鹿児島、三重、熊本
カロリー（100gあたり）：2カロリー（緑茶）
栄養：カテキン、β-カロテン（緑茶）

味わい、香りが違っても原料は全て〝茶樹の葉〟

普段耳にする、「日本茶」、「中国茶」、「紅茶」はどれもカメリア・シネンシスというツバキ科の常緑樹の葉から作られる。品種や生育条件によって葉の大きさや品質は一様ではないが、あれほどまでに風味が違ってくるのは、製法の違いによって茶葉のカテキンの酸化の程度が異なるため。このカテキンの酸化は**発酵**と呼ばれ、**酸化=発酵**のさせ方により大きく6種類に分けることができる。**発酵**を行わない緑茶、**発酵**を途中で止めた青茶、白茶、完全に**発酵**させた紅茶、微生物による**発酵**をさせた黒茶、茶葉自らが持つ温度と湿度により変化を起こす黄茶があり、それぞれまったく異なる風味をもつ。

緑茶
別称：不発酵茶
茶水の色：黄緑色

白茶
別称：弱発酵茶
茶水の色：薄い黄色

黄茶
別称：後弱発酵茶
茶水の色：黄色

青茶
別称：部分発酵茶
茶水の色：緑色から紅色

紅茶
別称：全発酵茶
茶水の色：紅色

黒茶
別称：後発酵茶
茶水の色：紅色から暗色

発酵とは…製茶において、カテキンが酸化する工程の呼び名。ヨーグルトや味噌のような微生物による「発酵」とは異なる。黒茶のみ、微生物による発酵を行う。

緑茶

茶の葉を摘み取った直後から含まれるカテキンの酸化が始まる。緑茶はまず加熱処理して、カテキンの酸化を止めた後、揉んで乾燥させて作る不発酵茶。うま味と爽やかな香りを特徴とし、摂取コレステロールの吸収を抑制する機能を持つカテキンを豊富に含んでいるのも特徴。

煎茶

茶葉を蒸して揉んで乾燥させた、日本で最も飲まれるお茶。

番茶

伸びすぎた茶葉や茶畑の刈り込みで獲れた茶葉で作ったお茶。

ほうじ茶

煎茶や番茶を強火で煎ってつくる香ばしさが魅力の褐色のお茶。

玉露

直射日光を避けて栽培される茶葉で作られる高級茶。うま味、甘味が強い。

抹茶

日光を避けて育てた葉を蒸して乾燥させ、葉脈をとってから石臼で挽いたもの。

龍《ろん》井《じん》茶《ちゃ》

中国を代表する緑茶。中国緑茶は歴史も長く実に多種多様。蒸すのではなく釜炒りによる加熱がほとんどで、そのために渋味が少なく芳ばしさの立つ仕上りとなり、茶水の色は黄色がかっている。

白茶

摘み取ってきた茶葉をそのままの状態で静置して軽く発酵させた弱発酵茶。産毛（白毫）に覆われた芽のみで作られる最高級品の白毫銀針の様子から白茶と呼ばれる。福建省の北部のみで生産されており、種類も少なく、白牡丹、寿眉を加えてほぼ全種。

写真は白毫銀針《はくごうぎんしん》

黄茶

ある一定以上の温度と水分を保っている茶葉を密閉状態に置き、ムレによる変化を生じさせることで独特の味わいと香りを持たせた弱後発酵茶。その際に色も薄い黄色に変わることから黄茶といわれる。さわやかな渋みと甘みを持つ。各地で作られており、写真の茶以外には、蒙頂黄芽、霍山黄芽などが有名。

写真は、君山銀針《くんざんぎんしん》

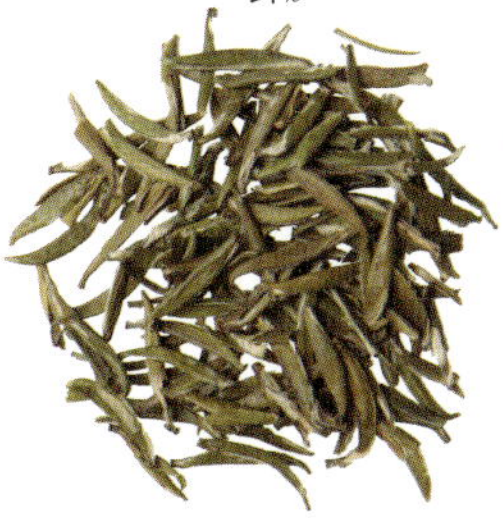

青茶

烏龍茶とも呼ばれ、カテキンの酸化を適度に利用した部分発酵茶。その発酵度は15～70％と幅広く、香、味、色とも多種多様な茶が生産されるが、発酵度の低いものは緑茶に、高いものは紅茶に近い特徴を持つ。主たる生産地は福建省全体と広東省東部と台湾。

凍《とう》頂《ちょう》烏《うー》龍《ろん》茶《ちゃ》

産地：台湾

台湾中部の凍頂山一帯で作られており、大陸から伝来した台湾烏龍茶のルーツのひとつ。

鉄《てつ》観《かん》音《のん》茶《ちゃ》

産地：福建省

青茶のルーツの一角を成し、蘭の花を思わせる香りと厚みのある味わいで王道的な存在。

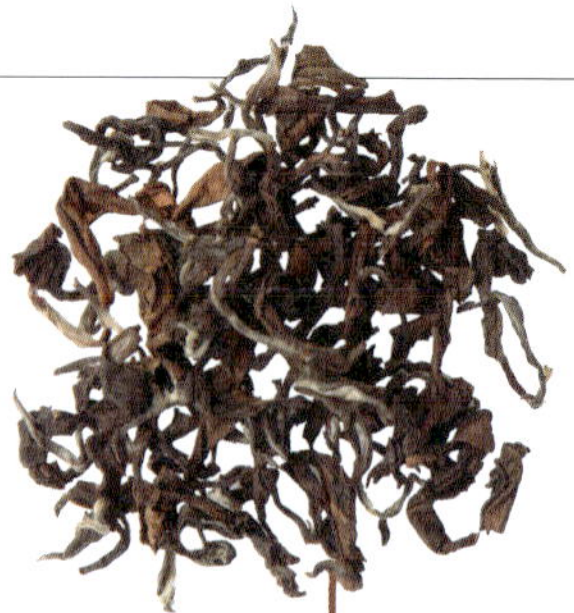

武《ぶ》夷《い》岩《がん》茶《ちゃ》

産地：福建省

世界遺産である武夷山の岩山で育った茶樹の葉を力強く製茶した、パワーみなぎる茶。

鳳《ほう》凰《おう》単《たん》そう茶

産地：広東省

少々渋味の効いた味わいとは裏腹に、花や果実を思わせる甘い香りが驚くほどに高い茶。

阿《あ》里《り》山《さん》高《こう》山《ざん》茶《ちゃ》

産地：台湾

標高１０００ｍを越す山で作られた茶を高山茶と呼ぶ。阿里山は産地のひとつで上質な優しい風味を有する。

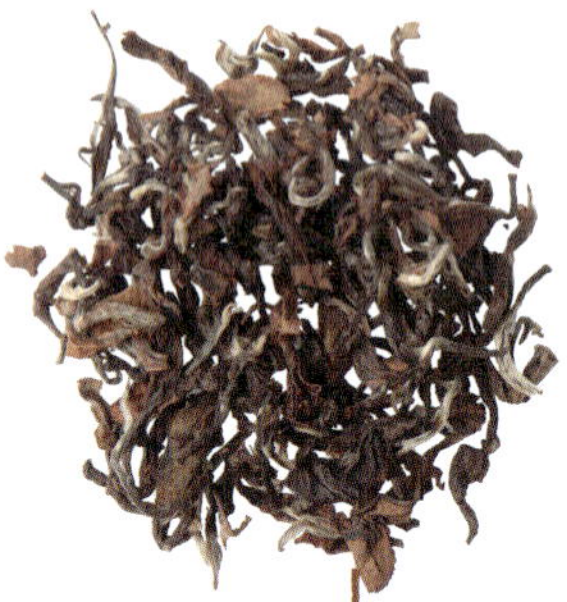

東《とう》方《ほう》美《び》人《じん》茶《ちゃ》

産地：台湾

茶葉の生育中にある虫が付くことと独自の製法で、独特の魅惑的な香りを持つ台湾の特産茶。

文《ぶん》山《さん》包《ほう》種《しゅ》茶《ちゃ》

産地：台湾

青茶の中で発酵度が最も低いとされ、緑茶に似たさわやかな味わいと甘く優しい花香がある。

淹れ方

中国茶は茶葉により、淹れ方が異なる。ここでは青茶の淹れ方を紹介する。

一

道具を用意する。右手前が茶壷《ちゃーふう》でポットの役割をする。その奥のガラスの水差しのようなものが茶《ちゃ》海《かい》。左が湯のみの役割をする杯組《はいぐみ》で、背の低い方がお茶を飲む品茗杯《ひんめいはい》、背の高い方が香りを楽しむ聞香杯《もんこうはい》となる。

二

まず、全ての道具にお湯をかけて温める。茶壷を温めた湯で茶海や杯組を温めてもよい。

三

茶壷の湯を空け、適量の茶葉と熱湯を入れる。蓋をして、茶壷の上から湯をかけて保温し、適切な時間抽出する。

四

茶海の湯を捨て、茶壷の茶水を注ぎ切る。茶海へ一度移すことで、茶水を均一に注ぎ分けることができる。

五

杯組の湯を捨てる。茶海の茶水をまず聞香杯へ注ぐ。

六

聞香杯《もんこうはい》から品茗杯《ひんめいはい》へ茶水を移し、空になった聞香《もんこう》杯《はい》を鼻先にもっていき、品茗《ひんめい》杯《はい》で茶の香りを楽しむ。品茗《ひんめい》杯《はい》で茶水を味わう。

加工茶

荒茶状態の茶葉をさまざまに加工した茶の総称。ジャスミンの香り付けをしたジャスミン茶はその代表。

茘《らい》枝《ち》花《はな》茶《ちゃ》

外観を果実のライチに似せて成形したもので、このように茶葉をさまざまな形に加工したものを工芸茶と呼ぶ。

緑《みどり》牡《ぼ》丹《たん》茶《ちゃ》

工芸茶の元祖的な存在。湯を注いで茶葉の開いた様子が牡丹の花のようだと付けられた名前。

八《はっ》宝《ぼう》茶《ちゃ》

茶葉の他に陳皮、棗、金銀花など、8種類の健康素材をブレンドしたもので、氷砂糖の含まれるものが多い。

紅茶

茶葉を完全に発酵させて作るお茶で、世界のお茶生産量の約80％を占める。ルーツは中国であるが、現在の主産地はインド、スリランカ、ケニアなどで、消費の中心は欧米。

スリランカ

ヌワラエリヤ

標高1800mで作られる茶葉で緑茶に似たすっきりとした香りがある。

ウヴァ

渋みがあるがサッパリとした味わいで、ミルクティーにも向く。

ディンブラ

セイロンらしいさっぱりとした味わい。アイスティーにオススメ。

インド

アッサム

濃厚な味わいでミルクティーに最適。ただし、冷やすと濁りやすいのでアイスティーには不向き。

ダージリン

さわやかな香りと味わいで別名「紅茶のシャンパン」と呼ばれている。

ニルギリ

上質の爽快な香りはクセがなく、どんな飲み方でもおいしくいただける。

中国

祁門《きーむん》紅茶

世界三大紅茶のひとつで、熟した果実のような密度の高い香りと蘭やバラを思わせる優しい花香を併せ持つ。

雲南《うんなん》紅茶

高級品は黄金色をした芽を多く含み、甘く上品な香りとコクのあるしっかりした味わいがすばらしい。

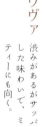

フレーバーティー

茶葉に花や果物、ハーブなどの香りをつけたもの。ローズ、アップル、バニラなど非常に多くの種類がある。

ブレンデッドティー

産地や収穫時期など種類の異なる紅茶を組み合わせたもの。飲むシーンをイメージしてブレンドされ、奥深い味わいが表現される茶葉。

アールグレイ

代表的なフレーバーティーのひとつ。ベルガモットの香りをつけた茶葉で、華やかな香りが特徴。

ホテル・ブレンド

ストレート、ミルク両方で、万人に飲みやすいように考えられたブレンド。他の代表的な茶葉には、イングリッシュブレックファストなどがある。

OP、CTCとは?

紅茶の等級は、茶葉の大きさや品質、形状、製造方法により分類されるが、世界標準の基準はなく、各生産国によって異なっている。

茶葉の形状の種類として、葉の形そのままのホールリーフ、細かくカットしたブロークン、さらに細かいファニングス、最小のダストがある。さらに、葉を顆粒状に加工するCTCがあり製法が異なる。

茶葉の大きさによって、必ずしも品質に差があるわけではないが、蒸らし時間が違ってくるため、おいしく飲むためにはサイズが揃っている方がムラなく抽出できる。

OP

オレンジペコーの略称で、葉の長さが7~12㎜前後の細長い大型のリーフティーのこと。「ペコー」は白いうぶ毛のいっぱいついた茶の芯芽を意味する中国語の白毫《ぱいはう》からきている。

CTC

CTCとはCrush(つぶす)、Tear(裂く)、Curl(丸める)の頭文字で、これにより茶葉の組織を壊して短時間で抽出が可能になる。一般的にティーパックやチャイなどに使われる。

黒茶

茶葉に付着していた微生物が一定条件の下に活性化するのを利用して、長時間微生物発酵させて作る後発酵茶。他の茶類には無い独特の香りと味わいを特徴とし、時間が経つほど熟成が進み、より一層風味が増すとされる。香港や広東で広く飲まれている。

普《ぷー》洱《ある》茶《ちゃ》

日本で最も良く知られ飲まれている黒茶。雲南省が産地。

散茶《さんちゃ》

パラパラとした状態に仕上げられたもの。クセの少ないものが多いので、黒茶入門編に向いている。

固形茶《こけいちゃ》

円盤状やれんが状など様々な形に固められたもの。その昔、お茶はすべからくこのような状態で製造されていたが、現在は黒茶のみがそれを継承している。

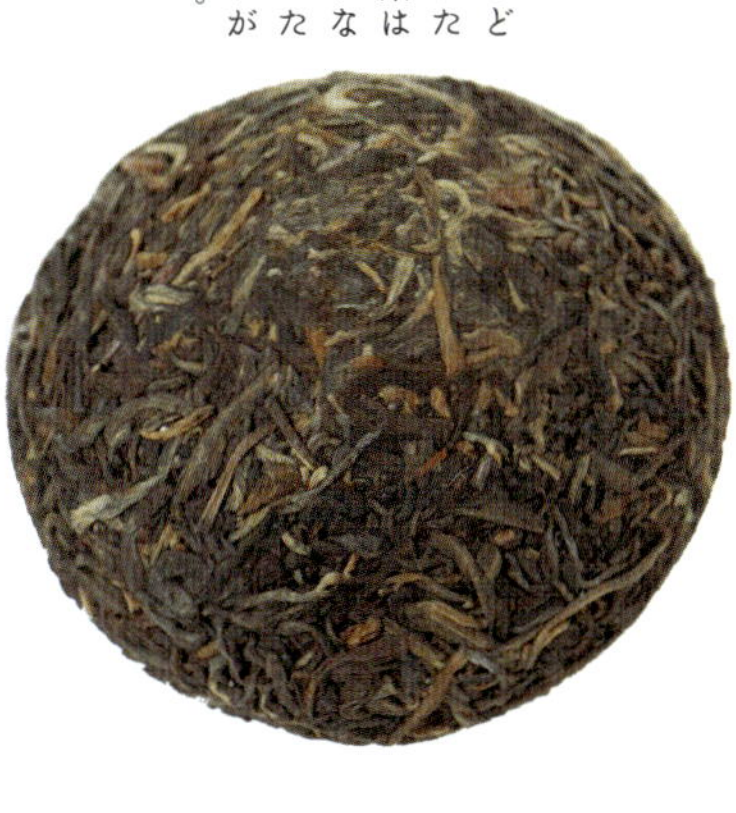

世界の喫茶文化

中国の西南部に起源があるとされる茶樹。茶葉の利用の歴史は古く、紀元前2000年以上も前に薬用から始まったとされる。7、8世紀、文明が目覚しい成長と発展を遂げた唐の時代、陸羽が著した「茶経」は、いわば世界初の茶の百科全書だった。当時から宋の時代にかけ、アジア各国から中国の先進的な学問を修めに来ていた留学僧らにより、茶は各地域に伝播していった。ヨーロッパに茶が伝わるのは、そのずっと後、15世紀の大航海時代以降である。伝播していった茶は、それぞれの土地の文化や風土と混じり合いながら暮らしに根付き、多様な喫茶の風習を生んだ。今日では、東欧、アフリカ、南米などでも茶が飲まれており、世界三大ノンアルコール飲料のひとつに数えられている。

イギリス

イギリスに喫茶文化が普及したのは18世紀中期。はじめは薬として輸入されたが、次第に風俗へと変化していった。伝統的なティータイムは朝晩、午前午後と一日の間に何度も行われる。なかでも、日本で知られる「アフタヌーンティー」は社交を目的にした特別なもの。サンドイッチ、スコーン、クッキーを豪華にそろえて休日に会話を楽しむ時間に用意される。

チベット

8世紀には中国からお茶を輸入していたチベット。当時から、保存性の高い団茶(茶の葉を固めたもの)で茶を淹れていた。茶を鍋で煮出し、チャイドンという筒にいれ、さらに塩やバター、あるいはミルクを加えてよく攪拌し、再加熱するバター茶は、チベット独自の飲み方。

インド

インドには、19世紀なかごろイギリスから茶が伝わったとされる。イギリス人により、開拓された茶園は、いまや世界一の生産量を誇るまでに広まった。インドでは、チャイと呼ばれる甘いミルクティーが好まれ、街頭では、チャイを売る店が見られる。ガラスのコップのほか、使い捨ての素焼きの器で飲まれている。

日本

8〜9世紀、中国からもたらされた喫茶風習は、16世紀に日本独自の茶の文化を生み出した。日本の茶道はただお茶の味を楽しむだけにとどまらず、道具の配置や取り合わせ、茶室という空間の演出を含めた生活文化であり、もてなしの心を説く精神文化でもある。

海産物

干物

風味、うま味が備わった魚介類の加工法

もとは冷凍技術が発達していなかった時代、一度に水揚げされるたくさんの魚を保存する目的で加工された知恵。日本における干物の歴史は古く、平安時代の京都には数軒の干物店があったことを示す書物もある。干物の製造方法はそのまま干した素干し、塩を加える塩干し、煮たり焼いたりする煮干し、焼き干しなど様々に分類され、現在もなお人々に愛される製品である。

形

干物は魚の大小やその後の加工方法によって魚の形状を変えて乾燥させる。

丸干し
魚本来の形のまま乾燥させたもの。

開き干し
背開きや腹開きなど開いてから乾燥させたもの。

乾燥程度

冷蔵保存の発達によって乾燥の程度は多様化し、現在では様々な食感が味わえる。

生干し（一夜干し）
食感、風味を重視して水分を残して乾燥させたもの。

本干し（全乾）
堅く十分に乾燥させたもの。

製法

干物の多くは保存を目的に塩をしてから干す。ほかに、そのまま干した素干し、調味したみりん干し、煮てから干す煮干しなどがある。

素干し
最もシンプルな製法。塩を使わず、魚を干し上げたもの。

みりん干し
魚の頭や内臓を取り除き、みりんやしょうゆで漬け込んで干したもの。

煮干し
脂を落とすためにゆでてから乾燥させたもので、ゆで干しともいう。

美味しい栄養

魚は乾燥の間に酵素の働きでたんぱく質がうま味成分のアミノ酸に変化する。そのため、干物には独特の味わいとうま味が生まれる。製造方法によっては塩分を多く含むため、摂り過ぎに注意する。

さんま

丸干し、開き干し、みりん干しにと多様に加工されるさんま。一年中楽しめる干物は、冷凍魚を使用している場合が多い。写真は生干し。

原料の食品成分表

（さんま / 生・可食部100gあたり）

エネルギー	310kcal
水分	55.8g
たんぱく質	18.5g
脂質	24.6g
炭水化物	0.1g
無機質　鉄	1.4mg
食物繊維総量	0g
食塩相当量	0.3g

乾物の食品成分表

（さんま / 開き干し・可食部100gあたり）

エネルギー	261kcal
水分	59.7g
たんぱく質	19.3g
脂質	19g
炭水化物	0.1g
無機質　鉄	1.1mg
食物繊維総量	0g
食塩相当量	1.3g

原料の食品成分表

（むろあじ / 生・可食部100gあたり）

エネルギー	166kcal
水分	67.7g
たんぱく質	23.6g
脂質	6.9g
炭水化物	0.4g
無機質　鉄	1.6mg
食物繊維総量	0g
食塩相当量	0.1g

乾物の食品成分表

（むろあじ / くさや・可食部100gあたり）

エネルギー	240kcal
水分	38.6g
たんぱく質	49.9g
脂質	3g
炭水化物	0.3g
無機質　鉄	3.2mg
食物繊維総量	0g
食塩相当量	4.1g

くさや

伊豆七島の特産品。開きにした原料をくさや汁につけて乾燥させる工程を繰り返す。汁中の微生物の働きにより独特の匂いがあり、日持ちする。

かれい

丸のまま塩干しにしたもの。写真は生干し。主に干物の原料にされるのは、そうはち、やなぎむしがれい、むしがれいなど。

原料の食品成分表

（かれい / 生・可食部100gあたり）

エネルギー	95kcal
水分	77.8g
たんぱく質	19.6g
脂質	1.3g
炭水化物	0.1g
無機質　鉄	0.2mg
食物繊維総量	0g
食塩相当量	0.3g

乾物の食品成分表

（干しかれい・可食部100gあたり）

エネルギー	117kcal
水分	74.6g
たんぱく質	20.2g
脂質	3.4g
炭水化物	Tr
無機質　鉄	0.1mg
食物繊維総量	0g
食塩相当量	1.1g

のどくろ

あかむつを丸のまま、生干しにしたもの。「のどくろ」は日本海でのあかむつの呼び名。他の地域では、ゆめかさごやそうだがつお、まあじの呼び名となっている。

ししゃも

丸のまま塩干しにしたもの。特に卵をもった「子持ちししゃも」は珍重される。北海道が主産地。

きんめだい

きんめだいを開いて塩をし、生干しにしたもの。身が柔らかく、脂が多いがさっぱり食べられる人気の魚。開き干しにすることが多い。

でびらがれい

たまかんぞうびらめを丸のまま上乾にしたもの。手のひらくらいの大きさが名の由来とされる。木槌で叩いて軽くあぶって食べる。

あじみりん干し

開き干しやみりん干しが一般的なあじ。静岡県沼津が有名だが、原料となる魚は九州で水揚げされているものや、外国産である場合が多い。

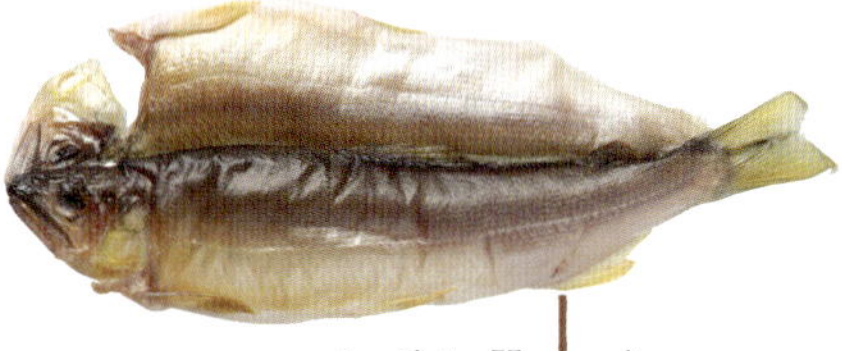

あゆ

開いて塩をし、生干しにしたもの。古来から川魚であるあゆは、保存食として利用されてきた。

小《こう》女《な》子《ご》

いかなごの別名。稚魚の時はしらす干しやちりめんじゃこに、大きく育った物は干物にされる。

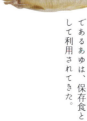

あご焼煮干し

とびうおを新鮮なうちに焼いて干したもの。吸い物や煮物のだしにされる。九州では正月の雑煮のだしに使用する地方もある。

こだい煮干し

手のひら大のたいの煮干し。軽く炙って食べるほか、ごはんに炊き込んで鯛飯のように食べてもおいしい。上品なだしがとれるため、吸い物におすすめ。

あじ煮干し

さっぱりとしただしがとれるため、うどんの汁にむく。近年のラーメンブームで人気があがっている。大き過ぎるものは苦みがあるので、小ぶりなものを求めるとよい。

扱い方

以前は保存を目的とされた干物だが現在では味や身体への影響に配慮し、生に近い干し方のものや薄塩のものが多い。冷凍するか、冷蔵庫保存なら早めに食べ切る。

料理

冷や汁

材料（2人分）

あじの干物…半身分（焼いてほぐす）
豆腐…1/2丁（粗くつぶす）
きゅうり…1本（薄切り）
みょうが…1個（薄切り）
青じそ…適量（薄切り）
みそ…大さじ1
ごま（白）…大さじ2
だし汁…1カップ

作り方

すり鉢でごまをすり、あじとみそを加え、さらにする。すり鉢にみそをならし、直火で炙って香ばしくしたところにだし汁を加えてのばす。豆腐、きゅうり、その他の薬味を加えて完成。

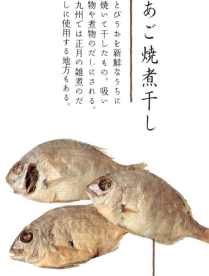

海産物

干しいわし

原料：かたくちいわし、まいわし、うるめいわし

方言：ひなご（奈良県、和歌山県）ぶえん（香川県一部）

カロリー（100gあたり）：332カロリー（かたくち煮干し）

栄養：カルシウム、鉄、ビタミンD

かたくち煮干し

原料：かたくち
主産地：長崎県
最も一般的な煮干し。夏に作られるかたくち煮干しは、白または黄色をしている。

青口煮干し

原料：かたくち
主産地：太平洋岸、日本海岸
外海でとれるいわしの煮干し。脂肪が少ない。

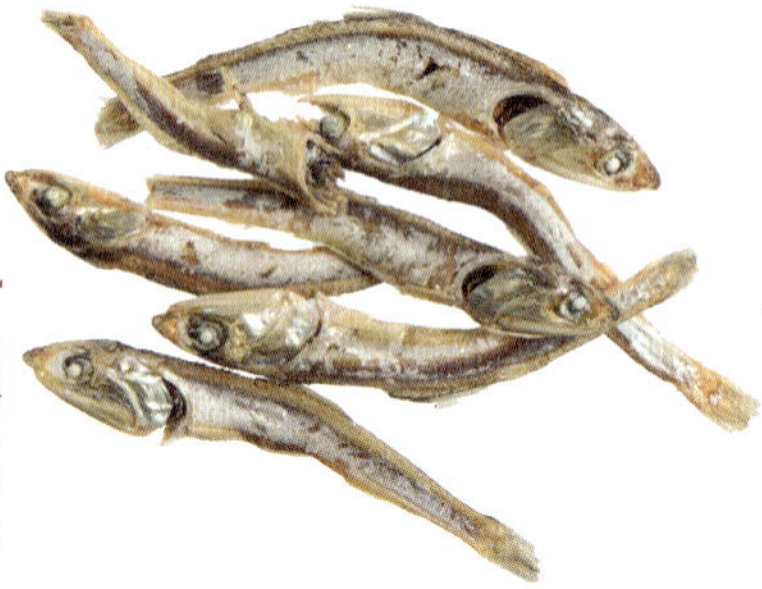

白口煮干し

原料：かたくち
主産地：瀬戸内海
温暖な内海でとれるいわしの煮干し。甘みのあるだしがとれる。

―扱い方―

煮干しでだしをとる際は、頭とハラワタを取り除き、縦に割いて使う。割ることで、うま味がでやすくなり、濃いだしがとれる。

なじみ深い庶民の魚加工品もいろいろ

かたくちいわし、まいわし、うるめいわしなどは様々な干物にされる。特に煮干しは江戸中期以降、当時高級品であったかつお節やこんぶに変わる「だしのもと」として広く普及した。また、数尾の塩漬けにしたいわしの目を竹串で刺して干した目刺し、かたくちいわしの稚魚を素干ししたごまめも日本の食文化と多く関わってきた加工食品である。

美味しい栄養

いわしは「いわし百匹、頭の薬」といわれるように多くの栄養素をもつ。煮干しにすると鉄分は生のおよそ20倍、カルシウムは33倍にもなる。また、脳や神経組織の機能を高める作用があるとされるＤＨＡ、脳卒中、心筋梗塞、動脈硬化などの予防、改善に効果があるとされるＩＰＡなども多く含まれる。

乾物の食品成分表

（かたくちいわし／煮干し・可食部100gあたり）

エネルギー		332kcal
水分		15.7g
たんぱく質		64.5g
脂質		6.2g
炭水化物		0.3g
無機質	カルシウム	2200mg
	鉄	18mg
ビタミン	D	18μg
食物繊維総量		0g
食塩相当量		4.3g

平子煮干し

原料：まいわしの若魚

黒みがかった色と、淡白な味が特徴。近年はまいわしが不漁で希少品となっている。

たたみいわし

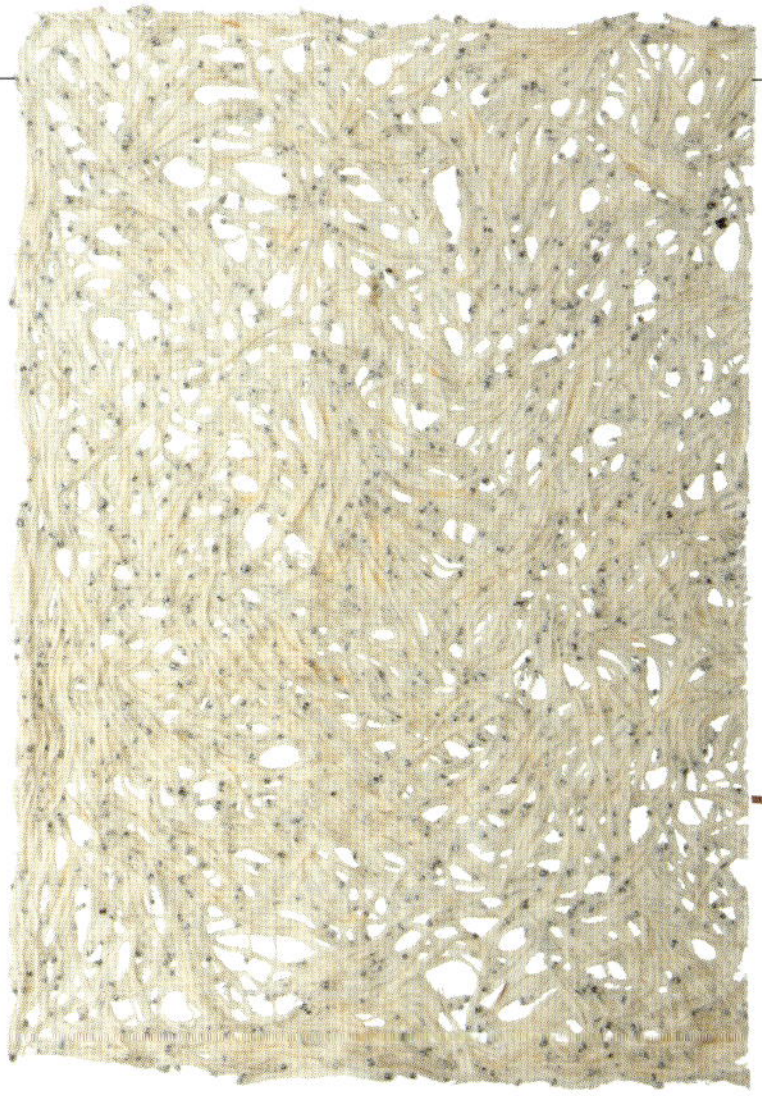

原料：かたくちいわしやまいわしの稚魚

いわしの稚魚を生のまますのこに広げて板状に干したもの。江戸時代から、静岡や神奈川県で作られている。

頬刺し

原料：かたくちいわし

いわしを塩漬けにした後乾燥させる際、えらから口へワラを通したもの。写真はかたくちいわしだが、まいわしを使用する場合が多い。

ちりめんじゃこ

原料：いわし類の稚魚

稚魚を塩水でゆで、天日や機械で水分量を40％以下に乾燥したもの。

目刺し

原料：うるめいわし

いわしを塩漬けにした後乾燥させる際、目にワラを通したもの。うるめいわしの丸干しは、うま味が増していることから珍重される。

しらす干し

原料：いわし類の稚魚

稚魚を塩水でゆで、天日や機械で水分量を70％に微乾燥したもの。

田作り

原料：かたくちいわし

原料を素干しにしたもの。古くからいわしを水田の肥料にしたことから名がついた。

干だら

原料：まだら、すけとうだら
英名：cod fishes
おもな産地：北海道、東北

カロリー（100gあたり）：317カロリー
栄養：カリウム、カルシウム、鉄、ビタミンD、ビタミンE

ぼうだら

戻し方：冬なら10日、夏なら2〜3日浸水

頭と内臓を除いてつるし、真冬に凍結乾燥させたもの。完成品の水分量はほぼかつお節と同じになる。

京都のおばんざいに使われる北の干物

まだらの頭、内臓、背骨を取り除き、腹身と背身に分けて約1ヵ月間しっかりと素干し、または塩干ししたもの。そのため棒のようにかたくなるのでこの名前がついた。現在では素干しのものが一般的で、北海道稚内市内の一部が主な生産地となっている。ぼうだらとえびいもを炊き合わせた「芋棒」は京都の名物料理。

開き干し

戻し方：1〜2日浸水

開いて塩漬けにし、干したもの。国内では北海道、海外ではスペインなどで作られる。

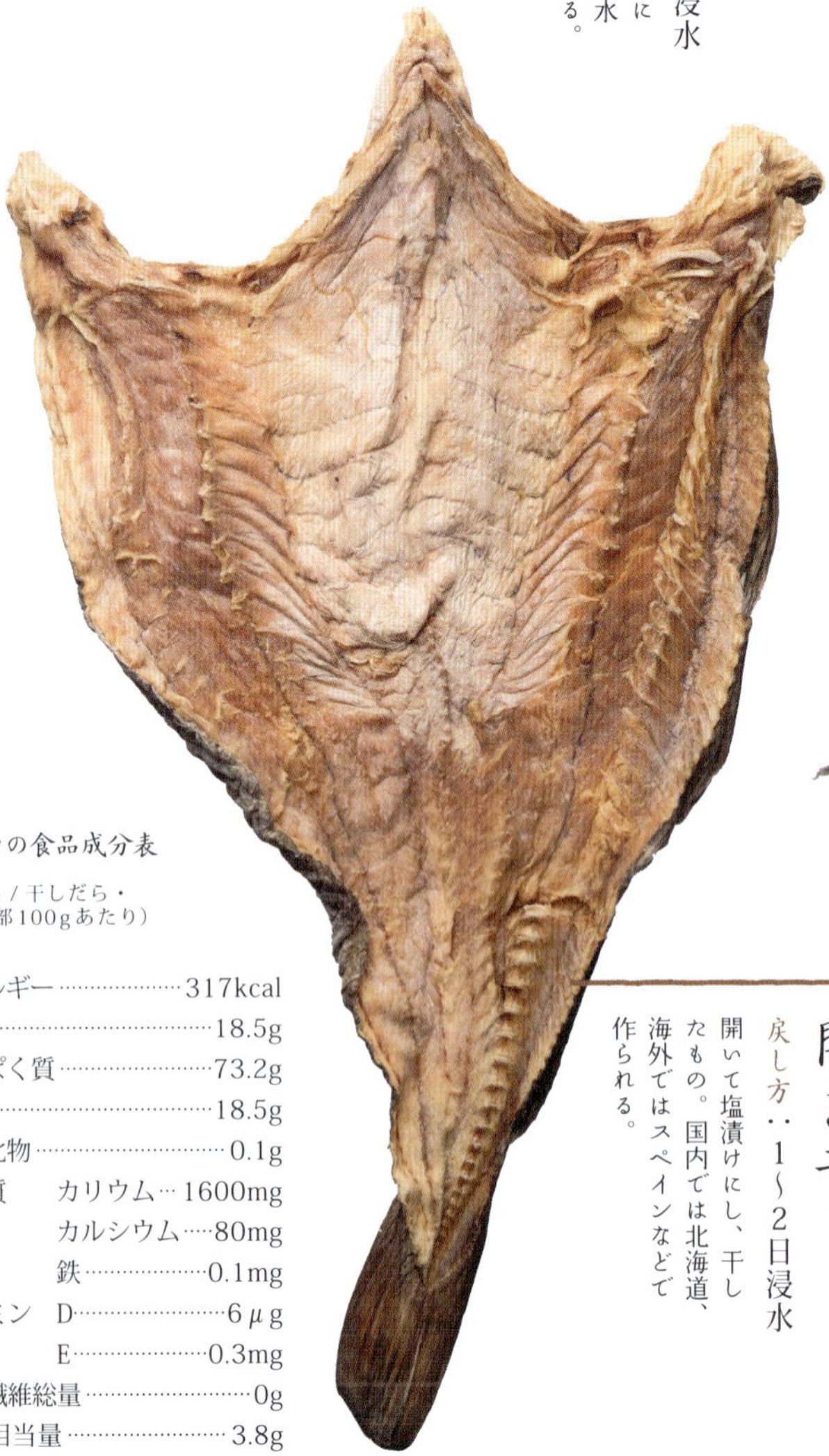

乾物の食品成分表

（まだら／干しだら・可食部100gあたり）

エネルギー		317kcal
水分		18.5g
たんぱく質		73.2g
脂質		18.5g
炭水化物		0.1g
無機質	カリウム	1600mg
	カルシウム	80mg
	鉄	0.1mg
ビタミン	D	6μg
	E	0.3mg
食物繊維総量		0g
食塩相当量		3.8g

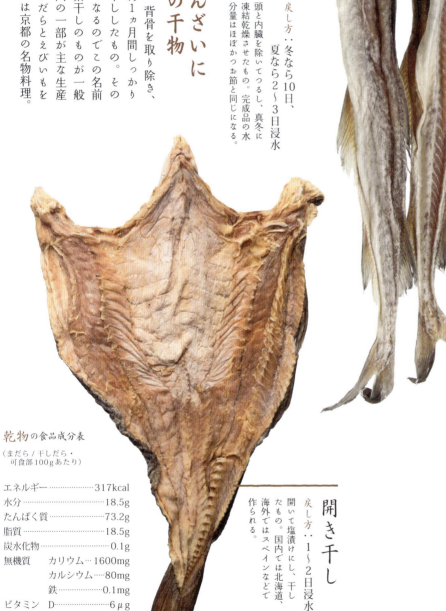

すきみだら

戻し方：一晩浸水

すけとうだらを三枚におろして皮をはぎ、塩水につけて乾燥させたもの。ぼうだらの2倍程水分量があるため、扱いやすい。

扱い方

ぼうだらは米のとぎ汁に2日つけてから真水にかえ、水を毎日とりかえながら、身がふやけるまでもどす。

すきみだらはたっぷりの水に一晩つける。塩分が20％もあるので、途中で水を替える。

芋棒

材料と作り方

戻したぼうだらと皮をむいて下ゆでしたさといもを炊き合わせ、酒、しょうゆを加えた水で煮て、味がしみたらみりんで仕上げる。

料理

ブランダード

材料（作りやすい分量）

すきみだら…約20㎝（水で戻す）

じゃがいも…2個（皮をむいて1口大に切る）

にんにく…3かけ（1かけはつぶし、2かけは刻む）

牛乳…1/2カップ

塩…適量

オリーブオイル…適量

作り方

じゃがいもはゆでて水気を飛ばしておく。鍋に、つぶしたにんにく、牛乳を入れて温め、たらを入れる。たらに火が通ったら取り出してほぐし、骨と皮を除く。じゃがいも、刻んだにんにく、ほぐしたたらを鍋に入れ、好みの固さになるまで煮詰める。仕上げに塩、オリーブオイルを加えてなめらかにする。

さばのバインミー

材料（2人分）

干物（塩さばなど）…半身
にんじん…10g
ごぼう…10g
玉ねぎ…50g（薄切り）
バゲット…20 cm
ごま油…大さじ 1/2
A 酢…大さじ 2
しょうゆ…小さじ 1
砂糖…小さじ 2
香菜…適量

作り方

1 さばは4等分に切り、こんがりと焼く。
2 にんじんとごぼうは3cmの長さの細切りにし、ごぼうは水につけてアク抜きをして水気をきる。
3 フライパンにごま油を熱し、にんじんとごぼうを炒め、Aを加えてさっと混ぜたら火を止め、玉ねぎを加えてしばらくおく。
4 4等分に切ったバゲットに1、2、香菜をサンドする。

たら茶漬け

材料（すきみだら1枚分）

すきみだら…1枚
刻みのり・あられ・昆布茶…各適量
ごはん…適量
みつば（あれば）…適量

作り方

1 お茶漬けのもとを作る。すきみだらを10cm角程度に切り分け軽くあぶり、細かく裂く。刻みのり・あられ・昆布茶と混ぜる。
2 器にご飯を盛り、上に1を適量のせて熱湯を注ぎ、あればみつばを散らす。

じゃこのチーズ焼き

材料（2人分）

ちりめんじゃこ
…40g
ピザ用チーズ
…40g

作り方

1 フライパンにちりめんじゃこを平らにいれ、上にピザ用チーズを広げてのせ、中火弱で焼く。チーズが溶けて縁の色が変わったら裏返し、チーズが全体に色づくまで焼く。

にしんのマリネ

材料（作りやすい分量）

身欠きにしん（生干し）…2枚

A
- りんご酢…1/2カップ
- 玉ねぎ…1/4個（すりおろす）
- ディル…適量
- 塩・こしょう…各少々

作り方

1 保存容器にAを入れて混ぜる。せにしんを入れ、冷蔵庫で2～3日間漬ける。

かつお節と豆腐の炒飯

材料（1人分）

かつお節…5g

ごはん…茶碗1杯分

豆腐…1/2丁

長ねぎ…10㎝（みじん切り）

ショウガ…大さじ1（みじん切り）

青ねぎ…1/4束（小口切り）

ごま油…大さじ1

A
- しょうゆ…大さじ1
- 塩・こしょう…各適量

作り方

1 豆腐はペーパータオルに包んで水切りする。

2 フライパンにごま油とショウガを入れて熱し、香りが立ったら長ねぎ、かつお節の半量、ごはん、豆腐の順に加えて、そのつどよく混ぜながら炒める。

3 全体がなじみ、ふんわりとしたらAを加える。器に盛り、残り半量のかつお節と青ねぎを散らす。

塩鮭とふんわり卵の炒め物

材料（2人分）

塩鮭（甘口）…1切れ

卵…3個

A
- 鶏がらスープの素…小さじ1/3
- 湯…3/4カップ
- 酒…大さじ1

ごま油…少々

香菜…適量

作り方

1 鮭は皮と骨を除き、1㎝幅に切る。

2 鍋にAを入れて強火にかける。沸騰したら1を加え、再び沸騰したらさっと溶いた卵を入れて、大きく混ぜる。水分がほとんどなくなったらごま油を加え、さっと混ぜて火を止める。

3 器に盛り、香菜をのせる。

海産物

干し鮭

東北の冬の寒風でかたく乾燥される鮭

北海道・東北地方を中心に水揚げされるさけ。北海道ではアイヌ人が氷の上にさけをおいて乾燥させたのが始まりとされるさけの干物「鮭とば」がある。また、平安時代からさけの特産地として知られる新潟県の村上市ではさけの内臓を抜き、塩をすり込んで10日ほどしてから塩抜きし、寒風でかたく干す「寒干し鮭」が有名。どちらも古くから日本人の食生活になじみ深いものになっている。

美味しい栄養

原料となるさけは心身のバランスを保つビタミンB1、B2、B12とカルシウムの吸収を高め、骨の老化を防ぐのに役立つビタミンDが豊富。また、動脈硬化、脳卒中、高血圧といった生活習慣病の予防に効果があるとされるIPAやDHAも多く含む。

乾物の食品成分表

（べにざけ／くん製・可食部100gあたり）

エネルギー		161kcal
水分		64g
たんぱく質		25.7g
脂質		5.5g
炭水化物		0.1g
無機質	カルシウム	19mg
	鉄	0.8mg
ビタミン	D	28μg
	B1	0.23mg
	B2	0.23mg
	B12	8mg
食物繊維総量		0g
食塩相当量		3.8g

寒干し鮭

内臓を除いたさけに塩をし、数日味をしみ込ませてから塩抜きし、干したもの。寒い時期の冷たい風で身が引き締めるため、うま味が濃い。

鮭とば

半身にしたさけを縦割りにし、塩漬け後燻煙して冬の風にさらして干しあげたもの。炙って食べる他、昆布巻きの芯にもする。

海産物

身欠きにしん

原料：にしん
方言：かちゃにし（秋田一部）
てっぴら（青森県一部）
にしん（東北地方各地）

おもな輸入先：カナダ、ロシア
カロリー（100gあたり）：246カロリー
栄養：亜鉛、カリウム、ビタミンD

ミネラルが豊富な北の春告げ魚

北海道の春の風物詩といわれるにしんの素干し。身欠きとは下処理の際、腹肉を落とし背肉だけを使ったことに由来する。近年はにしんの水揚げ量減少や冷蔵保存の発達により、本干しよりも三枚におろした商品や、食べやすい生干しのものが増えている。やわらかく戻したにしんは、煮物や甘露煮、蒲焼きなどに調理される他、各地の郷土料理で使われることも多い。

本干し

にしんを塩を使わず素干ししたもの。本干しは保存性が高い。米のとぎ汁で戻してから調理する。黒い斑点の出ていない飴色のものが良質。

生干し

食べやすい水分を残したもの。熱湯でさっとゆでてから使うと良い。血合いが少なく、身の色が青く変色していないきれいなものが良質。

美味しい栄養

血栓の形成を抑え、動脈硬化、高血圧を予防させるIPAや記憶力、学習能力の向上に効果があるとされるDHAも豊富。また、ホルモンの分泌を促進し、味覚を正常に保つとされる亜鉛などのミネラルも多く含む。

乾物の食品成分表

（可食部100gあたり）

エネルギー	246kcal
水分	60.6g
たんぱく質	20.9g
脂質	16.7g
炭水化物	0.2g
無機質　亜鉛	1.3mg
食物繊維総量	0g
食塩相当量	0.4g

昆布巻き

材料と作り方

水で戻したこんぶを広げて戻した本干しのにしんを芯にして巻き、かんぴょうで結ぶ。酢、酒を加えた湯で柔らかく煮て、砂糖、みりん、しょうゆで調味する。

かつお節

原料：かつお
英名：dried bonito
方言：かつお（大阪、熊本県一部）ふし（全国各地）

主な産地：鹿児島県、静岡県
カロリー（100gあたり）：356カロリー
栄養：カリウム、カルシウム、鉄、亜鉛、ビタミンD、ビタミンB1、ナイアシン

うま味が濃縮された日本のだしの代表格

かつお節は下処理したかつおをゆで、燻して乾燥させたものにカビをつけて熟成させたもの。製造過程によりカビ付け前のなまり節、荒節、裸節、カビ付け後の枯れ節などに分類されるほか、かつおの大きさによっても分類される。かつお節は江戸時代、高級品として扱われており、庶民は薄く削った「花がつお」が一般的だった。また、まぐろ、さば、あじなどかつお以外の赤身魚を原料とする雑節もあり、どれも魚の風味が濃く、豊かな味わいでそばつゆや煮物などのだし汁として使われている。

製造過程による呼び名

かつお節や、その他の魚の節は、製造過程や仕上りの形状よって呼び名が異なる。魚によっては省略される製造工程もある。

なまり節
切り分けた原魚を60～90分煮たもの。だしとりには使えず、煮付けやほぐし身する。かつお以外の魚ではこの状態を食材にするものは少ない。

荒節
なまり節の状態から、燻したもの。魚の匂いや焙乾の香りが強く、ほとんどが削り節や粉末に加工される。

裸節
荒節の表面を削って成形したもの。この「削り」の工程は、かつお節とまぐろ節だけ行われる。荒節より香りが柔らかい。

枯れ節
裸節、もしくは荒節にカビ付けしたもの。まろやかな風味のだしがとれる。カビ付けと乾燥を2回繰り返して仕上げる。

本枯れ節
カビ付けと乾燥を3回以上繰り返したもの。枯れ節より穏やかで好ましい風味となる。さらに、本枯れ節の血合い部分を除いた節は、よりくせのない味わい。

血合いなし
節の血合いを専用ののみで除いたもの。淡白でくせがない。甘みのある澄んだだしがとれる、

血合いあり
かつお独特の香りが強い血合いを残したもの。こくのあるしっかりしただしがとれる。

原魚の切り方による呼び名

製造過程による呼び名とは別に、原魚の切り分け方によってそれぞれ名称が異なる。身の大きなカツオと、他の小ぶりの魚では捌き方が異なる。

本節
本節とは、三枚におろしたかつおの半身を、血合いを境に切り分けたかつお節を指す。背側の半分を雄節、腹側の半分を雌節と呼ぶ。

亀節
2.5 kg以下の小型のかつおを三枚に下ろし、半身をそのまま節にしたもの。形が亀の甲に似ていることから亀節と呼ぶ。

丸節
さばやまるそうだがつおの節で、小ぶりの原魚をまるのまま節にしたもの。

割節
さばやまるそうだがつおの節で、大ぶりの原魚を半身にして節にしたもの。

かつお節

言わずと知れた節類の代表格。ほかの魚に比べてうま味成分が豊富でたんぱく質が多く、水分が少ないため、節にむいた魚である。

かつお節枯れ節

切り方による種類：本節

裸節にカビ付けしたもの。穏やかな香りのまろやかなだしがとれる。

かつお節荒節

切り方による種類：本節

別名鬼節とも呼ばれる。かつおと燻した匂いが強い。みそ汁や煮物、麺類のつゆのだしに使用される。

さば節

ほとんどが削り節として流通するほか、関東では厚削りが、関西では薄削りが混合節に使用される。生食用のさばとは異なり、脂肪分の少ないさばが節にはむいている。

さば節枯れ節

切り方による種類：割り節

さばの枯れ節のだしは香りがあっさりしているが味が濃く、関東で好まれている。

さば節裸節

切り方による種類：丸節

さば裸節は枯れ節よりあっさりしているが、香りと甘みがあるだしがとれるため関西で珍重される。産地により異なるが400g～600g以下のさばが原魚を丸のまま節にした丸節にされる。

そうだ節

原魚のまるそうだがつおが西日本でめじかと呼ばれることから、めじか節とも呼ばれる。漁期が2～3月のめじかは寒めじかと呼ばれ、質のよい節ができる。

そうだ節枯れ節

切り方による種類：丸節

寒めじかにカビ付けした枯れ節は、濃厚なだしがとれるため、関東では珍重される。

そうだ節裸節

切り方による種類：割り節

裸節は枯れ節に比べ、すっきりしたこくと甘味が特徴。関西うどんのだしとして、うるめ節やさば節と混合して使用することが多い。

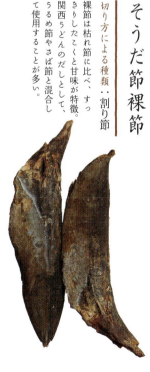

製造法

かつお節作りは、5つの工程に分かれる。まず行われるのが「生切り」という、かつおを三枚におろす行程。ここでかつおの大きさにより、本節か亀節かが決められカットされる。次が「煮熟」という節を蒸し煮にする工程で、ここから皮と骨を除いたものがなまり節。このなまり節を煙で燻すのが「焙乾」工程。焙乾後常温で寝かせ、また焙乾を繰り返し、乾燥させると荒節となる。次が、荒節の表面を「削る」工程。これがかつお節の原形である裸節の状態で、さらに数日間天日干ししたのち、湿度の高い部屋においてカビ付けし、天日干しを繰り返す、最後の「カビ付け」の工程となる。

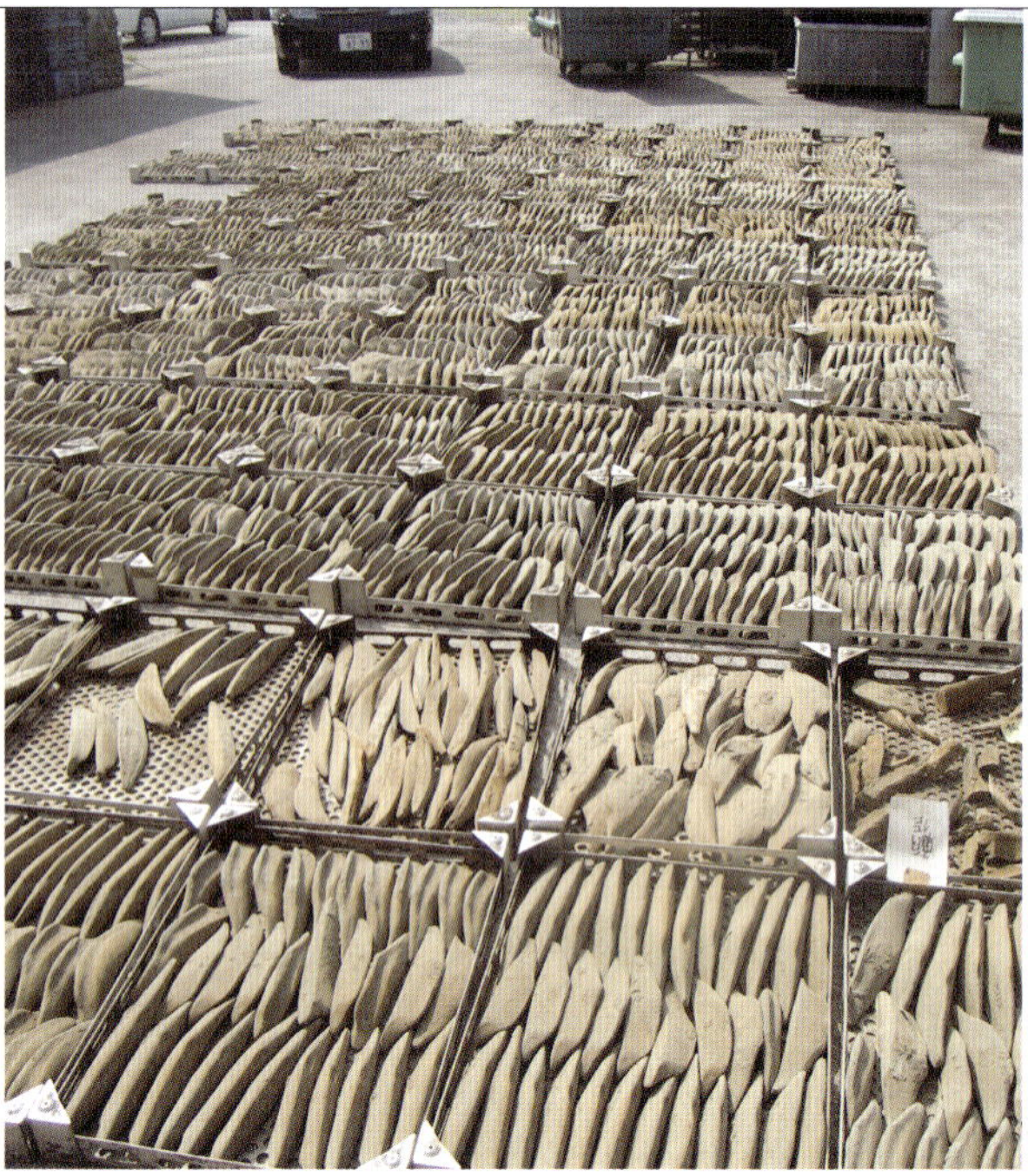

おめでたい席にかつお節

かつおの半身を割ってつくる本節は、背側を雄節、腹側を雌節とよぶ。この2つを合わせると日本では縁起の良い動物である亀の甲羅の形に似ていることから、結婚式の引き出物に雄節と雌節をセットにした「夫婦節」が利用される。また、言葉が「勝男武士」との語呂合わせから、出産祝いにされることも。

美味しい栄養

かつお節の主成分はたんぱく質で、うま味成分のイノシン酸を含む。また、造血作用のある鉄、味覚を正常に保つ亜鉛などのミネラルが豊富で、さらにカルシウムの吸収を促すビタミンD、疲労回復に役立つビタミンB1、血行をよくするナイアシンも多く含まれている。

乾物の食品成分表

(可食部100gあたり)

エネルギー		356kcal
水分		15.2g
たんぱく質		77.1g
脂質		2.9g
炭水化物		0.8g
無機質	カリウム	940mg
	カルシウム	28mg
	鉄	5.5mg
	亜鉛	2.8mg
ビタミン	D	6μg
	B_1	0.55mg
	ナイアシン	45mg
食物繊維総量		0g
食塩相当量		0.3g

だしの取り方

だしが変わると料理がかわる

だしは和食の基本。分かってはいてもなかなかきちんと自分でとるのは面倒なもの。しかしながら、こんぶとしいたけだけの精進だし、こんぶとかつお節の合わせだしなどを料理に応じて使い分けられると、さらに味の幅が広がるので試してほしい。ここでは、あまりなじみのない厚削り節のだしの取り方をご紹介する。しょうゆ、みりん、砂糖を合わせて、かえしをつくっておき、このだしを合わせると本格的なめんつゆを作ることができる。

一

厚削り節50g、水1ℓを用意する。

二

鍋に分量の水を沸騰させる。後からこす時に、注ぎ口のある鍋が使いやすい。

三

水が沸騰したら、厚削り節を入れる。

四

浮いてくるアクをすくいながら、弱めの中火で約7分煮出す。

五

火から下ろして上澄みをボウルへうつす。ふきんやペーパーでこすとよい。

六

一番だしの完成。使用した出しがらは、再び鍋に戻して、水を注いで火にかけ、沸騰してから2～3分煮出すと2番だしとなる。

海産物

からすみ

原料：ぼらの卵巣
英名：karasumi
主な産地：長崎県
カロリー（100gあたり）：423カロリー
栄養：カロテン、ビタミンD、パントテン酸

酒の肴から パスタの主役まで こなせる世界の珍味

からすみはぼらの卵巣を塩漬けにしてから塩抜きし、天日干ししたもの。血抜き作業や天日干しには手間と日数がかかり、昔から珍重されている。生臭くなく、薄いあめ色のものが良質で、薄切りにして火であぶると風味が増す。名前の由来は中国（唐）の墨石に似ていることからつけられたといわれている。また、イタリアではぼらのほか、まぐろが原料のからすみもあり、パスタや大衆料理で使われている。

美味しい栄養

免疫力を高め、皮膚や目、のどなどの粘膜を強化するビタミンA、カルシウムやリンの吸収を促進し、骨を丈夫にするビタミンDが豊富。また、髪や肌を正常に保ち、ストレスを緩和させる作用があるとされるパントテン酸も含む。

乾物の食品成分表

（可食部100gあたり）

エネルギー		423kcal
水分		25.9g
たんぱく質		40.4g
脂質		28.9g
炭水化物		0.3g
無機質	β-カロテン	8μg
	レチノール当量	350μg
ビタミン	D	33μg
	パントテン酸	5.17mg
食物繊維総量		0g
食塩相当量		3.6g

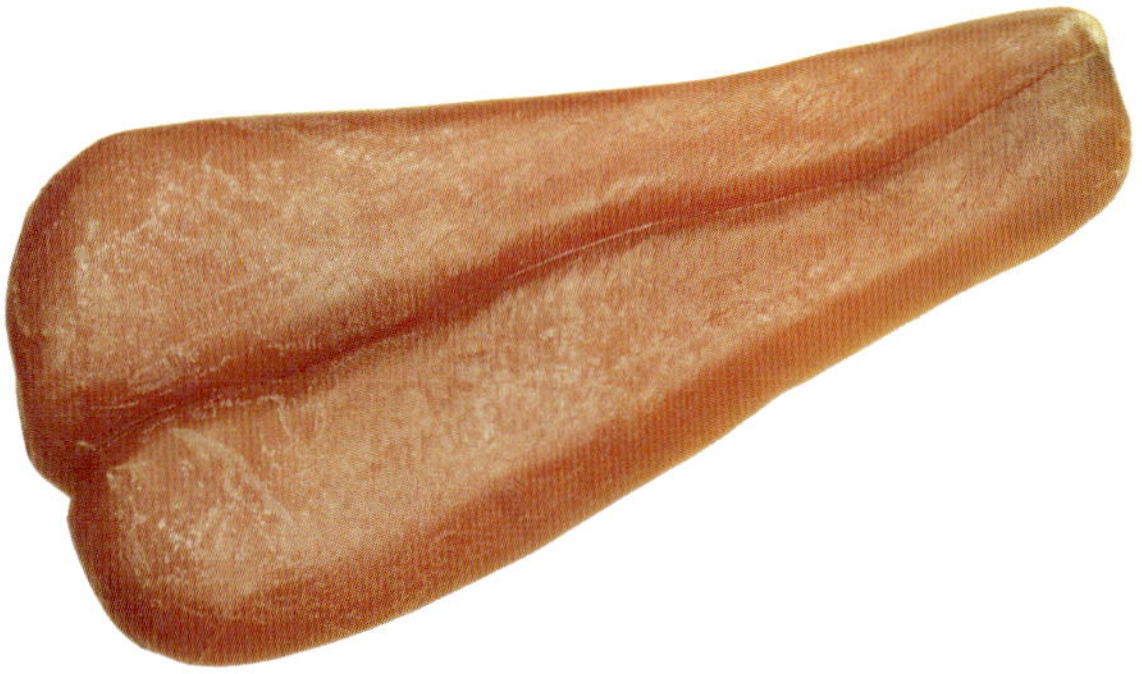

干し数の子

おせちに欠かせない 子孫繁栄の縁起物

にしんの卵巣の加工品で塩数の子、干し数の子がある。戦前は干し数の子が主流だったが、現在は塩抜きに手間がかからない塩数の子が主流になっている。名前の由来はアイヌ語でにしんをカドと呼び、カドの子どもが転じて数の子となったといわれている。卵巣に数万もの卵があることから子孫繁栄を願った縁起物として重宝され、正月料理には欠かせない。現在は輸入ものやコピー商品が増え、国産の数の子は高級品とされている。

八つ目うなぎ

眼病によいとされる栄養満点食品

目のように見える孔が7対並んでいることと、うなぎにた姿が名の由来。しかし、うなぎとは別種のかわやつめという淡水魚を干したものである。その姿から古来より眼病によいとされ、薬として乾物が出回っていた。皮が硬く、モツのような歯応えと、レバーのような独特の風味をもつ。

料理

佃煮

材料と作り方

刻んだうなぎを薄切りのしょうがとともに水で40～50分程煮込み、酒、しょうゆ、砂糖で調味したもの。ほろ苦い味が後をひく。

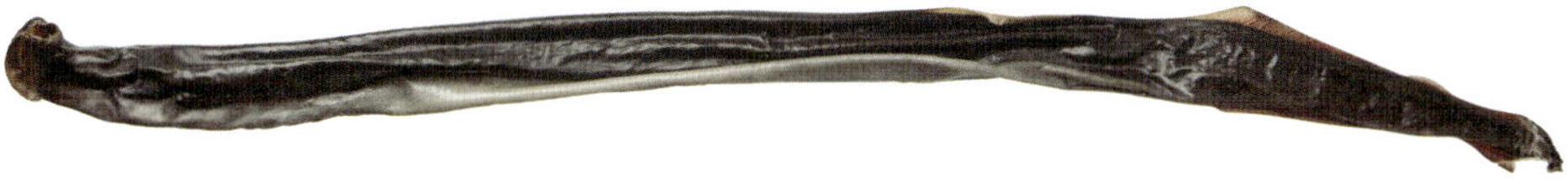

ふぐひれ

日本酒に移した豊かな風味を楽しむ

ふぐの名産地や乾物屋で売られる、ふぐのひれを陰干ししたもの。とらふぐやしょうさいふぐのひれがよく利用される。きつね色になるまであぶって香ばしさをだしたものに、熱燗を注いで味わう楽しみ方は日本独自のもの。ほかに、吸い物など料理にも利用される。

えいひれ

コリコリした食感でおなじみの乾きもの

がんぎえいのひれをみりん干しにしたもの。ひれの部分に走る軟骨が、独特の食感を作っている。焼き目がつく程度にあぶって適当な大きさにさき、マヨネーズを添えて食べるのが定番。噛みしめるほどに甘味が広がる食品。

海産物

ふかひれ

原料：さめのひれ
英名：dried shark fin
漢名：魚翅

主な産地：宮城県気仙沼
カロリー（100gあたり）：342カロリー
栄養：鉄、亜鉛

尾びれ原びれ

さめの尾びれ。皮付きのまま干した物を原びれと呼ぶ。出回るものの多くがよしぎりざめのひれ。あおざめのひれは、繊維が太く肉厚なため珍重される。

胸びれ素干し

コラーゲン含有量が最も多いとされる部位。尾びれより柔らかで、口のなかでとろける食感。皮をむいて干した物を素干しと呼ぶ。

美肌によいとされる中華料理の高級食材

大型のさめのひれを天日乾燥させたもので、さめの品種、部位、もどした時の形など違いによって、様々に分類される。一般的には尾、背、胸のひれが加工され、これらは大きく形の整ったものほど高額で取り引きされる。江戸時代には干しほたてなどとともに長崎から中国に輸出されていた歴史をもつ。現在でも世界の高級食材のひとつとして幅広く活躍し、長時間煮込んだふかひれはプルプルとした独特の食感を持ち、スープなどにして食べられている。

美味しい栄養

煮込むことによってたんぱく質がゼラチン化するふかひれは、コラーゲンがたっぷり。細胞を結合し、皮膚組織を活性化させるコラーゲンにはがん予防効果もあるといわれている。また、貧血予防に効果的な鉄、新陳代謝を働きかける亜鉛などのミネラルも豊富に含む。

歴史

中国では乾物を「乾貨《カンフォ》」と呼び、清の時代から料理に取り入れている。中でもふかひれは、干しあわび、干しなまこ、魚の浮き袋をあわせて4大海味として珍重される。日本では江戸時代から対中国の重要な貿易品であり、俵に詰めて出荷される「俵物」と呼ばれていた。

乾物の食品成分表

（ふかひれ / 可食部100gあたり）

エネルギー		342kcal
水分		13g
たんぱく質		83.9g
脂質		1.6g
炭水化物		Tr
無機質	鉄	1.2mg
	亜鉛	3.1mg
食物繊維総量		0g

製造法

ふかひれにされるさめは、まぐろのはえ縄漁にかかる雑魚として水揚げされる。その後ひれだけが切り落とされ、皮をむく場合は40～50℃の湯に浸けられて表面の皮と余分な肉を取り除く。洗ったひれは形を整えたあと天日干しされ、ほんのりと黄金色を帯びるまで乾燥させる。ふかひれは、ひれの形を保った状態での形や大きさが商品価値となるため、壊れないよう加工するのには技術が必要である。この状態を素干しと呼び、乾物として販売される。現在は素干しを何度も蒸してもどしたレトルトパックも多く出回るようになっている。

最もポピュラーなのが、尾びれのフカヒレ。尾の付け根の腹側部分を使用する。

もどす時は、水に2～3日間つけてから、数回ゆでて戻す。臭みがあるので、ねぎ、しょうがを加えた熱湯でゆでる。老鶏、豚骨を煮込んだ白湯に、紹興酒やオイスターソースで調味した濃厚なスープで煮込んで食す。

海産物

干しなまこ

原料：なまこ
漢名：海参
別名：いりこ、ほしこ
おもな産地：北海道、長崎県

弾力と食感が魅力の中国高級乾物のひとつ

中国ではふかひれ、あわびなどに並ぶ高級乾物に数えられる干しなまこは、日本ではいりこと呼ばれることが多い。適度な弾力と独特の食感が魅力の素材で、これらは肌にうるおいをもたせるコラーゲンが豊富な証拠。1週間ほど水に浸してもどし、煮込み、炒め物、スープなどに調理される。

美味しい栄養

コリコリとした歯ごたえは細胞の再生を促すコラーゲンが豊富なため。また、原料となるなまこは低エネルギーでしかもコレステロールが少なく、美容を気にする方に最適の食材である。

干しあわび

原料：あわび
英名：steamed and dried abalone
漢名：乾鮑
主な産地：石川県、長崎県、三陸地方

古くから珍重される海産物の最高級食材

殻から身をはずし、もみ洗いしてからゆでて乾燥したもので中国でも海産の最高級食材のひとつに挙げられる。日本でも古くから祝いの食べ物、神社の神饌として珍重され、江戸時代には中国へ輸出もされていた。水や湯で戻した干しあわびは独特の弾力とやわらかさをもち、スープやうま煮、蒸しものなどに使われる。

美味しい栄養

免疫力を高め、コレステロール値を低下させる効果があるとされるアラキドン酸を含むほか、銅、鉄、亜鉛などの心身のバランスを保つミネラルも豊富。また、肝臓強化、視力回復に役立つタウリンも多く含む。

海産物

魚の浮き袋

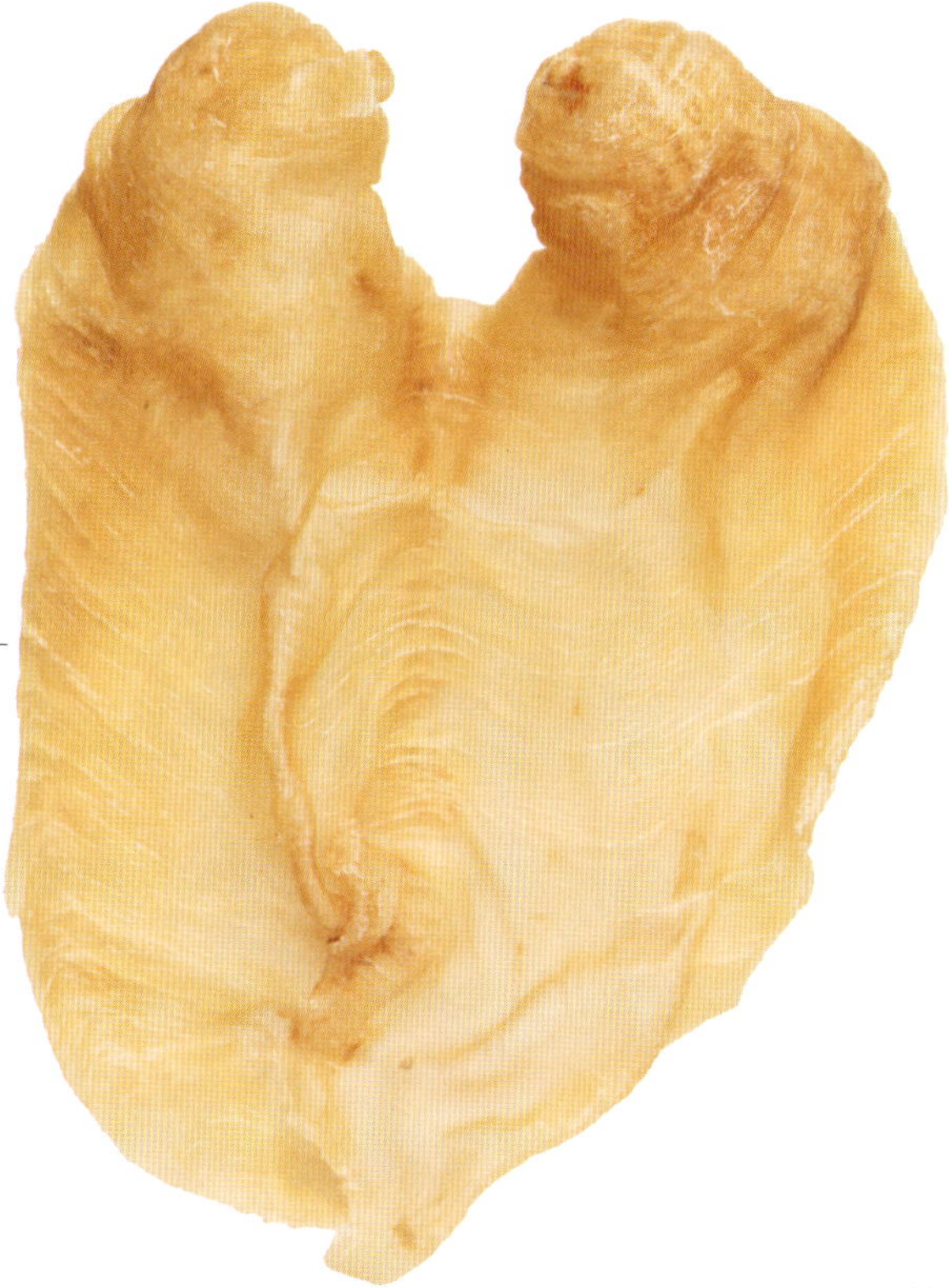

中国で古くから珍重される高級食材

日本ではあまりなじみはないが、中国では古くから珍重されてきた食材。原料となる魚ははたぐち、にべ、さめなどの海水魚や淡水魚で、それぞれ形や大きさが異なる。煮込み、スープ、蒸しものによく使われ、油で揚げて戻すとサクッとした食感に、水で戻すとほどよい弾力を楽しむことができる。

ツバメの巣

希少性のある中華食材のひとつ

東南アジアなどに生息するアナツバメの巣で中国料理では高級食材として扱われている。巣は海岸の絶壁や洞窟にあり、ツバメの唾液と海藻類が混ぜ合わさったもの、植物片などで作られる。白色のものが最も高級品とされ、水か湯で戻し、羽根や不純物を丁寧に取り除いてからスープやデザートなどに使われる。

戻す際は一晩ぬるま湯に浸してもどす。約10倍に増える。金華ハムや鶏ガラのスープに添えて食感を楽しむ。

海産物

干しいか

原料：いか
英名：surume
方言：さりいか（沖縄県一部）
ひいか（新潟県、富山県、岐阜県一部）

主な産地：北海道、青森県、岩手県
カロリー（100gあたり）：334カロリー
栄養：たんぱく質、タウリン

するめいか

するめいかを原料としたもの。皮をむかずに干しあげる、最も素朴なするめ。

噛めば噛むほど濃いうま味と塩気が広がる

いか類は素干し、塩干し、煮干しなど多くの干物になる海産物。特に素干しは「するめ」と呼ばれ、平安時代には作られていたとされている。するめの呼び名はけんさきいか、やりいかが原料の場合「一番するめ」、するめいかが原料の「二番するめ」など、原料の種類や製法で違いがあるが、どれも噛めば噛むほどうま味が広がって美味。また、近年は噛み切りやすい一夜干し製品やさきいかなどの二次加工品も多く市場に出回っている。

美味しい栄養

いか類は良質のたんぱく質を多く含み、ミネラルも豊富。いかの干物の場合、よく表面に白い粉があるがこれはアミノ酸の一種であるタウリンが多く含まれているため。タウリンはコレステロール値を下げる作用や肝機能を強化させるといわれている。ただし、干しいかは肉質がかたく、消化が悪いのでご注意を。

乾物の食品成分表

（するめ・可食部100gあたり）

エネルギー	334kcal
水分	20.2g
たんぱく質	69.2g
脂質	4.3g
炭水化物	0.4g
食物繊維総量	0g
食塩相当量	2.3g

ダイナミックに干される低カロリー食材

たこもまたいかのように、内臓を除き、丸のまま干したものがある。北海道では干しだこを薄く切ったそぎだこもあり、北海道、瀬戸内海海岸、熊本県天草地方の名産品になっている。あぶって酒の肴にしたり、水で戻してたこ飯などの料理に活用される。

いか徳利

いかの胴体の筒型を利用した製品。燗をした日本酒をいれて徳利にし、酒にうつった香りを楽しむ。何度か酒を楽しんだら、そのまま肴として食べられる。

そぎだこ

干したたこの足を削ぐように切ったもの。北海道の名産品。軽くあぶって食べると美味。

小いか丸干し

姫いかやほたるいかなど、小ぶりのいかを素干ししたもの。わたごと干してあるので、煮物に加えるとこくが出る。

とんび

いかのくちばし部分を干したもの。コリコリした歯応えで、うま味が濃い。

海産物

干しえび

原料：えび
英名：boiled and dried shrimp
漢名：蝦米、金鈎、開洋

おもな産地：静岡県
カロリー（100gあたり）：233カロリー
栄養：ナトリウム、カリウム、カルシウム

さくらえび

さくらえびを干したもの。赤い斑点をもつえびを干すことで、全身が桜色にそまることが名の由来。素干しや煮干しが多い。

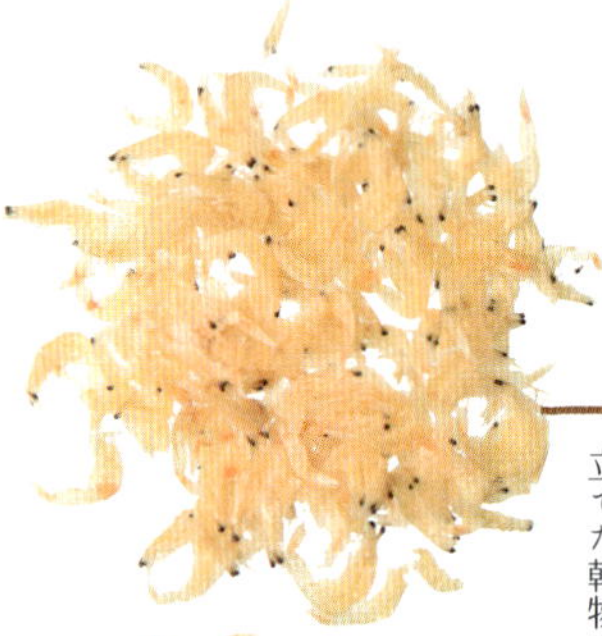

姫えび

とらえびを素干したもの。「姫えび」は徳島県での呼称。他にも、瀬戸内海ではあかえび、さるえび、きしえびなど乾物に利用される。白いえびに食紅で着色し、さくらえびに見立てた乾物もある。

蝦米《シャミー》

しばえびやとやまえびなどの原料を煮干しにし、殻をむいたもの。中華料理のだしに最もよく使われる乾物のひとつ。

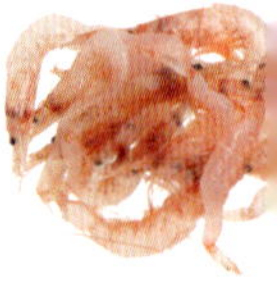

干しえびは用途別に上手に使い分ける

えびの種類によって干し方は変わるが、大正初期に天日乾燥による素干しから煮干しが主流になった。特に煮干し、釜揚げのさくらえびは炒め物や佃煮、お好み焼きなど料理食材として用途が豊富。また、小えびを塩水でゆで、乾燥させて殻をむいた干しえびは「蝦米」などと呼ばれ、中華料理では煮込みや炒め物のうま味を補う具材として親しまれている。

美味しい栄養

干しえびはアミノ酸などを多く含み、濃いうま味をもつ。また、発がんを抑制するといわれるミネラルの一種や、肝機能の強化、血中コレステロール値を低下させる働きを助けるタウリンを多く含む。

乾物の食品成分表

（可食部100gあたり）

エネルギー		233kcal
水分		24.2g
たんぱく質		48.6g
脂質		24.2g
炭水化物		0.3g
無機質	ナトリウム	1500mg
	カリウム	740mg
	カルシウム	7100mg
食物繊維総量		0g
食塩相当量		3.8g

扱い方

蝦米は、ぬるま湯で戻して香りとうまみをだしてから、餃子やマントウ、炒め物などに刻んでいれると良い。

海産物

干し貝類

強いうま味が持ち味の手軽に使える「だしの素」

あさりやしじみの水揚げ地などの特産品として購入できるの貝類の干物は、生のものよりもうま味が強く、酒の肴はもちろんのこと、料理に使ってもおいしくいただける。スーパーで見かける干し貝柱は、乾物の中でもトップクラスの強いうま味をもつ。現在流通している、貝柱のみを干した「白干し（白乾）」は明治時代半ばからで、それまでは殻を除いただけのむき身を煮て干した「黒干し（黒乾）」が一般的だった。

美味しい栄養

干し貝柱は高たんぱく質、低エネルギーの食材で、煮汁から抽出される糖質の一部には抗がん作用が期待される栄養が含まれている。また、味覚や臭覚の機能を正常に保つように促す亜鉛や視神経機能を高めるタウリンも多く含まれている。

串あさり

あさりのむき身を串に刺して干したもの。目刺しとも呼ぶ。千葉県の名産品で、焼くほか、だいこんなどと煮付けて食べられている。

干し貝柱

ほたてがいの貝柱をゆでてから乾燥させたもの。水や湯で戻した貝柱と濃厚な干し貝柱のエキスが入った戻し汁は様々な料理に用いられる。だし用に粉状に砕いた製品も。

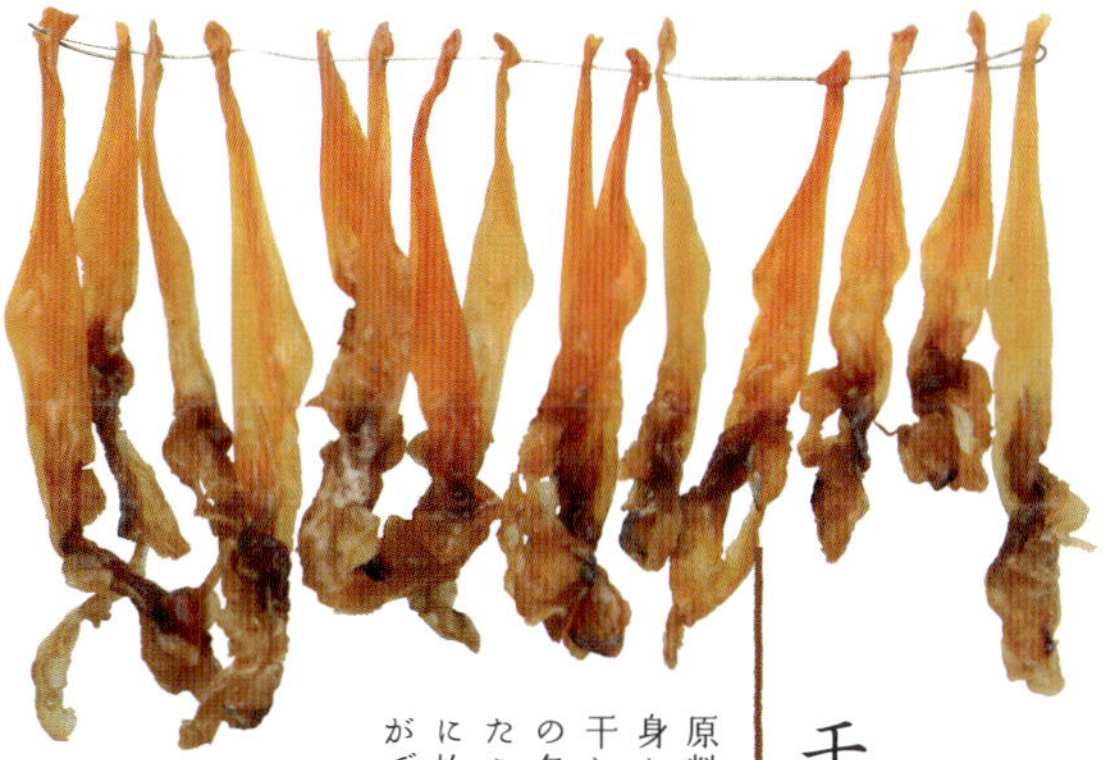

干し姫貝

原料のばかがいのむき身から、内臓を除いて干したもので、愛媛県の名産品。甘みをもったうま味があり、ご飯に炊き込むとよいだしがでる。

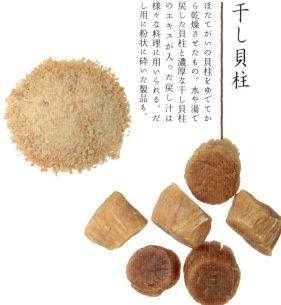

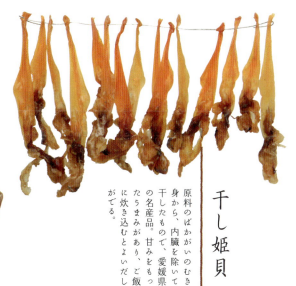

海産物

こんぶ

原料：こんぶ
英名：kombu,kelp
方言：あおいた（長野県一部、静岡県）こぶの皮（秋田県一部）

おもな産地：北海道
カロリー（100gあたり）：145カロリー
栄養：カルシウム、鉄、食物繊維

食物繊維が豊富な日本のだしの決定版

日本では平安時代から食べられ、縁起ものにもなっているこんぶ。だしを取るほか、佃煮、おでん、昆布巻きなどにも使われる。ま昆布、日高昆布、羅臼昆布など種類は豊富にあり、採取場所、時期、状態などの要素で価格が決まる。また、おぼろ昆布、とろろ昆布などの加工品も多く市場には出回っており、用途に応じて使い分けるとよい。

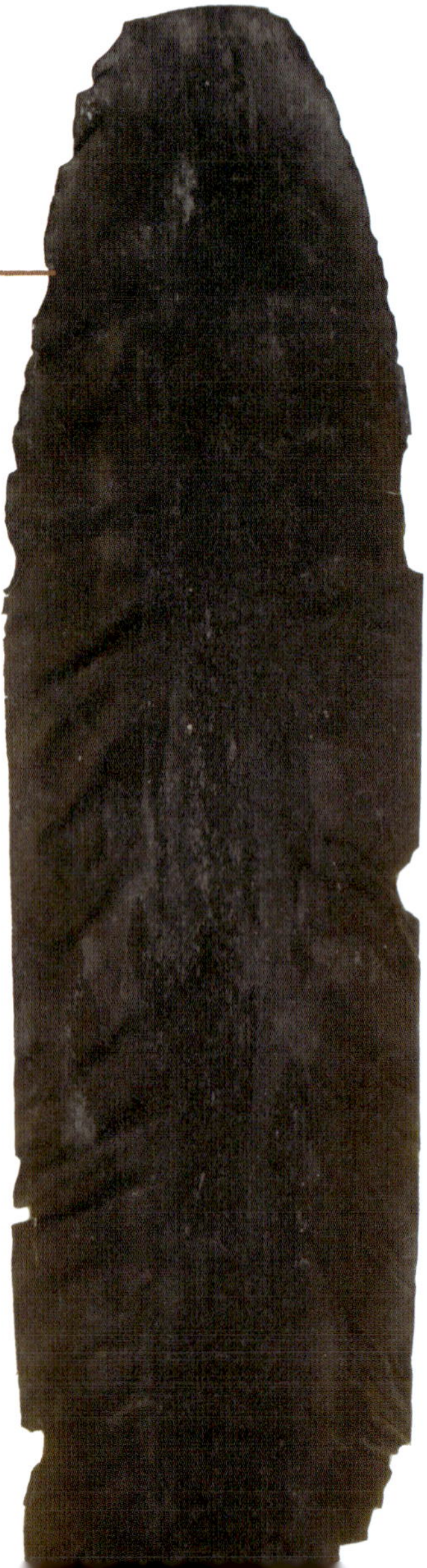

真昆布

主産地：函館
肉厚で、くせのない澄んだだしが出ることから、だし用、加工用ともに珍重されるこんぶ。

利尻昆布

主産地：北海道利尻・礼文島
目のつまった肉質で、深い緑色が特徴。真昆布より香りが強く、こくのあるだしがとれる。昔から京都の料亭で利用されている。

日高昆布

主産地：北海道襟裳岬から白糠沿岸

三石こんぶとも呼ばれる、最も生産量が多いこんぶ。柔らかくて火の通りが早いことから、昆布巻きや佃煮などに利用しやすい。

羅臼昆布

主産地：羅臼、知床半島沿岸

茶褐色の大きな葉が特徴。うま味と香りの強いだしがとれることから、関東地方でだしこんぶとして珍重される。

棹前昆布

成熟前の若いこんぶ。肉質が柔らかいため、早煮昆布に加工される。

がごめ昆布

その表面に「かごの目」に似た突起模様が名の由来とされる。ねばりが強いので、主におぼろ昆布やとろろ昆布に加工される。

ねこ足昆布

日高昆布の仲間で、さらに細長いもの。くにゃくにゃとした形が猫の足に似ていることが名の由来。肉質は非常に柔らかい。

早煮昆布

肉質の柔らかいこんぶを蒸し煮にしてから乾燥させたもの。調理時間が短くすむので扱いやすい。おでんや昆布巻きに。

根昆布

こんぶを成形する時にできる残り部分。主に、利尻昆布の根元を切り落とした三角形の部分でだし用にされる。

美味しい栄養

こんぶは歯や骨を強化する働きのあるカルシウムや、貧血を防ぐ効果があるとされる鉄、便秘予防や整腸作用に役立つ食物繊維などを多く含む健康食材。また、ぬるぬるとしたぬめり成分は水溶性植物繊維のアルギン酸というもので血中のコレステロール値を下げる作用があるとされている。

乾物の食品成分表

（日高昆布 / 素干し・可食部100gあたり）

エネルギー		153kcal
水分		9.2g
たんぱく質		7.7g
脂質		1.9g
炭水化物		64.7g
無機質	カルシウム	560mg
	鉄	5.1mg
食物繊維総量		34.8g
食塩相当量		7.6g

乾物の食品成分表

（真昆布 / 素干し・可食部100gあたり）

エネルギー		145kcal
水分		9.5g
たんぱく質		8.2g
脂質		1.2g
炭水化物		61.5g
無機質	カルシウム	710mg
	鉄	3.9mg
食物繊維総量		27.1g
食塩相当量		7.1g

乾物の食品成分表

（羅臼昆布 / 素干し・可食部100gあたり）

エネルギー		138kcal
水分		10.4g
たんぱく質		11g
脂質		1g
炭水化物		55.7g
無機質	カルシウム	650mg
	鉄	2.5mg
食物繊維総量		24.9g
食塩相当量		6.1g

乾物の食品成分表

（利尻昆布 / 素干し・可食部100gあたり）

エネルギー		138kcal
水分		13.2g
たんぱく質		8g
脂質		2g
炭水化物		56.5g
無機質	カルシウム	760mg
	鉄	2.4mg
食物繊維総量		31.4g
食塩相当量		6.9g

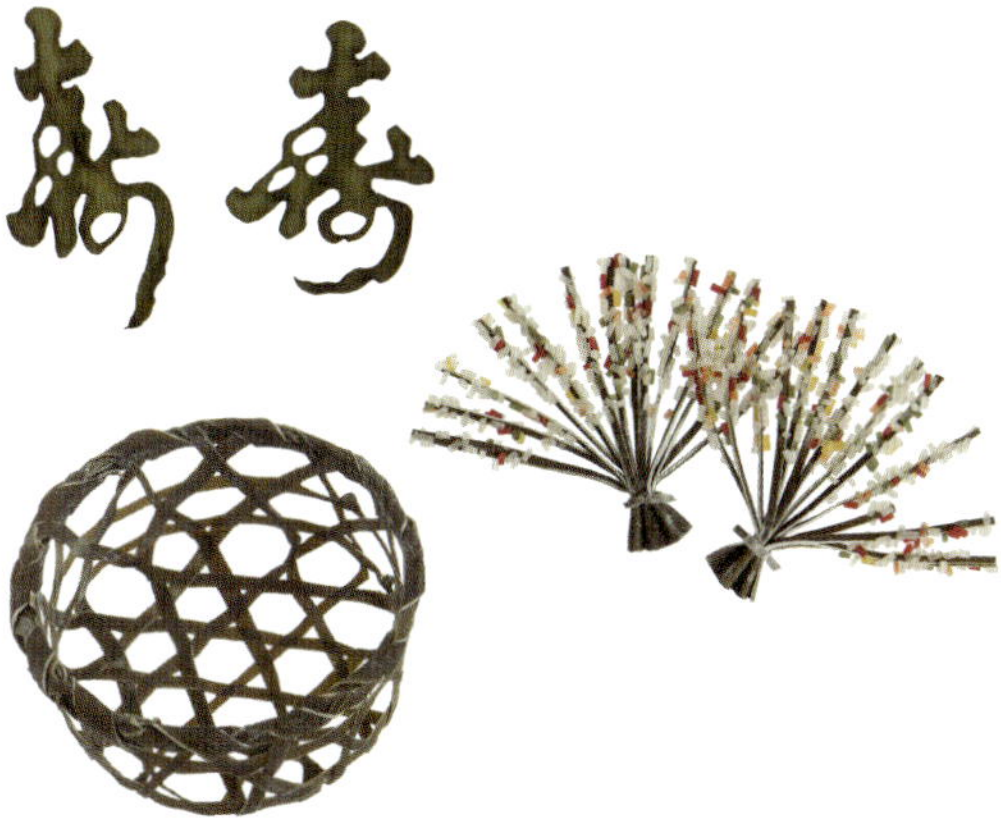

細工昆布

懐石料理などに使用される食材で、吸い物に浮かべたり、先付けの盛りつけに使われ、祝宴の席を華やかにしてくれる。

製造法

こんぶの養殖はロープにこんぶの根元を植えつけたものを海に流し、生長を待つ。1年で採取したものを促成昆布、2年で採取したものを養殖昆布と呼ぶ。天然昆布もまた、2年体が良質とされる。その後の加工についても「六十手数」といわれる程手間がかかる。採取したこんぶは乾場で天日干しにされ、屋内で平らに成形され、規定の長さに折る、切るなどされて束ねられ、製品となる。

左から、天然の真昆布、養殖の真昆布、促成栽培の真昆布。

歴史

こんぶが日本で本格的に収穫されるようになったのは、江戸時代に北海道で行われるようになってから。このこんぶは北前船で日本海側の各地に運ばれた。この航路は「こんぶロード」と呼ばれて琉球まで通じ、中国からの輸出品を停泊地に伝える役割も果たしていた。

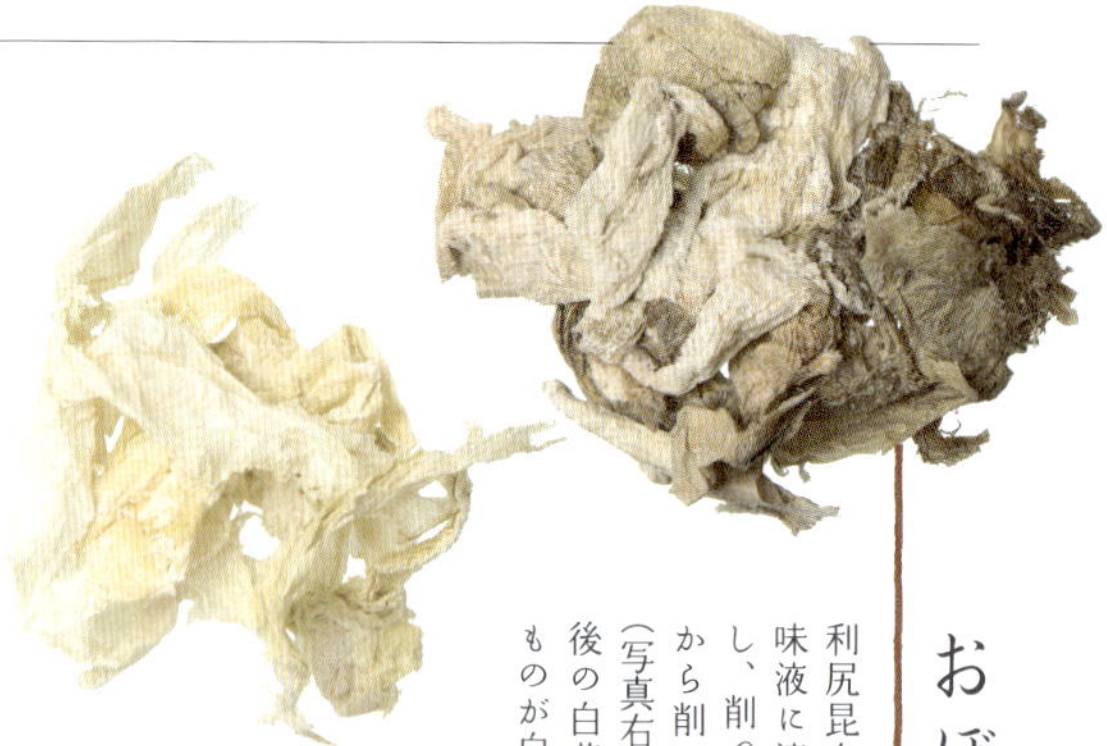

おぼろ昆布

利尻昆布や真昆布を酢の調味液に漬け込んで柔らかくし、削ったもの。表面の黒皮から削ったものが黒おぼろ（写真右）、黒おぼろをとった後の白黄色部分から削ったものが白おぼろ（写真左）

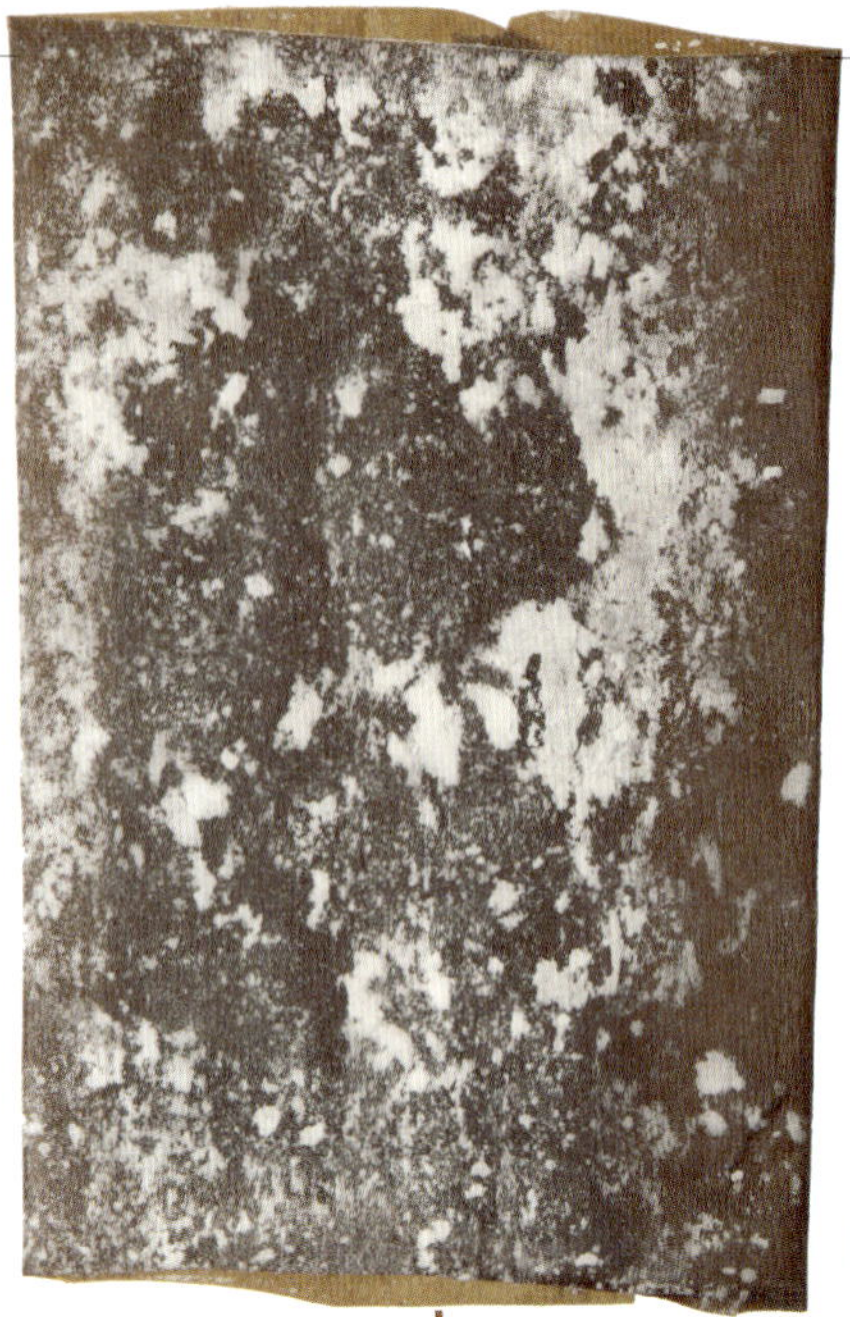

求《ぎゅう》肥《ひ》昆布

砂糖液や酢にひたして蒸し煮し、軽く乾燥させた昆布。龍皮昆布。牛皮昆布とも。

青板昆布

昆布を酢の調味液に漬けてから塩水でゆでて板状にし、半乾燥させたもの。正月のおかざりに使われる。

白板昆布

別名バッテラ昆布。黒おぼろを削った後の芯の部分を整形したもの。押し寿司や昆布じめに使われる。

おぼろ板昆布

昆布を酢の調味液に漬けて何層にも重ねてブロック状にしてスライスしたもの。

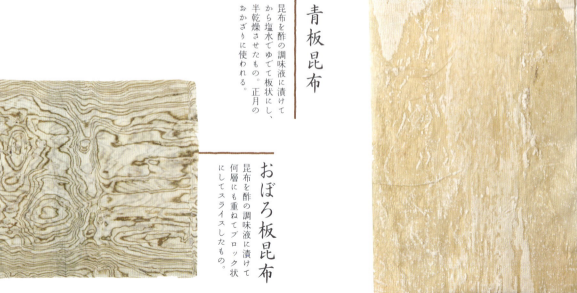

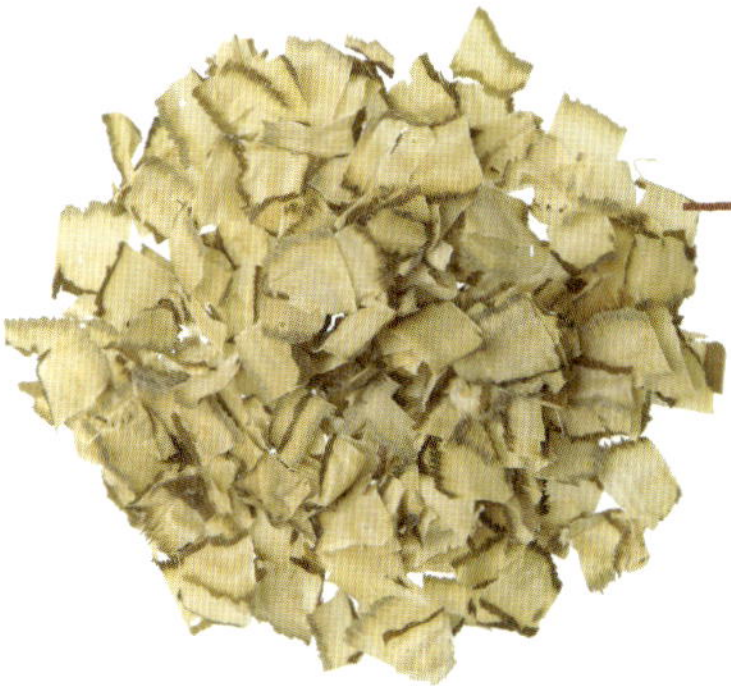

花削り昆布

厚みのある真昆布をそのまま小さくうすく削ったもの。かつお節のように使える。

納豆昆布

粘り気のつよいがごめ昆布を刻んだもの。水気を加えると納豆のように粘りがでる。

爪昆布

おぼろ昆布を削った後の葉先部分。形が爪に似ていることが名の由来。

焼き昆布

素昆布を素揚げに焼いて香ばしさをだしたもの。だしがでやすい。

扱い方

こんぶの表面の白い粉はうま味成分なので洗わず、かわいた布巾で汚れだけを落とす。だしをとる際は、鍋に水から入れて15～30分ほどおいてから火にかけ、沸騰直前に取り出す。

料理

こんぶの佃煮

材料（作りやすい分量）

だしをとったこんぶ…60g（細切りにする）
梅干し…1個
しょうゆ…大さじ1/2
みりん…大さじ1/2
砂糖…小さじ1
ごま…少々

作り方

鍋にこんぶ、梅干しをくずして種ごと入れ、かぶる程度の水を加えて火にかける。弱火でやわらかくなるまで煮込み、梅干しの種を取り出して調味し、汁気がなくなるまで煮詰める。

海産物

のり

原料：あまのり類
英名：nori,purple laver
方言：あーさ（沖縄県一部）
かいら（鹿児島県一部）

おもな産地：三河湾、瀬戸内海、有明海
カロリー（100gあたり）：173カロリー
栄養：カルシウム、マグネシウム、鉄、カロテン

うま味と甘味を兼ね備えた食卓の定番乾物

一般的に見かける板状ののりにはあまのりを細かく刻んですいて脱水し、すだれの上にのせて乾燥させた干しのり、それを焼いた焼きのり、さらに味を付けた味つけのりがある。また、お好み焼きや焼きそばなどに用いられる粉末の「青のり」、青のりの原料となるアオサ科あおのりをそのまま乾燥させた「あおさ」など、日本で食用とされるのりの種類は多く、料理の用途によって使い分けるのが望ましい。

全判焼きのり

干したのりをあぶったもの。家庭に七輪があったころは、干しのりを購入し各家庭で焼きのりにしたが、現在は市販品がほとんど。

美味しい栄養

ビタミンやミネラルが豊富なのり。特にカロテンは多く、皮膚や胃腸などの粘膜を健康に保ち、発がん予防に役立つ。また、神経の働きを支えるマグネシウムやカルシウム、貧血を予防する鉄分などのミネラルや食物繊維も多く含む。

乾物の食品成分表

（あまのり／焼きのり・可食部100gあたり）

エネルギー		188kcal
水分		2.3g
たんぱく質		41.4g
脂質		3.7g
炭水化物		44.3g
無機質	カルシウム	280mg
	マグネシウム	300mg
	鉄	11.4mg
ビタミン	A β-カロテン当量	27000μg
食物繊維総量		36g
食塩相当量		1.3g

産地と産物

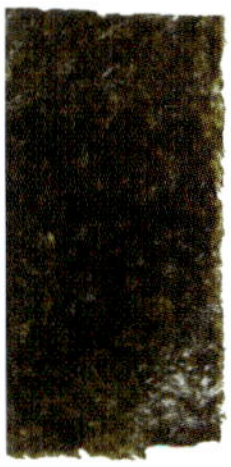

瀬戸内海
香りがよいが淡白な味。黒みとつやが特長。

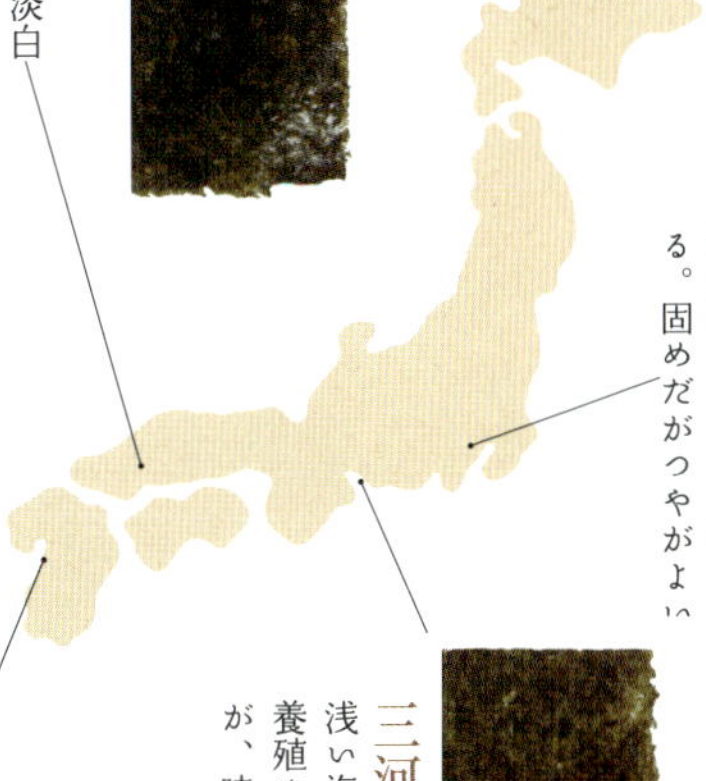

東京湾
浅草のりとして知られる。固めだがつやがよい。

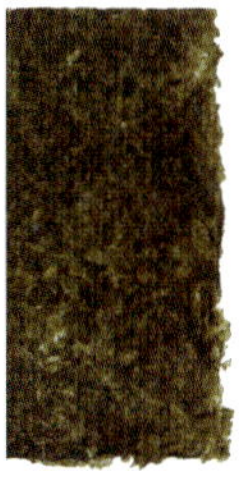

三河湾
浅い海で支柱柵漁法で養殖される。柔らかいが、味は淡白。

有明海
うまみがつよいのが特長。色はやや赤みがかっており、柔らかい。

韓国のり
塩とごま油で調味されたのり。本場韓国の干しのりは、穴があく程度に目の粗いものが多い。

中国のり
紫菜《ツーツァイ》とよばれる干しのり。長方形、あるいは円筒状の餅菜《ピンツァイ》、ほぐした散菜《サンツァイ》がある。

製造法

現在干しにのり用に養殖されているのは、すさびのりとあさくさのりの2種。培養した胞子を、網に付着させて海に張って養殖する。15㎝くらいに育ったら収穫し、ゴミを除いてミンチ状に刻む。その後、すだれに流してすきあげ、水分が10％程度になるまで乾燥させて板のりにする。簾からはがした後、10枚1帖にまとめて、等級分けして出荷となる。

扱い方

のりが湿気てしまったら、風味は元に戻らないので、ちぎって熱湯に入れ、ざるにあげてしょうゆやみりんで調味して佃煮にするとよい。

青のり

世界各地に分布する、アオサ科の藻。乾燥させたもの、粉状にしたものがある。

そのままの乾燥品

粉にしたもの

川のり

川に育つ青のり類の加工品。網にかけて干したもので、かけあおのりとも呼ばれる。

黒ばらのり

干しのりの原料となる海草類を、刻まずそのまま干しあげたもの。磯の香りが強い。

あおさ

青のりの仲間で、アオサ科の藻。海沿いの岩場に育つ。素干しにしたものがよく出回る。

料理

のり汁

材料（2人分）

焼きのり…1枚
だし汁…1と1/2カップ
みそ…適量

作り方

川のりやあおさのみそ汁も風味豊かでおいしいが、身近な焼きのりをみそ汁に入れるのもおすすめ。温めただし汁にみそを溶き入れ、ちぎったのりをいれて椀に注げば完成。徐々にとろけるのりの変化を楽しんでみて。

海産物

わかめ

原料：わかめ
英名：wakame
方言：かもじわかめ（和歌山県一部）

おもな産地：三重県、岩手県
カロリー（100gあたり）：117カロリー
栄養：カルシウム、鉄、食物繊維

ミネラルたっぷりの海の野菜

食用としてのわかめの歴史は古く、「わかめ」の名は「古事記」や「万葉集」にも記載されている。生は保存が利かないので、市場では乾燥ものや塩蔵ものが出回る。産地は北海道から九州まで幅広く、特に波の荒いところのものがおいしいとされ、養殖も盛んに行われている。また、葉の部分のわかめ以外にも茎部分の茎わかめ、根の部分にあたるめかぶも多く加工され、市場に出回っている。

美味しい栄養

注目される栄養はぬるぬる成分のアルギン酸で、塩分の摂り過ぎを防ぎ、血圧の上昇を抑える作用があり、動脈硬化や高血圧予防に役立つ。また、食物繊維も豊富で便秘を解消させ、大腸がん予防にも効果が期待できる。ほかにも骨粗鬆症を防ぐカルシウム、貧血予防に役立つ鉄などのミネラルも多く含む。

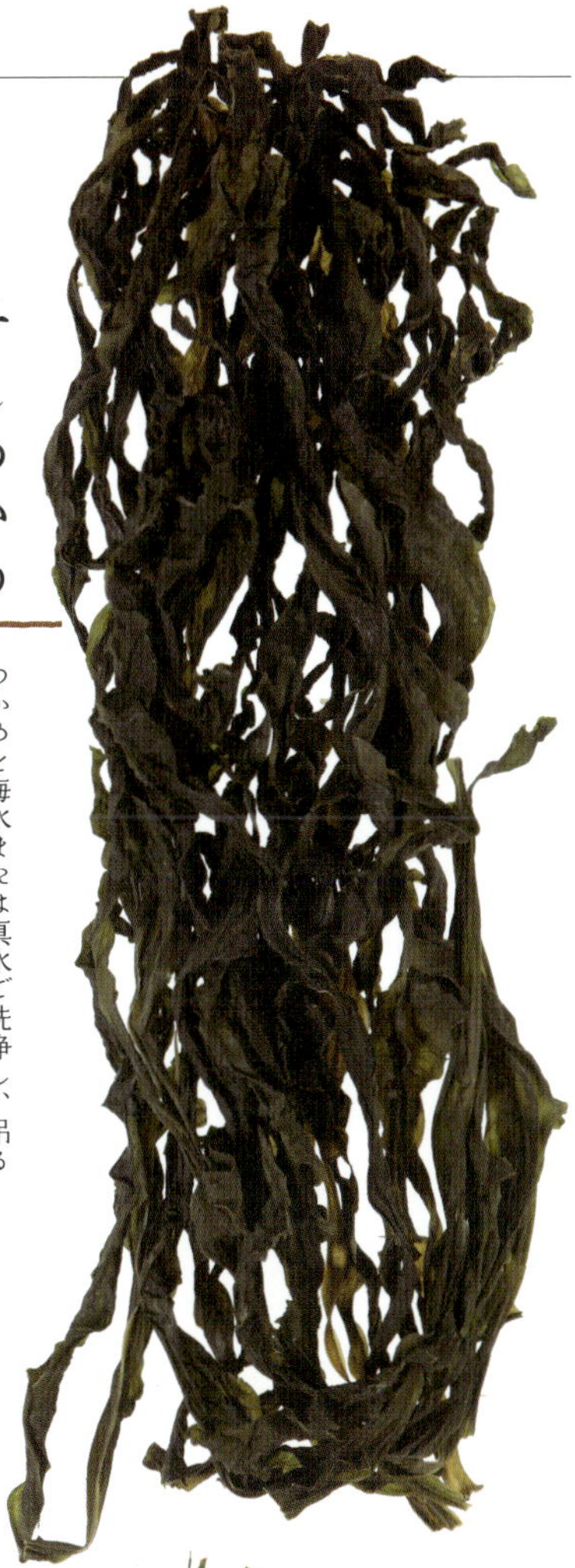

干しわかめ

わかめを海水または真水で洗浄し、吊るして天日干しにしたもの。もっとも原始的な乾燥法で、わかめの香りが強い。

乾物の食品成分表

（可食部100gあたり）

エネルギー		117kcal
水分		12.7g
たんぱく質		13.6g
脂質		1.6g
炭水化物		41.3g
無機質	カルシウム	780mg
	鉄	2.6mg
食物繊維総量		32.7g
食塩相当量		16.8g

めかぶ

わかめの根元にできる胞子葉。まるごと干したものと、刻んで乾燥させたものがある。

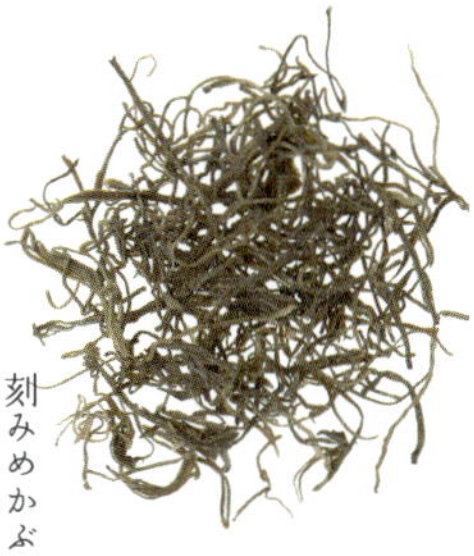

刻みめかぶ

まるごと干したもの

茎わかめ

わかめの中央の固い部分や茎に塩をして乾燥させたもの。写真は細く切ったタイプで、海藻ミックスに用いられることも。

干しえびとアスパラの炒め物

材料（2人分）

干しえび…大さじ3（粗みじん切り）
アスパラガス…6本
A ニンニク …小さじ1/2（みじん切り）
　ごま油…大さじ1と1/2
酒…大さじ1と1/2
B 塩…小さじ1/2
　こしょう…少々

作り方

1. アスパラガスは根元を切り落とし、斜め切りにする。
2. フライパンにAを入れて火にかけ、香りが立ったら干しえびを加えてさっと炒める。アスパラガスを加えて色が変わるまで炒める。酒を加え、アルコール分をとばし、Bで味を調える。

ひじき入りツナ豆腐ハンバーグ

材料（2人分）

芽ひじき（戻して）…30g
豆腐…1丁
ツナ缶…1缶
A 塩・こしょう…各適量
　小麦粉…大さじ3
サラダ油…大さじ1
B しょう油・みりん …各大さじ2
　砂糖…小さじ2
青じそ…2枚

作り方

1. ひじきは戻して（P180参照）水気をきる。豆腐はペーパータオルに包んで水気をしぼる。
2. ボウルに1と油をきったツナ、Aを入れて混ぜ、2等分にして丸く成形する。
3. フライパンにサラダ油を熱し、2を並べ入れ、両面をこんがりと焼く。ふたをして弱火で4～5分蒸し焼きにし、Bを加えてタレをからめる。青じそを添えて盛りつける。

貝柱のXO醤

材料（作りやすい分量）

干し貝柱…5個
干しえび…40g
干ししいたけ…2枚
水…1/2カップ
A しょうゆ・酒…各大さじ2
　みりん・酢…大さじ1
　すりごま（白）…大さじ1
ごま油…適量

作り方（作りやすい分量）

1. ボウルに干し貝柱、干しえび、干ししいたけ、水を入れて半日ほどおく。具は細かく刻み、もどし汁はとっておく。
2. 鍋に1とAを入れて7～8分ほど煮る。冷めたら保存ビンに移し、表面をおおうようにごま油を入れて、冷蔵庫で保存する。

のりみそじゃがバター

材料(2人分)

青のり…大さじ1/2
じゃがいも…2個
A 白みそ…大さじ2
A 酒・みりん…各大さじ1/2
バター…大さじ1

作り方

1 鍋に青のりとAを入れて、ひと煮立ちさせる。
2 じゃがいもは蒸して皮をむき、熱いうちにバターと1をからめる。

昆布のジューシー

材料(作りやすい分量)

昆布(10㎝角)…1枚
干ししいたけ…2枚
水…2と1/2カップ
もち米…2合
米…1合
豚バラ肉
…100g(1㎝幅に切る)
にんじん…1/2本(千切り)
ショウガ…1片(千切り)
長ねぎ…10㎝(みじん切り)
ごま油…大さじ1
A 黒糖…20g
A 泡盛(または焼酎)・しょうゆ
…各大さじ3
サラダ油…大さじ1

作り方

1 米ともち米は合わせてといで水に30分以上つけ、ざるに上げて水気をきる。
2 分量の水で昆布、干ししいたけを合わせてもどし、2㎜幅に切る(もどし汁はとっておく)。
豚肉は1㎝幅に切る。にんじんとしょうがは千切りにする。ねぎはみじん切りにする。
3 鍋にごま油を熱してショウガを炒め、香りが立ったら豚肉を炒める。肉の色が変わってきたらにんじん、昆布、干ししいたけを加えてさっと炒め、2のもどし汁1カップとAを加えて弱火で煮る。
4 別の鍋にサラダ油を熱し、1を焦がさないよう弱火で炒める。もち米が透明になったら、3と長ねぎを加えて炊飯器に入れ、残りのもどし汁を加えて炊く。

わかめの鶏そぼろあん

材料(2人分)

わかめ(戻して)…100g
鶏ひき肉…50g
たけのこ(水煮)…100g
豆腐…1/2丁
梅干し…1個
A だし汁…1カップ
A しょうゆ…大さじ1
A みりん…大さじ1
A 酒…大さじ1
ごま油…大さじ1
しょうゆ…大さじ1/2
水溶き片栗粉…適量

作り方

1 わかめは水で戻して食べやすく切る。
2 たけのこは縦に1㎝幅に、豆腐は6等分に切る。梅干しは種を除き、包丁で軽くたたく。
3 鍋にA、たけのこ、わかめを入れ、さっと煮て火を止める。
4 小鍋にごま油を熱してひき肉を炒め、肉の色が変わったら2の煮汁、梅干し、しょうゆ、豆腐を入れて5分ほど煮、水溶き片栗粉でとろみをつける。
5 器に2と3を盛る。

寒天

原料：てんぐさ、おごのり
英名：agar-agar
方言：いーし（沖縄県）
きぬぐさ（和歌山県）

おもな産地：長野県、京都
カロリー（100gあたり）：3カロリー
栄養：カルシウム、鉄、食物繊維

自然が生んだ独特の歯ごたえは最高

原料のてんぐさやおごのりを煮出して煮汁を固め、凍結、乾燥させたもの。製法が発明されたのは江戸時代初期で当時は品質が不安定だったが、戦後は技術の発達により供給が安定した。製品には棒寒天、糸寒天などがあり、どの種類もほぼ調理方法は同じ。無味無臭で、ところてん、みつ豆、ようかんなどのお菓子に使うほか、糸寒天は酢のもの、鍋もの、サラダに用いられる。

棒寒天

別名角寒天。長野県諏訪地方の特産品で、天草を煮とかした液を四角く固めたものを生天と呼び、それを棒状に切り分けたものを凍結乾燥してつくる。

粉寒天

煮出したてんぐさ液を固めて熱風乾燥させ、粉状にしたもの。溶かすだけで気軽に使えることから、近年人気の製品。

糸寒天

生天をつきだし器でところてん状にして細くし、凍結乾燥させたもの。冬の寒気があまり厳しくない風土に合わせて考えられたもの。

歴史

寒天の製法が発明されたのは約400年前の江戸時代。京都の宿屋の主人が、冬にところてんを供したものが残り、戸外に放置したことから生まれたとされる。命名者は禅僧の隠元であるとされ、精進料理の食材として全国に広まっていった。

美味しい栄養

ほとんどカロリーがなく、整腸作用に役立つ食物繊維が豊富に含まれているため、ダイエットに最適の食材。女性は意識して摂るようにすれば美容効果が期待できる。また、神経の興奮を鎮めて精神を安定させるのに役立つカルシウムも多く含まれている。

乾物の食品成分表

（てんぐさ・可食部100gあたり）

エネルギー		3kcal
水分		98.5g
たんぱく質		Tr
脂質		Tr
炭水化物		1.5g
無機質	カルシウム	10mg
食物繊維総量		1.5g
食塩相当量		0g

てんぐさ

寒天の原料となる海藻で、まくさ、おばくさ、ひらくさなど28種の海藻の総称。原草を漂白したものを煮とかして使用する。

雄のてんぐさ

雌のてんぐさ

寒天の原料となる海藻には雄草と雌草がある。色の濃い方（上）が雄、少し色が淡い方（下）が雌。どちらも漂白しててんぐさにされる。

製造法

現在、寒天の主産地は長野県諏訪地方。19世紀に伝えられた製法を守り、世界で唯一、天然乾燥の角寒天を生産している。夜は氷点下10℃に下がり、昼も乾いた冷たい風が吹き付ける気候が寒天を凍結乾燥させる。天然乾燥でつくった寒天は凝固力が強く、和菓子づくりに重用される。

扱い方

棒寒天は1時間ほど水につけて戻し、小さくちぎって鍋に入れる。沸騰したら、ふつふつと沸く程度の火加減で煮とかす。2～3分して煮汁が透明になったらOK。

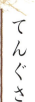

ひじき・他

体をきれいにする低カロリー食材

生のひじきは渋みの強い海藻。採取したものは数時間水煮し、乾燥させて製品にする。市場には主に芽を集めた「芽ひじき」、茎を集めた「長ひじき」が出回る。縄文時代の貝塚から、食用として食べられていた痕跡が発見されている。煮物、炊き込みご飯、ゆがけばサラダや酢の物など用途は広く、栄養も満点とあって健康食材として人気が高い。

長ひじき

ひじきの茎の部分を乾燥させたもの。繊維質が多く、しっかりした歯応えが魅力。短いものを中長ひじき、細いものを糸ひじきと呼ぶ地域もある。

芽ひじき

ひじきの芽の部分。風味、食感ともに柔らかく、食べやすい。米ひじき、姫ひじきとも呼ばれる。

あらめ

コンブ科の海藻で、古来から日本で食べられてきたもの。ひじきと同じく蒸し煮にしてから干す。近年、韓国産の粉末がこんにゃくの副原料にされている。

ふのり

吸い物やさしみのつまに使われる。乾燥品以外に、塩蔵もある。

赤とさか

とさかのような形をした海藻。千葉県や熊本県の天草が主産地で、脱色した白いものもある。

白ミル

海藻ミックスなどに彩りで使われる海藻。しゃきしゃきした歯ごたえ。

扱い方

水で戻すと長ひじきは約5倍、芽ひじきは約8.5倍に変化する。たくさん水を吸うので、たっぷりの水で戻すのが肝要。また芽ひじきなら戻さずにさっと洗うだけで調理してもよい。

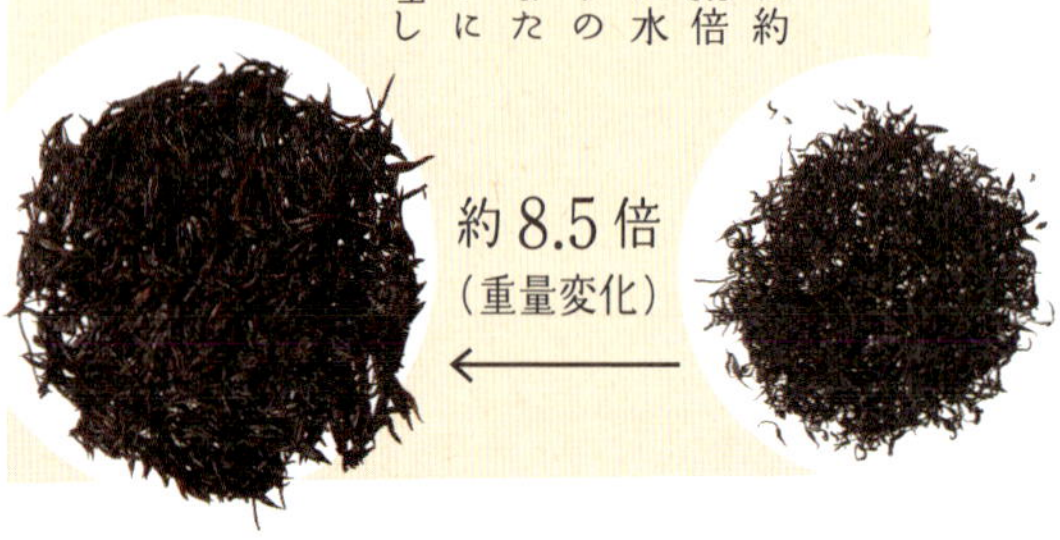

肉類

生ハム〈非加熱食肉〉

原料：ぶたもも肉、塩（生ハム）
英名：unboiled ham
カロリー（100gあたり）：247カロリー（生ハム）
おもな産地：イタリア、スペイン、フランス、イギリス

30カ月以上もかけて自然成熟の風味は生まれる

生ハムとは、精肉を塩漬けし、燻製はしないで乾燥させたものの総称。イタリア産はプロシュット。スペイン産をハモング・セラーノ（白豚の生ハム）と呼ぶ。

イタリアでプロシュットとはハムの意味だが、〝Prosciutto di Parma〟パルマ産が生ハムの代名詞となる。「正式にはプロシュット・クルード」ちなみに加熱したものはCotto。

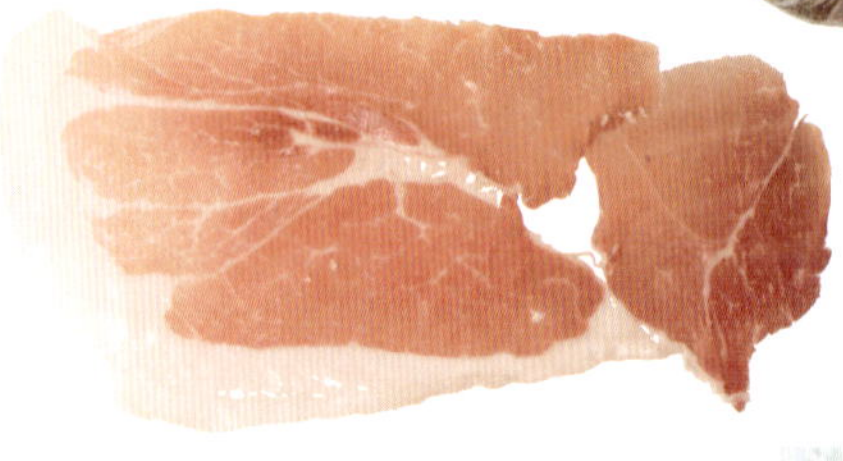

プロシュット・ディ・パルマ

伊名：prosciutto di parma

世界三大ハムのひとつ。パルマ産豚の腿肉を厳選。長期熟成で生まれる濃厚でまろやか、繊細で上品な味わい。骨付きのものと、骨を抜いて熟成させたものがある。

製造法

製造工程は〝マエストロ・サローレ（塩漬け職人）〟が、塩だけで肉をもみほぐす作業に始まり、100日間冷蔵保存される。その後、パルマの乾いた風にあてながら、室内で4ヵ月、貯蔵蔵で少なくとも5ヵ月間熟成させる。熟成がすすみ、チーズのように濃厚な風味が生まれる頃には、重量も7割ほどに。この成熟期間には最高30ヵ月以上をかける。

クラテッロ・コン・コテンナ

伊名：culatello concotenna

厳選された大型豚の上腿肉（クラッチャ）を使い、皮付きのまま骨を抜いて長期熟成したもの。甘味のある脂が特徴。

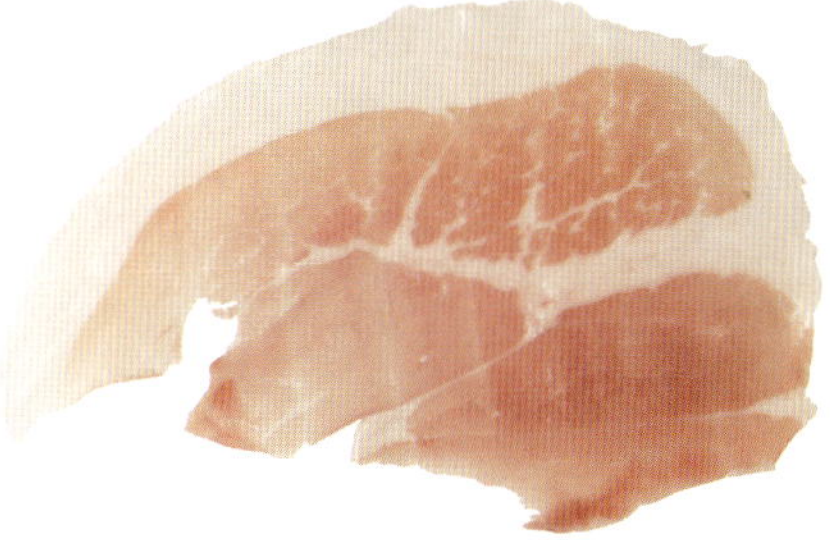

パルマハムは決められた品種の穀物とパルメジャーノ・チーズのホエ（乳漿）だけで、生後10ヵ月以上、体重150kg以上に育てられた豚からつくられる。

コッパ・ディ・パルマ

伊名：coppa di parma

ぶたの肩肉の部分を熟成、乾燥させたもの。脂肪分が少なく、ヘルシーな部位。

クラッテッロ・ディ・ジベッロ

伊名：culatello di zibello

通常より大きい300kgほどのぶたの臀部（尻）を使って塩だけで仕上げられたもの。独特の肉の風味は絶品。

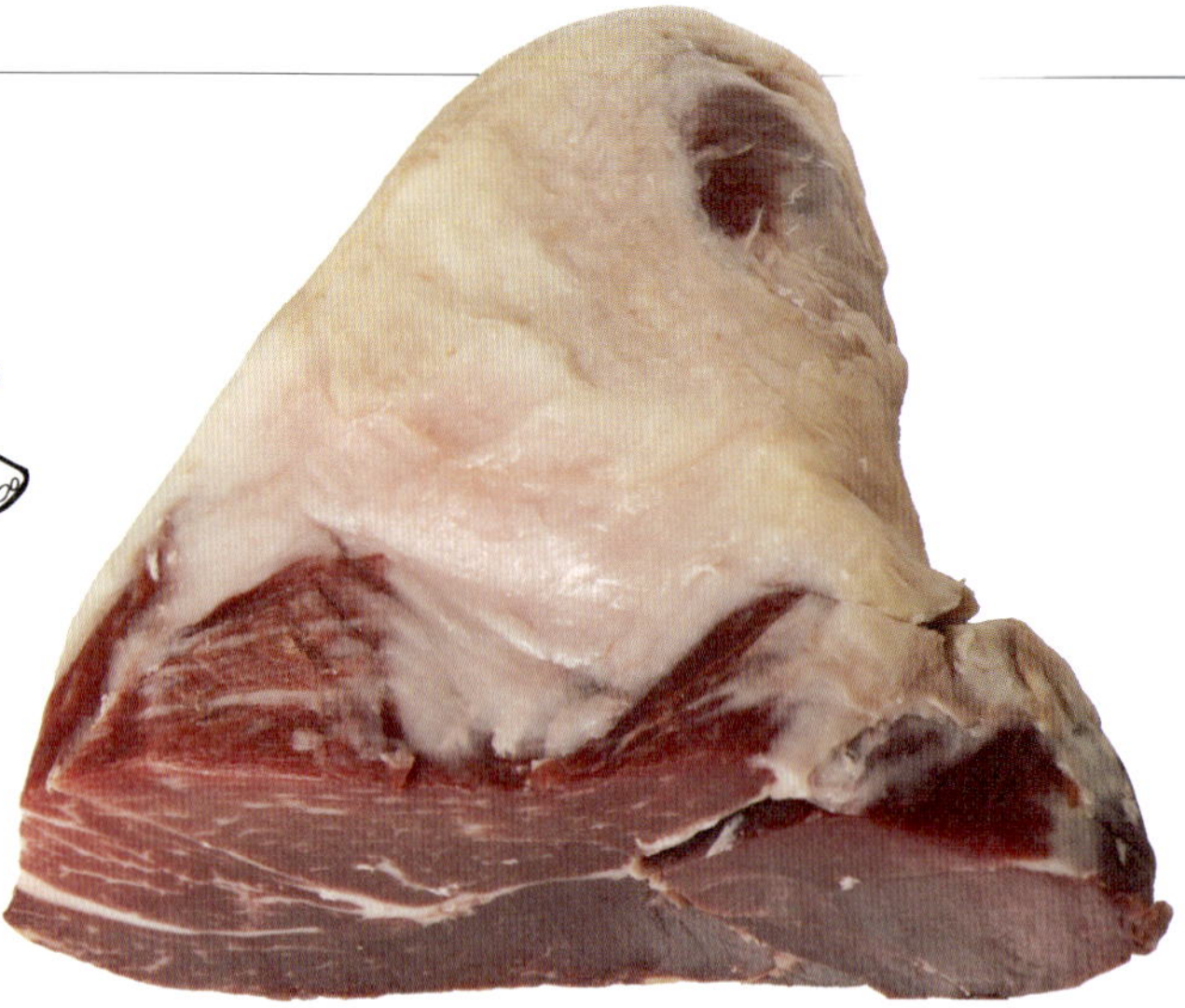

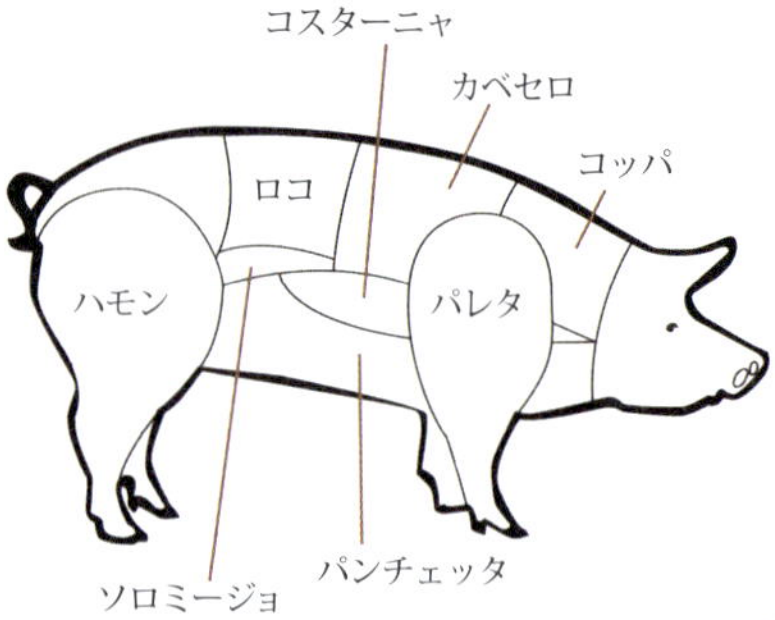

ハモン・イベリコ・デ・ベジョータ

西名：jamón ibérico de bellota

「ハモン」とはスペイン語で「後脚」。ドングリで育った最上級のスペイン産イベリコ豚を使うことで、牛肉のような濃い赤色ときめ細かな脂肪（サシ）ができる。骨付きのものと、骨を抜いて熟成させたものがある。

カベサ・デ・ロモ

西名：cabeza de lomo

ぶたの背ロース（ロモ）をパプリカや塩、こしょうで漬け込み、腸に詰めて熟成された生ハム。

イベリコ豚

cerdos ibéricos

イベリコ豚は、主にイベリア半島の中央部から南部、スペイン西部からポルトガル東部にかけ飼育される、スペイン原産の希少な豚。コルク樫の林に放し飼いにされ、1年以上かけて、160kgの成豚に育てられる。厳選されたエサと飼育方法による肉は良質で、霜降り状についているさっぱりした味わいの脂身は絶品。この脂には餌であるドングリ由来のオレイン酸が多く含まれる。

肉類

サラミ

〈非加熱・加熱食肉〉

天然塩と脂身のシンプルなものからハーブ&スパイスでふくよかな香りも

サラミは、イタリア生まれのドライソーセージ。もともとは、ぶたの挽肉に脂、塩、ラム酒などを混ぜて腸詰めしたものだったが、現在では、ハーブやスパイスなどで個性的な味付けがされているものや、干す前に燻製またはボイルされているものも。また、国によっても作り方に違いがあり、スペインでは、パプリカや唐辛子を使い、ドイツは塩のみ、イタリアでは、ニンニクを使うが、ハンガリーでは、ニンニクとパプリカを使うなど、独特のサラミが伝統的に作られている。

原料：ぶた肉、ぶた脂、牛肉、ぶたやうしの小腸など（サラミ）
英名：salami
カロリー（100gあたり）：497カロリー（サラミ）
おもな産地：イタリア、スペイン、ドイツ、ハンガリー

イベリコ・チョリソ

西名：chorizo ibérico

スペインのチョリソはメキシコのチョリソに比べ辛みが少ないのが特徴。イベリコ種の黒豚で作ったチョリソが「本物」であり「高級品」とされている。パプリカや香辛料を加え練りあげ、約3～5ヵ月をかけ熟成させたてチョリソは、イベリコ豚独特の脂のうまみが凝縮された逸品。

イベリコ・サルチチョン

西名：salchichón ibérico

イベリコ豚のミンチ肉に、黒こしょうのスパイシーな香りを効かせて腸詰めにしたもの。上質な脂の甘みもあって、クセがなく食べやすい。

ソシース・セッシェ

西名：saucisse seche

スペインバスク地方の、純血バスク豚を使用したサラミ。ソシース・セッシェとはドライサラミという意味。表面の白い粉は小麦粉で、特有の酸味があるので、苦手な方は、薄い豚腸をはがすとよい。

サラミ・スピアナータ・ロマーナ

伊名：salami spianata romana

ぶた肉を細かく挽き、大粒のラードが入っているのがロマーナの特徴。圧力をかけて四角く成型し熟成させる。しっかりした肉感と、ほどよい酸味でスパイシー。

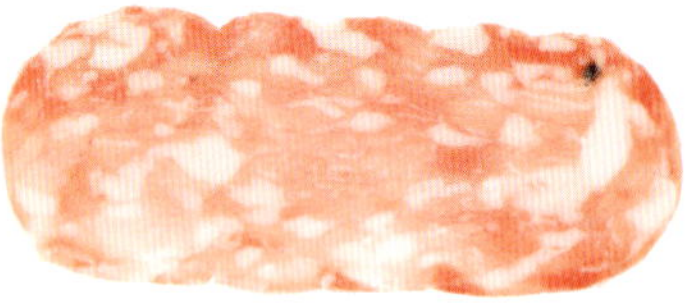

サラメ・ティポ・ミラノ

伊名：salame tipo milano

イタリアを代表する、細引きタイプのサラミ。繊細な味で、日本でも人気が高い。

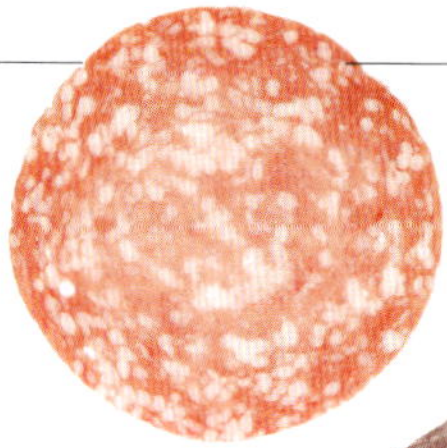

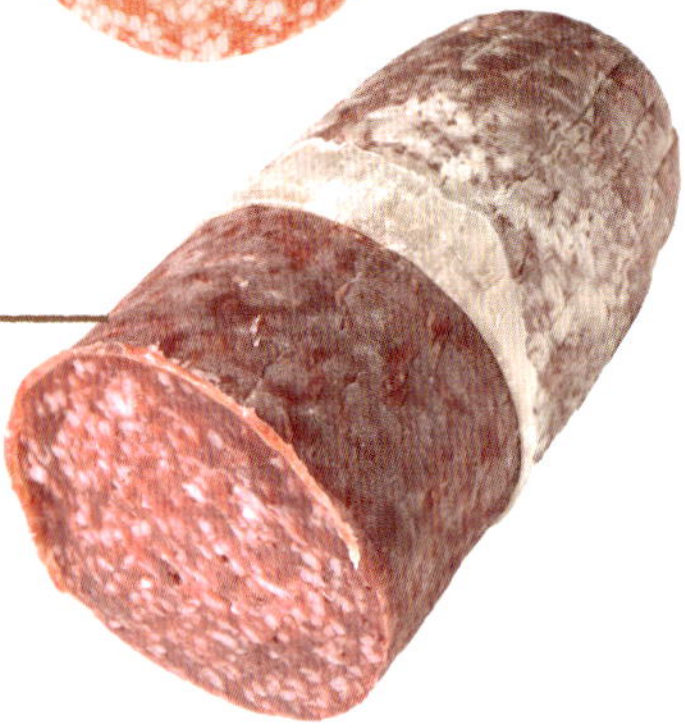

サラメ・ンドゥイア

伊名：salame uduja

辛みの中にぶた肉のこくと甘みを感じられる、ペーストタイプのサラミ。唐辛子の産地カラブリアの名産品。パンに塗ったり、パスタやスープの辛みに使われる。

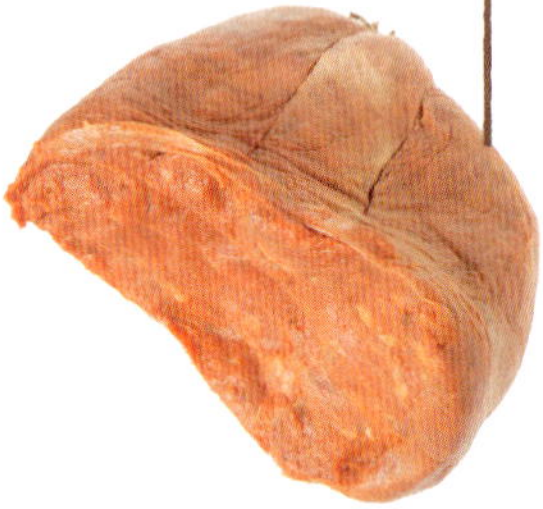

サラメ・デル・ポー

伊名：salame del po

赤ワインを使って熟成させるので、ほのかなワインの香りがする。粗挽きで、ぶたの腸を使っている、最高級品。

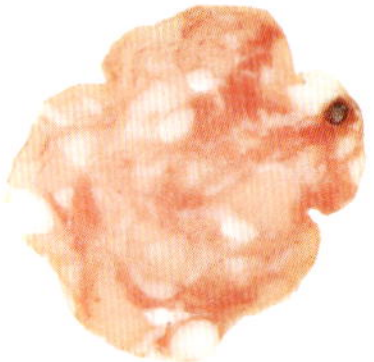

サラメ・フィノッキーナ

伊名：salame finocchina

フェンネルシードを練り込んだ清涼感が特徴の粗挽きの大型サラミ。

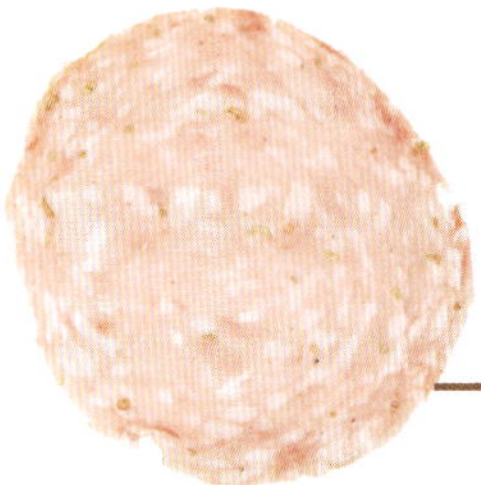

サラメ・ナポリ・ピカンテ

伊名：salame napoli picante

粗びきのぶた肉に、ニンニク・パプリカなどの香辛料が刺激的な風味。唐辛子入りでスパイシー、辛いタイプのサラミ。

サラミ・ヴィスマリッシモ

伊名：salami vismariss.mo

イタリア、ミラノ近郊のブリアンツァ地方で製造される、天然腸のサラミ。表面は、コメ粉をつけて白カビで熟成させている。天然腸の昔懐かしい味が特徴。

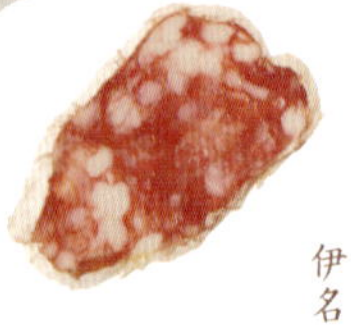

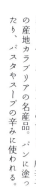

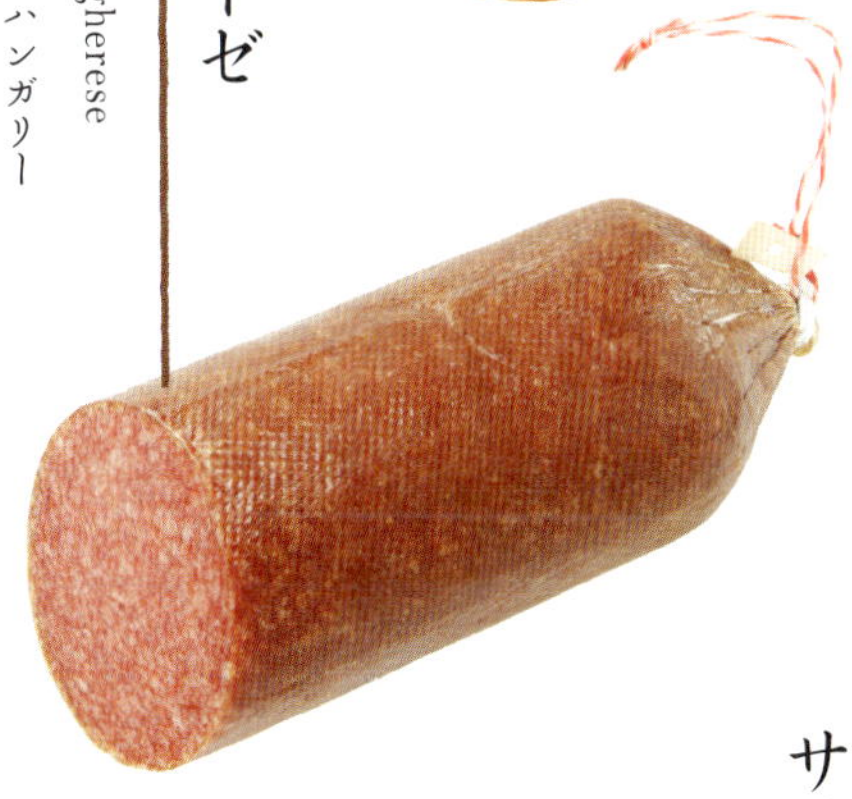

サラメ・ウンゲレーゼ

伊名：salame ungherese

イタリアで作られるハンガリー風の極細挽きサラミ。唐辛子やパプリカを加えて軽く燻製してあり、マイルドな味で女性に人気がある。

サラメ・デ・チンタ・セネーゼ

伊名：salame di cinta senese

チンタ・セネーゼとは、黒豚と白豚を交配させた品種で、黒い体に白いベルトのような模様がある。飼育はとても難しく絶滅の危機にあったほど希少なブランド豚。この豚を使っているトスカーナ地方の伝統的なサラミで、フィノッキオ（フェンネルシード）の香りと、中挽きの身が溶けあっている。

サラメ・ソプレサッタ・ピカンテ

伊名：salame sppressata picante

「ピカンテ」とは「辛み」の意味で、唐辛子を効かせた小型サラミ。ピリッとしたテイストの中にも肉のうまみと甘みが際立つ逸品。

サラメ・ヴェントリチーナ

伊名：salame ventricina

唐辛子やフェンネルなどがアクセントになっている。大判で辛いサラミ。ピッツァのトッピングによい。

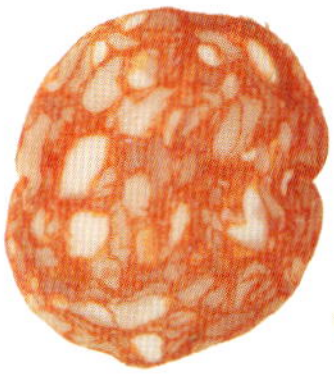

生ハムの食べ方

プロシュートは、室温におかれ、紙のように薄くスライスされる。ナイフで手切りされるものと、スライサーを使うものとでは、厚みだけでなく食感や風味に違いがでてくる。生ハムとメロンの組み合わせは、イタリアでは定番となっており、ハムの塩味とメロンの甘味の相性の良さはまさに絶品。また栄養的にも、メロンに含まれるカリウムと生ハムのナトリウムとを同時に摂取できる食べ合わせであるといえる。

ベーコン〈加熱食肉〉

原料：ぶたばら肉、塩
英名：bacon
カロリー（100gあたり）：405カロリー
おもな産地：イギリス、ドイツ、イタリア、スペイン

船乗りが作り出した薫製の香り

ベーコンの語源は、ゲルマン祖語で背を意味する bakkon だと言われている。発祥は、紀元前数世紀頃、海賊が活躍していたデンマークで誕生したという説も。長い航海の保存食として塩漬けのぶた肉を火であぶったものが利用されていたが、あるとき薪が湿っていたため、長時間で燻すことになったのがベーコンの原形だという。現在では、ぶたのばら肉が主流だが、ロース肉で作ったロースベーコン（カナディアンベーコン）、肩肉を使ったショルダーベーコン、そしてぶたを背割りした半丸を塩漬け、燻煙したサイドベーコンなどがある。燻された煙を一旦冷却して低温で燻煙後、熟成する生ベーコンもある。

ベーコン

西名：gekochter schweinebauch

ぶたばら肉を整形し、塩とスパイスに漬け込んだ後、熟成、燻煙を経てスチーム加熱する作り方が日本では主流。そのまま食べてもよいが、焼くと香ばしくなり、おいしさが増す。

等牛山ベーコン

中国原産の梅山猪とイギリス原産の黒豚との交配種・太湖豚のベーコン。とろける脂が特徴。生でも焼いてもよい。

パンチェッタ

パンチェッタ

西名：pancetta

ベーコンに比べてやや酸味があり、塩分が効いている。カルボナーラなどパスタ料理のダシとして使われることが多い。

グァンチャーレ

伊名：guancial

イタリア語で「枕」の意味。ぶたの首から頬にかけての脂身を塩漬けにし、熟成させたもの。ぶたばら肉を使うパンチェッタよりも脂身が多い。表面にこしょうなどのスパイスやハーブを刷り込んである。ローマ料理として有名なカルボナーラやアマトリチャーナは、本来これが使われる。

パンチェッタとは、ぶたのばら肉のこと

精肉は塩漬けして保存することが基本だった時代から、塩漬けばら肉はパンチェッタと呼ばれており、これを燻製にしたものがベーコン。さらに天然荒塩をすり込み、1ヵ月以上熟成、燻製したものは、パンチェッタ・アッフミカータ(Pancetta affumicata)と呼ばれている。

干し肉

ビーフジャーキー

ポークジャーキー

肉の保存食。塩やスパイスで味をつけ乾燥させる。燻煙したものはスモークジャーキー。

ジャーキーとは狩猟民の保存食

古代から肉の保存法は、世界各地に独自のスタイルがあり、ジャーキーとは、南米先住民のケチャ語の「チャルケ（charque）干物」が語源になっているとされる言葉。牛、豚の家畜だけでなく、馬、鹿、鳥など、地域によって狩猟されるもので作られた。基本的な製造方法は、肉に塩や香辛料を塗布し防腐効果を高めてから、日干ししたり燻製させるもの。

ソーセージ〈加熱食肉〉

原料：ぶた肉、牛肉、うしやぶたの小腸
英名：sausage
カロリー（100gあたり）：321カロリー
おもな産地：オーストリア、ドイツ、スペイン、イタリア、フランス

豚一匹、丸ごと無駄なく保存し、食べる

ソーセージの語源は、ラテン語のsalsus（塩をするの意）。最も古い種類は血のソーセージ、ドイツでブルートヴルストと呼ばれているもの。ソーセージは貴重な豚を丸ごと食べ尽くすために、そのままでは食べにくい血や内蔵を塩やスパイスで味付けしてから胃袋や腸に詰め、燻煙して保存したのが始まり。12～13世紀には、ヨーロッパ全域で作られるようになり、特に豚が欠かせない食材であったドイツで発展した。ドイツ語でソーセージはヴルスト（wurst）だが、本来は腸に肉を詰めてねじる作業を意味していたとされる。冬の食糧確保のための保存食であったソーセージは今では1500種類以上もあり、ドイツ人のソウルフードであるだけでなく、日本人の食卓にも欠かせない食材となっている。

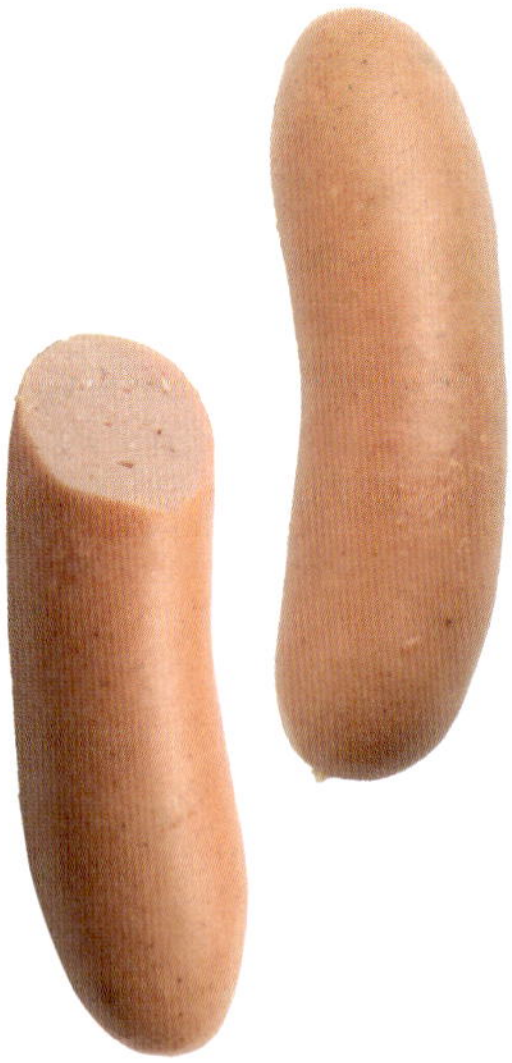

ボックヴルスト（細挽きソーセージ）

独名：bockwurst

ポピュラーな細挽きソーセージ。ボックタイプのビールとともに提供されたことが名前の由来。

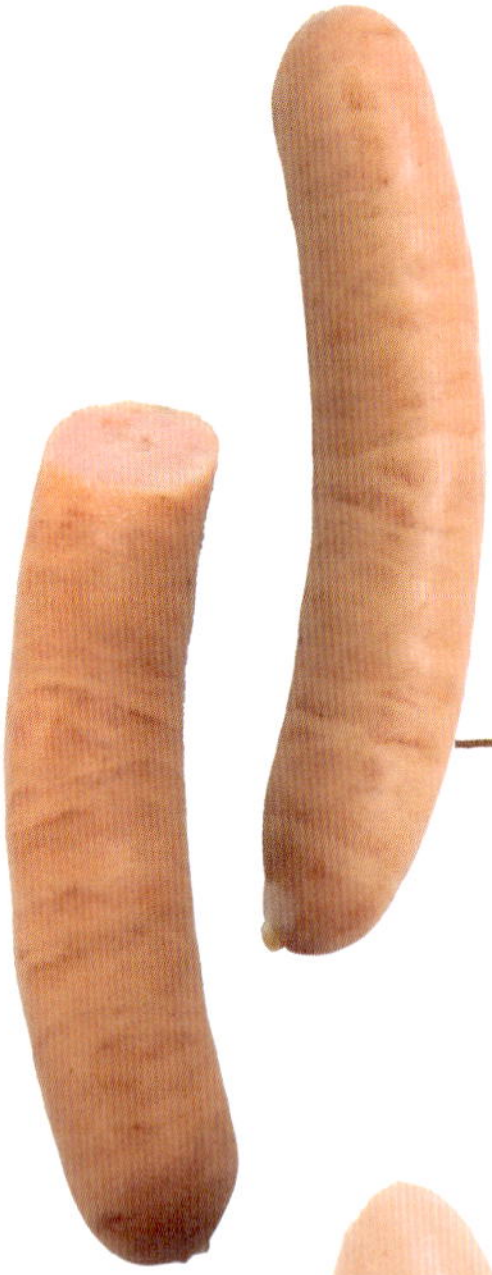

グローブヴルスト（粗挽きソーセージ）

独名：grovewurst

低速で粗く挽いた肉の食感が特徴。肉のうま味がストレートに伝わるジューシーな味わい。

ヴィーナヴルスト（ヴィナー・ヴルストヒェン）

独名：wiener wurst

日本でウィンナーと呼ばれるのがこのタイプ。オーストリアの首都ウィーンで誕生した。

フランクフルターヴルスト（フランクフルトソーセージ）

独名：frankfurter würstchenwurst

文字通り、ドイツのフランクフルトが発祥。ぶたの小腸に詰めた中型のソーセージ。

ブラートヴルスト（焼きソーセージ）

独名：bratwurst

ブラートとは焼くという意味。脂が多めで、こんがりグリルして食べるのが決まり。

ヴァイスヴルスト

独名：wiener wurst

乾燥させないで作ったソーセージ。仔牛の赤味を混ぜて練ることで白く仕上がる。ゆでて皮をむいて食べる。

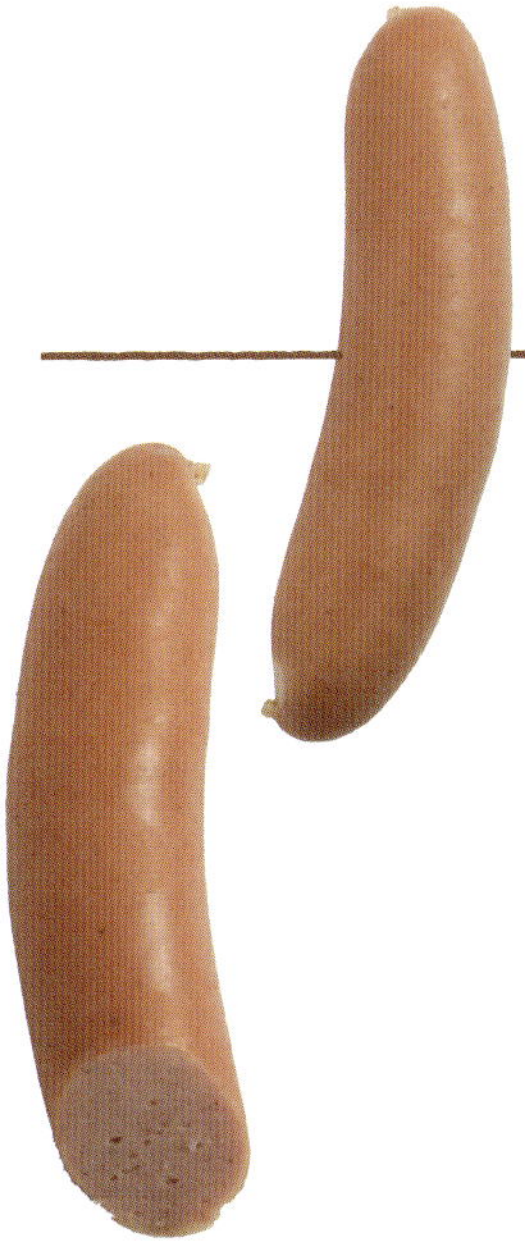

ビアヴルスト（ビールソーセージ）

独名：bierwurst

水のかわりにビールを使ったソーセージ。ビール樽のような形のビアヴルストもある。

ソーセージのおいしい食べ方

ソーセージの食べ方には、そのまま、ボイル、グリルなどの方法がある。ドイツでは、例えばブラートヴルストはグリル、ヴァイスヴルストならとろ火でボイルするという決まり（のようなもの）がある。日本では一般的に炒めることが多いが、80℃程度のお湯で3〜5分ゆでると、羊腸がパンッと張って、パリッとした独特の食感が生まれる。ドイツでは立ち食いの店も多く、老若男女がかぶりついている。好みでケチャップやマスタードをつけるほか、ケチャップの上からカレー粉をかけたカレーソーセージも人気がある。

ハム〈加熱食肉〉

原料：ぶた肉、塩
英名：ham
カロリー（100gあたり）：196カロリー
おもな産地：イギリス、ドイツ、フランス、イタリア、アメリカ

ぶた肉のももや臀部など、大きな塊の保存が目的

ハム（ham）とは、本来「太腿」の意味だが、日本では、ロースやぶた肉以外の材料でもハムと呼ばれている。伝統的な作り方は、ぶたの太腿および臀部を塩漬け、香辛料などを加える。欧州では、亜硝酸ナトリウムなどの「発色剤（食品添加物）」の使用が義務づけられているが、これは「ボツリヌス菌」を滅菌するため。また、ハム独特のピンク色や、あのハムらしい香りを出すためにも、これが必要とされる。そして、塩漬け、熟成し、骨付きハム、ラックスハム（燻製はするが加熱しない）はそのまま燻煙。その他の種類のものは加熱してから風味程度に燻煙、そして湯煮をして仕上げる。

ハム

独名：schnken

加熱タイプ。香辛料でマリネしてボイルしたもので薄いピンク色をし、繊細な香りと薄い脂身の層が特徴。サラダには欠かせない食材のひとつ。

ブリアンベッラ

伊名：brianzette

イタリアのボローニャ地方で作られる加熱ロースハム。二種類の燻製ベーコンを縫い合わせて巻きあげてある。生でも、焼いても楽しめる。

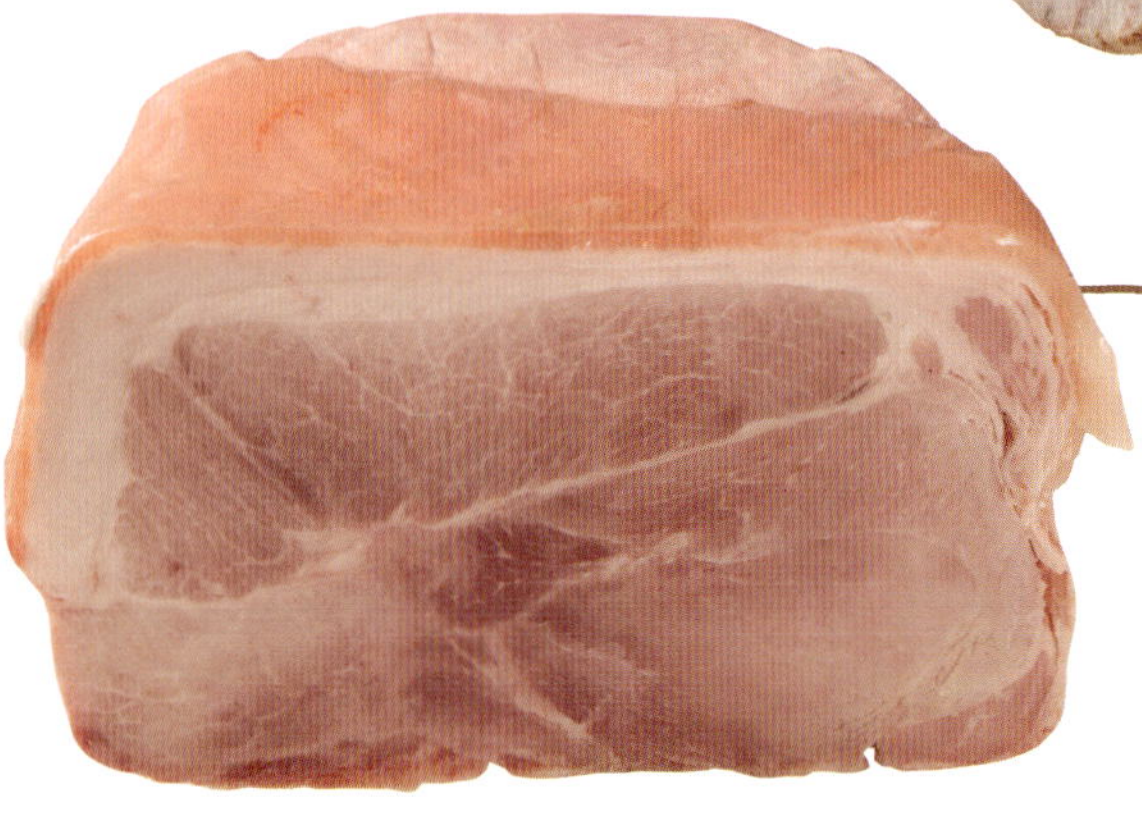

プロシュット・コット

伊名：prosciutto cotto

もも肉は塩漬剤で熟成させ、塩抜き、乾燥、燻煙の後、蒸気やボイルにて加熱する。

保存方法

保存法

忘れない、使いやすい工夫をして長く楽しんで

保存を目的に加工された乾物類は、きちんと保存すれば一年、二年ともつものもあるが、一度開封して水分や酸素を含むとカビが発生したり、食品の酸化が起きやすくなる。開封したら、残量が分かるような透明な密閉容器に入れ、涼しい場所で保管を。保存性があることへの安心感から使い残しがちなので、見えやすい、取り出しやすい所に保存するのが望ましい。水で戻して使いやすくしてから、冷蔵庫や冷凍庫で保管するのもおすすめ。

一 密閉容器に入れて

常温で保存できる乾物は、密閉性のあるガラス瓶やプラスチック容器へ入れて保存を。同じメーカーの容器で大きさを揃えて購入すると、すっきりと収納できる。

二 乾燥剤と一緒に

乾物の大敵は湿気。保存する際は、乾燥剤と一緒に袋に入れて保存するとよい。

三 調理に使う大きさにして

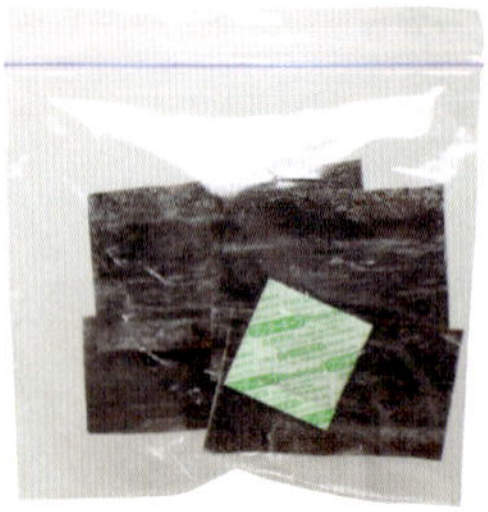

だし用こんぶなど、大きいものは一回に使う大きさに切り分けてから保存するとよい。また、かんぴょうは戻したものを小分けにして冷凍すると、煮物やみそ汁などにすぐに加えられる。

四 冷蔵庫での保存

魚介類の干物や肉類の加工食品は、冷蔵庫での保管が必要である。最近の製品は保存性より食べやすさを優先しているものもあるので、新鮮なうちに食べ切るか、一つひとつをラップしたあと密閉袋にいれて、冷凍を。

五 冷凍庫での保存

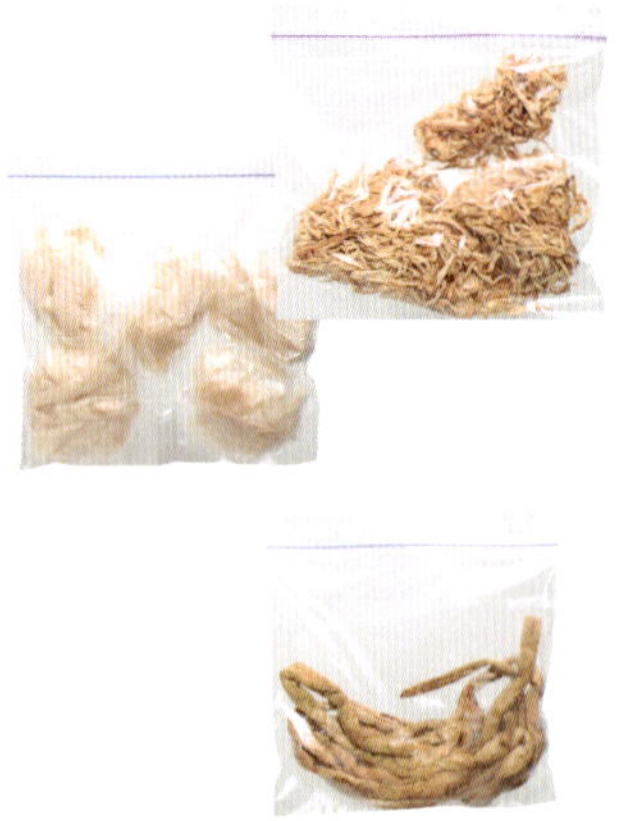

冷凍保存するなら、新鮮なうちに行って。干し野菜やドライフルーツ、魚介類の乾物はそのまま。かんぴょうやずいき、豆類は下ゆでして、小分けにして冷凍しておくと便利。

野菜類

湿気を帯びるとカビが出たり虫がついたりしやすいので、乾燥剤とともに密閉容器に入れて保存。または、新鮮なうちに冷凍する。

果物類

密閉容器に乾燥剤を入れて保存。または新鮮なうちに冷凍庫へ。冷凍したドライフルーツは、そのまま食べてもおいしい。

種実類

密閉容器にいれ、冷暗所で保存。高温や日光が酸化の原因になるので要注意。殻があるものは、殻付きのまま保存する。

豆類

密閉容器にいれ、乾燥した冷暗所で保存。開封したら一袋まるごと下ゆでしてしまい、小分けにして冷凍保存するのもおすすめ。

麺類

虫がつきやすいので缶や密閉容器で保存する。保存状態がよければひやむぎは1年半、そうめんは2年もつ。古いものは梅雨前に日陰干しをすると品質が保てる。

スパイス・ハーブ

一度開封したものは香りがとんでしまうので、しっかり瓶の蓋を閉めて、冷暗所で保存。パウダー状のものより、ホウルのままのものが香りが保てる。

魚介類

干物など、1～2日の間に食べるのであれば冷蔵庫で保存する。煮干しや干し貝類などそれ以上の期間保存が必要であれば、新鮮なうちに密閉して、冷凍庫へ。解凍と冷凍を繰り返すとうま味が抜けてしまうので、使う分だけ解凍しやすいよう小分けして。

海藻類

乾燥した冷暗所で密閉容器にいれて保存する。大きなものは、キッチンバサミで切るなどして、使いやすい大きさにしておくと便利。

肉類

加工品でも、薄切りにされているものは生鮮食料品と同じように考えて扱い、早めに食べきる。保温性の高い製品でも、長期間の保存は脂臭さがでてしまう。

索引

あ

か

参考文献

「かんぶつ読本」日本かんぶつ協会

「食材図典Ⅱ」小学館

「食の医学館」小学館

「日本方言大辞典」小学館

「食材健康大辞典」時事通信社

「乾物と豆」主婦の友社

「旬の魚図鑑」主婦の友社

「調理のためのベーシックデータ」女子栄養大学出版部

「乾貨の中国料理」柴田書店

「地域食材大百科　第1巻　穀類、いも、豆類、種実」農文協

「地域食材大百科　第3巻　果実、木の実、ハーブ」農文協

「地域食材大百科　第2巻　野菜」農文協

「ふるさとの家庭料理　第15巻　乾物のおかず」農文協

「乾物は健康食」長崎出版

参考ホームページ

農林水産省　http://www.maff.go.jp/

食品成分データベース　http://fooddb.jp/

塩の情報室　http://www.siojoho.com/index.html

協力

日本かんぶつ協会

日本雑穀協会

Eataly Japan（株）

（株）古樹軒

（株）寿屋商店

（株）多加良屋

（株）タツマ

（株）デルタインターナショナル

（株）吹田商店

（有）丸一高村本店

（株）遊茶

（社）岐阜県観光連盟

（有）池田物産

（有）桐葉舎

（有）三栄商会

SALUMERIA 69

監修

かんぶつ伝承人　**星名桂治**

スタッフ

アートディレクション／石倉ヒロユキ

編集・執筆協力／吉田かずえ、坂口ちづ

デザイン／regia

写真／石倉ヒロユキ、本田犬友

料理制作／池田雅子

栄養《えいよう》と旨《うま》みが凝縮《ぎょうしゅく》した488種《しゅ》

増補改訂《ぞうほかいてい》　乾物《かんぶつ》と保存食材《ほぞんしょくざい》事典《じてん》

NDC588.9.

2017年11月17日　発行

2018年2月10日　第2刷

監修　星名桂治《ほしなけいじ》

発行者　小川雄一

〒113-0033　東京都文京区本郷3-3-11

（編集）電話　03-5800-5776

（販売）電話　03-5800-5780

http://www.seibundo-shinkosha.net/

印刷・製本　図書印刷株式会社

ISBN978-4-416-71724-0